Think
Think
Think
Think
Th!nk

싱크
엑설런트

Think Excellent

**탁월함을
찾을 때까지
좋은 것을
버려라**

신기주 지음

포레스트북스

공감 경영 웨이

경영하는 인간, 트레바리에서 3년여 동안 한 달에 한 번 정도 진행했던 독서클럽의 이름입니다. 아시다시피 트레바리는 독서모임 커뮤니티 스타트업이죠. 클럽 오픈에 임박해서 엉겁결에 지은 이름이었습니다. 지어놓고 보니 마음에 들더군요. 경영을 사람으로 풀어내는 것만큼 유익하고 재미있는 이야기도 없다고 믿으니까요. 경영하는 인간 독서클럽 덕분에 여러분과 다양한 기업의 수많은 기업인에 대한 이야기를 읽었습니다. 혁신의 북극성인 애플의 스티브 잡스도 있었고, 착한 자본주의의 상징인 파타고니아의 이본 쉬나드도 있었습니다. 테슬라를 기업에서 산업으로 키워낸 일론 머스크도 있었고, 디즈니 왕국을 디즈니 제국으로 만든 밥 아이거도 있었습니다. 그들의 이야기에서 많은 걸 배울 수 있었습니다. 기업의 이야기는 결국 좀 더 나은 세상으로 바꾸기 위해 기업을 경영하는 사람의 이야기입니다. 더불어 기업과 경영자가 바꾼 세상에 열광하고 감동하고 소비하는 인간들의 이야기죠.

『싱크 엑설런트』도 경영하는 인간들의 이야기들입니다. 테슬라 같은 실리콘밸리 기술 빅테크부터 정육각처럼 삼겹살로 대박을 낸 신선 식품 유통 스타트업까지 여러 기업의 이야기들을 모았지만 모두를 관통하는 최대공약수는 결국 사람의 이야기라는 겁니다.

세상을 바꾸는 혁신의 필요조건은 돈과 기술입니다. 그렇지만 이것만으론 부족합니다. 세상 사람들의 문제를 발견하고 앞장서 해결하려는 인간적 시선이 혁신의 필요충분조건입니다. 돈과 기술은 문제 해결의 수단일 뿐이죠. 그래서 기술만 자랑하는 스타트업은 프로덕트 마켓 핏을 찾지 못할 가능성이 큽니다. 그럴듯한 열쇠는 있지만 그 열쇠로 도대체 세상의 어떤 문을 열어야 하는지는 모르는 격이죠. 돈만 내세우는 기업은 자본 시장에서 타락해버리기 쉽습니다. 투자를 받는 것 자체가 사업의 목적이 돼버리는 것이죠.

엑설런트한 기업의 경영하는 인간들은 사고방식부터가 다릅니다. 언제나 싱킹의 시작점은 사람이죠. 세상 사람들이 어디에서 불편함을 느끼는지 깊이 공감합니다. 그걸 해결해주겠다고 머리를 맞대고 팔을 걷어붙이죠. 사람들이 마트에서 파는 삼겹살보다 더 맛있는 삼겹살을 먹게 해주고 싶어 합니다. 아파 죽겠는데 엉금엉금 병원에 기어가지 않아도 의사 선생님에게 진료를 받고 약 처방도 받을 수 있게 해주고 싶어 합니다. 남에겐 말 못할 마음의 병을 조용히 치료할 수 있게 돕고 싶어 하죠. 연인과 머물 호텔을 쉽게 예약할 수 있게 해주거나, 이사 갈 집을 쉽게 찾아볼 수 있게 도와줄 수도 있습니다. 빨래를 대신 해주고, 운동 예약을 대신 해주고, 편의점에 대신 가줄 수도 있죠. 이렇게 싱크 엑설런트란 세상 사람들이 무엇을 불편해하는지, 왜 불편해하는지, 그리고 그것을 어떻게 해결해줄 수 있을지 치열하게 쉬지 않고 자발적으로 고민하는 사고방식을 말합니다. 공감 경영이죠.

싱크 엑설런트 기업들의 또 다른 최대공약수는 결국엔 사람들의 시간과 비용을 아껴주는 데 돈과 기술을 집중시킨다는 점입니다. 기업이 크든 작든 다르지 않습니다. 테슬라가 풀고 있는 건 이동의 문제입니다. 태초부터 존재했던 거대한 문제죠. 테슬라가 1조 원짜리 기업인 이유입니다. 게다가 테슬라는 자율주행기술과 전기에너지를 결합해서 단위 거리당 이동의 비용을 거의 제로에 수렴하게 만들려고 합니다. 로봇군단을 동원해서 생산비용을 낮추고 결국 차량 가격도 드라마틱하게 낮추려고 하죠. 강남언니가 풀고 있는 건 아름다움의 문제입니다. 이동처럼 보편적이진 않지만 근본적인 문제죠. 강남언니도 성형 소비자들의 시간과 비용을 아껴주는 서비스를 만드는 데 역량을 집중합니다. 딜리셔스도 마찬가지입니다. 딜리셔스의 서비스인 신상마켓은 동대문 12만 소매상인들의 비용과 시간을 아껴줬습니다. 새벽 도매 시장에 나가지 않아도 디지털로 1만 2천 도매상들의 신상들을 모두 볼 수 있게 해줬죠. 무엇보다 디지털에 익숙하지 않은 동대문 상인들을 위해 전단지라는 독특한 마케팅 수단을 활용했습니다. 아무리 편리한 서비스도 누군가에겐 불편할 수 있다는 걸 공감한 겁니다. 사람을 보는 공감 경영이란 이런 것입니다. 돈만 보는 비즈니스맨이나 기술만 앞세운 기업인이 아니라 경영하는 인간만이 할 수 있는 엑설런트 싱킹 웨이입니다.

세상 사람들의 문제를 풀어주려 노력하는 사고 방식과 경영 태도는 한국 사회 이곳저곳에 뿌리내리고 있습니다. 스타트업 신의 발전이 가져온 문화적 변화입니다. 당연히 모두가 창업에 도전할 필요는 없습니다. 그렇지만 어떤 분야에서 일하든 공감 경영의 사고 방식은 필요합니다. 무슨 일을 하든 더 나은 세상을 만드는 데 보탬이 되는 일이 아니라면 시장은 또 냉정해서 아무런 보상도 해주지 않으니까요.

『싱크 엑설런트』는 스타트업 창업자와 주식 투자자에게는 당연히 도움이 될 기업분석서입니다. 그렇지만 지금 경영자가 아니더라도 장차 창업자가 안 되더라도 『싱크 엑설런트』는 세상의 변화를 이해하고 나를 바꿔 미래를 준비하는 데 도움이 될 이야기들입니다. 부디, 이 책이 독자 여러분의 시간과 비용을 아껴주고 재미와 유익을 드리는 스토리이길 바랍니다.

목차

4장 | Scale up
: 브랜드 레벨을 끌어올린 탑티어의 비밀

5장 | Solution
: 일상의 불편함을 끝낸 해결사들의 비밀

Think

Think

Think

Think

Th!nk

1장

Game Changer

: 업계 판도를 바꾼 이들의 특별한 비밀

"한 사람이 길목을 잘 지키면
천 명의 적도 두렵게 할 수 있다."

– 이순신

잘하는 한 가지를 깊게 파다
: 오늘의집

실리콘밸리의 주목을 받은 '확장력'

"당신이 사는 공간을 사랑하라. Love where you live."

버킷플레이스 본사 한가운데 아름드리 라운지에 크게 나붙어 있는 문구다. 버킷플레이스는 온라인 홈퍼니싱 인테리어 플랫폼 오늘의집을 운영하는 스타트업이다. 버킷플레이스의 사무실은 서울 강남역 삼성타운 27층과 25층에 있다. 2020년 말 이사했다. 27층만 쓰다가 회사가 빠르게 커지면서 25층까지 사용하게 됐다. 버킷플레이스의 직원은 벌써 500명이 넘어섰다. 지금 이 순간에도 무섭게 IT업계의 개발자들을 빨아들이는 중이다. 인수합병M&A도 열심이다. 2021년 8월엔 한국의 집수리 스타트업 집다를 인수한 데 이어 2021년 11월엔 싱가포르의 온라인 가구 플랫폼 힙밴Hipvan을 인수했다.

이렇게 오늘의집으로 몸집을 불린 덕분에 2022년 5월 9일엔 2300억 원 규모의 시리즈D 투자도 성사시켰다. 2022년 들어서 이뤄진 한국 스타트업 투자 가운데 최대 규모다. 자본의 규모도 크지만 질도 좋다. 일단 산업은행 주도로 1000억 원을 받았다. 부동산 중개 플랫폼 직방과 패션 유통 플랫폼 무신사에 투자한 IMM인베스트먼트와 게임 투자의 큰손인 스마일게이트인베스트먼트로부터도 투자를 이끌어냈다. 알짜배기 스타트업 투자자 리스트에서 빠지는 법이 없는 소프트뱅크벤처스도 합류했다. 특히 싱가포르 국부펀드 테마섹Temasek의 벤처투자 자회사 버텍스그로스Vertex Growth의 투자까지 받았다. 싱가포르 시장에서 연간 30%씩 성장하는 힙밴을 인수한 덕분이다.

시리즈D 투자엔 2020년 시리즈C 투자에도 참여했던 본드캐피털 BOND Captial이 동참했다. 본드캐피털은 메리 미커Mary Meeker가 2018년 클라이너퍼킨스에서 독립해서 세운 투자사로, 메리 미커는 인터넷의 여왕이라고 불리는 투자전문가다. 메리 미커가 1990년대부터 매년 발행해온 인터넷 트렌드 보고서는 전 세계 벤처 투자자들의 필독서다. 메리 미커의 본드캐피털은 이스라엘의 조립형 스마트홈 유니콘인 비브Veev에도 투자했다. 오늘의집과 일맥상통하는 투자처다. 메리 미커가 오늘의집을 찜했다는 건 버킷플레이스가 실리콘밸리 주류 투자자들의 레이더망에 포착됐다는 의미다. 쿠팡이 미국 증시에 상장되어 적어도 초창기엔 주가 대박을 터뜨리면서 한국 스타트업에 대한 실리콘밸리의 인식도 달라졌다. 좁은 내수 시장의 한계를 극복하고 글로벌 스케일 업을 할 수 있다는 가능성에 기대를 걸기 시작했다. 오늘의집이 싱가포르를 거실 삼아 동남아까지 안마당으로 서비스를 확장할 수 있다는 기대가 시리즈D 투자 성공의 원동력이다.

폭발하는 홈퍼니싱 시장을 장악하다

오늘의집은 우리가 우리가 사는 공간을 사랑하게 만들어줬다. 일단 코로나 팬데믹이 오늘 우리가 사는 집에 대한 관심을 증폭시켰다. 재택근무가 늘어나고 야외 활동이 줄어들었기 때문이다. 집에 있는 시간이 늘어나면서 라이프스타일에 전반적인 변화가 일어났다. 라이프스타일의 변화는 신규 수요 창출을 의미한다. 당연히 주식 시장과 스타트업 시장도 예민하게 반응할 수밖에 없다. 영상 콘텐츠 소비가 증가하자 넷플릭스 같은 OTT기업의 주가가 폭등했다. 패션 트렌드에선 활동성을 강조한 에슬레저룩athleisure look이 유행했다. 에슬레저룩은 스포츠웨어를 일상복으로 입는 것을 말한다. 재택용 패션은 원마일 웨어one-mile wear라고도 불리는데, 집 반경 1마일 안에서 입기 편한 옷을 뜻한다. 이런 트렌드 덕분에 여성 패션에선 지그재그가 떴고, 남성 패션에선 무신사가 떴다. 모두 이커머스e-commerce로 가볍게 소비하기 좋은 옷들이다. 먹거리 시장에선 배달의민족과 쿠팡이츠가 전국적인 배달 왕국을 건설했다. '보는 시장'과 '입는 시장' 그리고 '먹는 시장' 다음으로 폭발적으로 성장한 시장이 '사는 시장'이었다. 소비자들이 집을 사고 집에 살고 집을 꾸미는 데 집중하면서 홈퍼니싱 시장이 자라나기 시작했다.

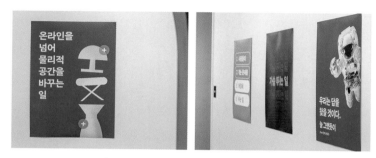

오늘의집은 우리가 사는 공간을 사랑하게 만들어줬다

집값 상승과 그에 따른 영끌 매수도 코로나 팬데믹이 자극한 홈퍼니싱 시장에 기름을 부었다. 영국의 부동산 정보업체 나이트 프랭크에 따르면, 코로나 팬데믹의 절정기였던 2020년 9월부터 2021년 9월까지 1년 동안 한국의 집값 상승률은 26.4%에 달했다. 물론 한국 부동산 시장만의 문제가 아니다. 미국은 18.7%가 올랐고, 캐나다는 17.3%나 상승했다. 1990년대 부동산 버블 붕괴 이후 인구 감소로 주택 수요까지 감소한 일본조차 8.9%를 기록했다. 이렇게 집값이 무섭게 오르는데도 글로벌 제로 금리 덕분에 모두가 영혼까지 끌어모아서 아주아주 비싼 값을 치르고 집을 샀다. 전 재산을 몰빵한 집에 대한 관심이 천장을 찌르는 건 어쩌면 당연한 일이었다.

　국내 홈퍼니싱 시장의 규모는 코로나 이전이었던 2017년엔 13조 7000억 원 정도였다. 2023년엔 18조 원에 달할 것으로 전망된다. 그런데 이케아 같은 글로벌 가구 공룡부터 한샘이나 현대리바트 같은 토종 가구업체들 대신 국내 홈퍼니싱 시장의 신스틸러로 떠오른 스타트업이 오늘의집 서비스를 내세운 버킷플레이스였다.

커뮤니티에서 플랫폼으로

　오늘의집은 무진장 인테리어 사진이 많은 인터넷 커뮤니티 서비스에서 출발했다. 무진상 신발 사진이 많은 인터넷 커뮤니티에서 출발한 무신사와 커뮤니티에서 플랫폼이 됐다는 점에서 유사하다. 사실 커뮤니티와 플랫폼은 교집합이 많다. 소비자들은 커뮤니티에서 정보를 공유한다. 소비자들은 요즘 어떤 제품이 인기인지, 가격은 어디가 제일 싼지 같은 정보들을 원한다. 커뮤니티에선 내공 만렙인 소수 소비자가 고급 정보를 소수에게만 공유한다. 커뮤니티가 발달하면 중고거래 같은 커머스 행위가 일어난다. 커뮤니티가 커지면 자연히 광고 영업이 가능해진다. 커뮤니티가 마켓이 되는 것이다. 중고 거래 같은 내부 상거래와 광고 영업 같은 외부 상거래가 일어나는 마켓의 각종 이커머스 행위를 기술을 통해 자동화하고 간편화시키면 결국 그것이 플랫폼이다. 플랫폼 사업자는 마켓을 디지털화한 보상으로 수수료를 받는다. 상품을 판매하는 판매자에게 받는 판매수수료나 상품을 더 잘 팔고 싶어 하는 판매자의 광고수수료가 수익의 본질이다.

그런데 오늘의집 플랫폼엔 한 가지 기능이 더 있다. 내 집 인테리어를 자랑하고 너 집 인테리어를 돌아볼 수 있는 일종의 온라인 집들이 기능이다. 일종의 홈퍼니싱 인스타그램이 된 셈이다. 일단 사람들은 다른 사람들이 어떻게 사는지 궁금해한다. 두루마리 휴지를 사들고 구태여 다른 사람의 집에 들러서 집들이를 하는 이유다. 비슷하게 살면 안심하고 다르게 살면 의심하고 화려하게 살면 질투하고 검소하게 살면 인정한다. 방송 프로그램 「나 혼자 산다」가 늘 인기인 이유다. 대중은 유명인과 연예인들이 사는 모습이 별다르든 별다르지 않든 일단 궁금해한다. 오늘의집은 이런 대중적 심리를 꿰뚫었다. 어떻게 꾸며놓고 사는지가 그 사람이 어떻게 사는지를 말해주는 척도라고 생각하기 때문이다. 당신이 어떻게 사는지 보여주면 당신이 어떤 사람인지 말해주겠다는 식이다. 오늘의집 플랫폼은 가격이나 브랜드 같은 공적 정보뿐만 아니라 누구누구의 집 같은 사적 정보까지 더해지면서 중독성 있는 커뮤니티가 될 수 있었다.

진짜 사람이 사는 온라인 쇼룸

여기에 오늘의집은 온라인 이케아의 기능도 하게 됐다.

사람들은 다른 사람들이 어떻게 사는지 궁금해한다. 오늘의집은 이런 대중적 심리를 꿰뚫었다

가구 공룡 이케아의 성공 비결은 두 가지다. 하나는 소비자가 압축 포장된 가구 부품들을 배송받아 직접 조립하게 만든 DIYdo-it-yourself 방식이었다. 가구 비즈니스는 용적률 비즈니스다. 가구의 부피가 큰 탓에 매장에 진열해놓으면 그대로 공간의 용적률을 잡아먹기 때문이다. 이케아는 가구들은 분해해서 진열해놓는다. 제한된 공간에 더 많은 가구를 저장해둘 수 있다. 게다가 이케아는 대도시 인근에 마련한 물류창고를 그대로 쇼룸으로 이용한다. 이케아는 물류창고 쇼룸을 실제 사람이 살고 있는 집처럼 꾸며놓는 걸로 유명하다. 이케아 쇼룸을 한 바퀴 돌면 집들이를 한꺼번에 수십 번 한 셈이 된다. 이케아는 이런 쇼룸 겸 물류창고로 서울 같은 대도시를 포위하는 전략을 써왔다. 대도시 홈퍼니싱 수요를 독점하려는 전략이었다.

그런데 오늘의집 플랫폼은 이케아 쇼룸보다 더 많은 인테리어 사진들을 보여줬다. 심지어 이케아처럼 가짜가 아니라 진짜로 사람이 사는 모습들이었다. 그것도 온라인으로 손쉽게 둘러볼 수 있었다. 게다가 다음 날 배송받는 가구들은 완제품들이었다. 한국에선 이케아의 DIY가 소비자들에게 별로 인기가 없었다. 오늘의집은 오픈 마켓이다. 여러 인테리어 가구 판매상이 입점해 있다. 이케아와 달리 각각의 가구들은 각각의 판매상들이 보관하고 있다. 물류 공간을 아끼기 위해 가구를 압축 포장했다가 소비자들이 DIY로 만들게 유도할 필요가 애초에 없단 얘기다.

오늘의집의 누적 거래액은 2조 원을 돌파했다. 2021년 총주문자 수는 240만 명이다. 7초마다 한 개의 가구가 팔려나간다. 성수기엔 월간 거래액에 1800억 원 수준이다. 기업 가치는 2조 원을 인정받았다. 국내 1위 인테리어 업체인 한샘의 시가총액은 1조 5885억 원이다. 2위 현대리바트는 2803억 원이다. 아직 비상장인 유니콘이지만 기업 가치로만 보면 오늘부턴 오늘의집이 1위 업체다. 시리즈C에서 8000억 원 가치를 인정받고 불과 1년 반 만에 기업 가치가 2.5배 커졌고, 한국의 18번째 유니콘이 됐다. 부동산 중개업체 직방과 마켓컬리를 운영하는 컬리와 가상화폐 거래소인 업비트의 운영사 두나무와 빗썸의 운영사 빗썸코리아 그리고 중고거래 플랫폼 당근마켓과 리디북스 운영사 리디가 유니콘들이다.

아마존의 성공 전략 따라가기

버킷플레이스는 오늘의집에 시리즈D로 투자받은 2300억 원으로 네 가지 분야에 집중투자할 계획이다.

우선 목표는 VR(가상현실)Virtual Reality과 AR(증강현실)Augmented Reality을 기반으로 한 증강현실 서비스를 고도화하는 것이다. 온라인 집들이를 좀 더 실감나게 할 수 있게 만드는 것이다. 포스트 코로나 시대에도 오늘의집이 계속 성장하려면 반드시 확보해야만 하는 기술이다.

다음은 물류다. 오늘의집은 2021년 6월 경기도 이천 JK물류센터에

3만 제곱미터 규모의 가구전용 물류센터를 마련했다. 인테리어 가구 전용 물류 시스템을 확립해서 익일 배송을 안정시키는 게 목표다.

물류는 쿠팡이나 마켓컬리 같은 유통 라이벌들도 모두 골몰하는 숙제다. 배송하는 제품의 성질은 달라도 해결하려는 문제의 본질은 비슷하다. 초기 투자 비용을 좀 들이더라도 배송 속도를 높이고 배송 지역을 넓혀서 빠르게 시장 점유율을 확대하는 것이다. 한번 물류망이 갖춰지면 그다음부턴 땅 짚고 헤엄치는 격이 된다. 이 모두가 아마존의 성공 모델이다. 다만 아마존은 처음에 책이라는 가장 쉬운 시장부터 공략했다면, 오늘의집이나 쿠팡, 컬리는 후발 주자인 만큼 좀 더 어려운 제품을 배송하는 문제를 풀고 있을 뿐이다. 물류망 구축엔 배달 기

오늘의집은 전용 물류 시스템을 확립해 배송 지역을 넓히면서 시장 점유율을 빠르게 확대하는 중이다

사 확보도 중요하지만 물류 전산 시스템 개발도 필요하다.

네 번째가 해외 진출이다. 일단 버킷플레이스는 싱가포르를 중심으로 한 동남아 시장 공략에 나설 계획이다. 2021년에 인수합병한 힙밴이 교두보다. 사실 버킷플레이스는 미국 시장 공략에도 관심이 많다. 메리 미커의 투자 세례를 받은 기업답게 북미 시장 공략을 진작부터 염두에 두고 있다. 글로벌 오늘의집이 현실화되면 서울에서 싱가포르나 샌프란시스코 누군가의 집을 집들이하는 것도 얼마든지 가능해진다.

한 가지를 깊게 파라

버킷플레이스는 그동안 퍼널링funneling 전략으로 성장해왔다. 퍼널링은 한 가지 분야만 깊게 파고들면서 가치를 창출해나가는 전략이다. 오늘의집은 홈퍼니싱 분야에서 퍼널링을 거듭해왔다. 버킷플레이스는 좀 더 구멍을 넓고 깊게 파고들 작정이다. 홈퍼니싱 분야의 모든 것이 오늘의집 앱에 있도록 만드는 게 목표다. 버킷플레이스의 창업자이자 CEO인 이승재 대표가 슈퍼앱super-app 전략이라고 부르는 방향이다. 토스가 금융소비자의 모든 문제를 해결해주는 금융의 슈퍼앱이 되려고 한다면, 오늘의집은 홈퍼니싱과 인테리어의 문제를 해결해주는 라이프스타일 슈퍼앱이 되려고 한다. 집수리 스타트업인 집다를 인수한 것이나 최근 이사 관련 서비스를 론칭한 것도 같은 맥락이다.

버킷플레이스의 오늘의집이 이승재 대표의 첫 번째 창업은 아니다.

원래 이승재 대표는 창업에는 별 관심이 없었다. 2009년 태국에 교환학생으로 갔다가 창업을 꿈꾸는 미국인 친구를 만나 스타트업의 매력을 알게 됐다. 2011년 대학 친구들과 스마트 쓰레기통 개발사업을 하는 이큐브랙을 창업했다. 2013년 12월 친구들에게 이큐브랙을 넘기고 새로운 스타트업을 창업했다. 그게 버킷플레이스였다. 첫 번째 창업에서 느낀 경험이 새로운 사업 아이템의 씨앗이 됐다. 이큐브랙을 창업하면서 구글 같은 사무실 인테리어를 꿈꾸며 직접 사무실을 시공해본 경험 덕분이었다. 이승재 대표는 이때 참고할 만한 인테리어 정보가 부족하다는 소비자로서의 페인포인트pain-point를 직접 경험했다. 원스톱 인테리어 정보 제공 플랫폼을 창업하자고 결심했다. 2013년 서울대 창업경진대회에서 1등을 했고 2014년 7월 오늘의집 앱을 출시했다. 창업 초반 2년 동안은 매출이 0원이었다. 생활비가 없어서 사무실에서 숙식을 해결했다. 오늘의집 창업자가 오늘의 집도 없었다.

버킷플레이스도 무신사나 쿠팡, 컬리처럼 누적된 적자를 해소할 필요가 있다. 거래액 대비 매출액이 적다는 오픈 마켓 비즈니스 모델의 약점도 있다. 다만 투자자들 입장에선 다른 유니콘들에 비해 상대적으로 저평가된 편이다. 오늘의집 연간 거래액은 1조 7000억 원 정도다. 2조 3000억 원인 무신사나 2조 1000억 원인 마켓컬리에 육박하지만 기업 평가액은 훨씬 적다. 시리즈C에선 8000억 원이었다. 이번 시리즈D에선 2조 원 정도였다. 컬리와 무신사 모두 4조 원 안팎이다. 아직 성

오늘의집은 집수리 스타트업 집다를 인수해 홈퍼니싱과 인테리어의 문제를 해결해주는 라이프스타일
슈퍼앱이 되려고 한다

장 여력과 투자 매력이 남아 있다는 뜻이다.

코로나 팬데믹은 끝나가고 있다. 포스트 코로나 시대에도 의식주의 디지털화는 지속될 수밖에 없다. 한번 바뀐 라이프스타일은 그것이 편리하기만 하다면 되돌아가지 않는다. 특히 옷은 에슬레저 대신 화려한 1990년대 와이투케이Y2K를 입을 수도 있고, 음식은 배달 대신 매장에 갈 수도 있다. 반면 홈퍼니싱에 대한 관심은 크게 줄어들지 않을 가능성이 크다. 우리는 우리가 사는 공간을 사랑하고 싶기 때문이다. 그래서 우리가 사는 공간을 더 꾸미고 싶기 때문이다.

02

금융소비자들이
앞다퉈 돈을 맡기는 은행
: 토스뱅크

신파일러 660만 사장님의 손을 잡다

"금융은 필요하지만, 은행은 사라질 것이다. Banking is Necessary. Banks are not."

1994년 마이크로소프트 창업자 빌 게이츠가 했던 말이다. 30년이 흘러 토스뱅크에서 그의 말이 실현되고 있다.

사장님 대출이 장안의 화제다. 사장님 대출은 토스뱅크가 2022년 2월 14일 전격 출시한 개인사업자 대출이다. 통계청이 발표한 2021년 기준 국내 비임금근로자는 663만 명이다. 이른바 자영업자라고 불리는 인구다. 은행 대출창구에서 자영업자는 거절 1순위다. 신용도 변변

치 않다. 담보도 확실치 않다. 주택담보대출처럼 안전 대출만 선호하는 보수적인 국내 시중은행 문화에서 개인사업자에 대한 대출은 원천 봉쇄된 것이나 다름없다. 간혹 사장님에게 넘어간 대출창구 직원이 대출 서류를 상신해도 첩첩산중 결제라인에서 반려되기 일쑤였다. 660만 자영업자들은 시중은행 기준으론 대출 부적격자들이었다.

토스뱅크가 생각을 바꿨다. 세상이 바뀌었다. 토스뱅크는 보증기관의 보증서도 요구하지 않았다. 대출자의 부동산 담보 요구도 하지 않았다. 악마적인 연대 보증 요구도 물론 없었다. 개인 신용에 따라 최대 1억 원 한도로 대출을 해줬다. 토스뱅크는 대한민국 660만 자영업자들을 660만 사장님으로 바꿔 모셨다. 결과는 엄청났다. 2022년 3월 31일 기준 토스뱅크의 사장님 대출은 2000억 원을 돌파했다. 2월 말 대비 95.7%가 증가했다.

시중은행들에도 무보증 개인사업자 대출 상품이 있긴 하다. 금융소비자들에게 알려주지도, 권장하지도 않는다. 리스크를 회피하기 위해서다. 자영업자들은 필연적으로 신파일러thin filer일 수밖에 없다. 신파일러는 금융 이력이 적은 금융소비자를 말한다. 파일이 얇다는 말이다. 담보 서류도 없고 월급 통장도 없으니 그럴 수밖에 없다. 신파일러에 대한 신용평가는 그만큼 어렵다. 시중은행은 어렵다고 기피했다. 토스뱅크는 달랐다. 비금융 정보를 활용한 자체적인 신용평가 모델을 적용했다. 금융 정보에 비해 비금융 정보가 방대할 수밖에 없다. 인터

"금융은 필요하지만 은행은 사라질 것이다"라는 빌 게이츠의 말이 실현되고 있다

넷 쇼핑몰 사업자라면 인스타그램 팔로워 수도 비금융 정보가 될 수 있다. 팔로워가 많으면 그만큼 쇼핑몰이 흥행할 가능성도 커진다.

토스뱅크는 사장님 대출을 위해 비금융 정보를 분석하는 자체적인 신용평가 모델을 개발했다. 수고로운 일이다. 그렇다고 로켓 사이언스 rocket science도 아니다. 로켓 사이언스란 일반적으로 불가능하다고 보는 기술 개발을 뜻한다. 토스뱅크 측은 신파일러 대출은 로켓 사이언스가 아니라고 누누이 강조한다. 한마디로 못하는 게 아니라 안 하는 일이라는 말이다. 시중은행들은 주택담보대출이나 대기업 대출 같은 먹거리에 안주하면서 사장님 대출 같은 신파일러 대출을 등한시했다. 반면에 토스뱅크는 은행 성장과 고객 성장이라는 두 마리 토끼를 모두 잡기 위해 과감하게 신파일러 대출 모델을 개발했다. 그게 사장님 대출이다. 한 달 만에 2000억 원 대출 기록은 우연이 아니다. 토스뱅크 모델에 따르면 결코 부실 위험이 높은 것도 아니다. 대신 대출해준 만큼 토스뱅크의 이자 수익은 늘어난다. 토스뱅크의 대출을 받아 사업을 일으킨 사장님들이 늘어나면 오히려 토스뱅크에 돈을 맡길 수밖에 없다. 선순환이다.

2030의 돈이 토스로 몰리는 이유

그렇지 않아도 토스뱅크로 금융소비자들이 앞다퉈 돈을 맡기는 분위기다. 토스뱅크는 2022년 3월 말 기준 수익총액이 17조 원을 돌파했다. 토스뱅크는 국내에서 세 번째로 출범한 인터넷 은행이다. 어느새 막내 토스뱅크가 둘째 케이뱅크를 수신액에서 추월했다. 케이뱅크의 수신액은 11조 6900억 원이다. 첫째 카카오뱅크는 32조 5287억 원이다. 수신액은 고객이 은행에 맡긴 예금액을 뜻한다. 수신 잔고가 커야 은행의 힘도 세진다. 여신, 그러니까 대출을 해줄 수 있는 여력이 세지기 때문이다. 돈장사를 그만큼 크게 할 수 있게 된다. 토스뱅크의 고객 수는 234만 명을 넘어섰다. 가공할 성장세다.

일단 무조건 연 2% 금리 전략 덕분이다. 저금리 시대에 연 2% 금리는 매력적이다. 파격적인 금리 혜택 덕분에 토스뱅크로 사람과 돈이 몰려들었다. 심지어 수시입출금이 가능하다. 특히 짠테크 트렌드를 주도하고 있는 2030세대 사이에서 토스뱅크 열풍이 불었다. 235만 토스뱅크 고객 가운데 50% 가까이가 2030세대다. 이게 전부가 아니다. 토스뱅크는 금리에 대한 생각을 바꿨을 뿐만 아니라, 금리인하에 대한 생각도 바꿨다. 금융당국은 금융소비자가 대출 금리를 인하하도록 시중은행에 요구할 수 있는 금리인하요구권을 보장하고 있다. 다만 소비자들 입장에선 금리인하를 요구할 수 있는 조건을 달성했는지 알 수가 없다. 은행들이 먼저 알려주지 않기 때문이다.

이자 주권을 고객에게 확대한 토스뱅크에 2030의 돈이 몰리고 있다

토스뱅크는 고객이 금리인하를 요구할 수 있는 조건이 갖춰지면 먼저 알려주는 서비스를 제공하기 시작했다. 토스뱅크가 금리인하요구권 맛집으로 불리게 된 이유다.

토스뱅크가 등장한 2021년 10월부터 2021년 3월까지 2만 4910건의 금리인하요구가 접수됐다. 5대 시중은행의 금리인하요구 건수를 모두 합친 것보다 많다. 토스뱅크는 고객이 금리인하를 먼저 요구하도록 안내했다. 덕분에 금리인하를 요구한 고객 5명 가운데 1명 이상이 금리인하 혜택을 볼 수 있었다. 이쯤 되면 토스뱅크를 안 쓸 수가 없다. 시중은행에선 알려주지 않고 꼭꼭 숨겨두기 바쁜 정보를 먼저 미리 적극적으로 알려주기 때문이다. 고객 중심 사고다. 토스뱅크에 사람과 돈이 몰려드는 이유다. 금융은 정보 비대칭성이 강한 산업 분야다. 아는 만큼 돈이 된다. 그런데 아무도 알려주지를 않는다. 토스뱅크로 사실상 머니 무브money-move가 일어나고 있는 건 그래서다. 토스뱅크는 생각을 바꿨다. 산업을 바꿨다. 세상을 바꿨다.

대출 영업 중단 위기가 기회가 되다

물론 단기적으론 토스뱅크도 부담이 커진다. 토스뱅크는 2021년 10월부터 12월까지 806억 원의 영업순손실을 기록했다. 특히 이자 부문에서 112억 원의 이자 순손실을 기록했다. 이자수익은 312억 원이었지만 이자비용은 424억 원이었다. 한마디로 고객으로부터 돈을 비싸게 빌려서 고객에게 돈을 싸게 빌려줬기 때문이다. 연 2% 금리 혜택은 물론이고 월 최대 4만 6500원의 캐시백 혜택까지 돌려줘야 한다. 게다가 정부의 가계대출총량규제에 걸려서 2021년 10월 영업 개시 일주일 만에 대출 영업도 중단할 수밖에 없었다.

토스뱅크는 위기를 기회로 바꿨다. 사장님 대출이 대표적이다. 정부가 2022년 1월 1일부터 한시적으로 가계대출총량규제를 완화하자마자 내놓은 게 사장님 대출이다. 인터넷 뱅크로서 신파일러 대출에 집중한 결과다. 토스뱅크의 여신총액은 2조 5000억 원에 불과하다. 카카오뱅크의 25조 8980억 원이나 케이뱅크의 7조 4900억 원에 비해 상대적으로 여유가 있다. 바꿔 말하면 그만큼 여신 여력이 크다는 뜻이다. 성장할 활주로가 많이 남아 있다. 머니 무브라고까지 말할 수 있는 토스뱅크로의 수신 확대는 고스란히 여신 여력 확대와 이자 수익 확대로 이어진다. 단기적인 이자순손실에 연연할 필요가 없다는 뜻이다.

심지어 토스뱅크는 이자 주권을 수신 고객한테까지 확대했다. 매일 이자 지급 기능이다. 수시입출식 토스뱅크 통장 보유자는 누구나 지금 이자 받기 버튼을 눌러서 원할 때 언제나 이자를 받을 수가 있다. 만일 매일 지금 이자 받기 버튼을 누른다면 원금에 이자까지 더해서 다음 날 이자에 이자까지 붙는 일 복리 효과도 체감할 수 있다. 5000만 원을 토스뱅크에 예금한 예금자라면 1년 뒤 약 6000원의 이득을 더 볼 수 있다고 계산해볼 수 있다. 이자 소득은 높지 않아도 이자 소득 자체를 개인이 체감할 수 있다는 점에선 차이가 크다. 시중은행은 은행이 지정한 날짜에만 이자를 받을 수 있다. 이자 주권이 고객이 아니라 은행에게 있다는 의미다. 시중은행들도 일 복리 이자 받기를 할 수 있었다. 이것도 로켓 사이언스가 아니라는 얘기다. 오히려 시중은행들은 일 복리 이자 받기에 대한 고객 요구가 낮을 거라고 지레짐작했다. 아니었다. 토스뱅크의 일 이자 받기는 특히 2030세대에게 선풍적인 인기를 끌고 있다. 역시 짠테크 열풍과 이자가 공정하게 늘어나기를 원하는 세대 심리와 결합된 결과다.

토스는 만 14세 미만 어린이와 청소년만을 위한 전용 서비스와 카드도 선보였다

기존 은행권을 긴장시키다

토스뱅크를 비롯한 인터넷 은행들은 이런 뱅킹 혁신을 기반으로 리

테일 뱅킹의 모바일화와 비대면화를 이끌고 있다. 나아가서 시중은행들의 텃밭이라고 할 수 있는 주택담보대출 시장까지 넘보고 있다. 주택담보대출은 상대적으로 비대면 전환이 까다롭다고 알려져 있다. 갖가지 관공서 서류도 필요하다. 아파트가 아니면 실사 과정도 필수다. 무엇보다 소유권 이전과 잔금 지급은 대면으로 하는 게 관행이다. 케이뱅크는 아파트담보대출에서 비대면 상품을 출시했다. 전자상환 위임장을 이용해서 필요한 서류를 2종 이하로 줄였다. 카카오뱅크 역시 챗봇을 통한 주택담보대출 상품을 출시했다. 토스뱅크 역시 조만간 주택담보대출 시장에 도전장을 내밀 계획이다. 이럴 경우 시중은행들의 높은 문턱을 부담스러워하는 2030 미래 주택 소비자들의 지지를 이끌어낼 수 있을 것으로 보인다. MZ세대 소비자들은 필요할 때만 다가와 주기를 원하는 성향이 강하기 때문이다. 은행 서비스 역시 필요한 부분만 받고 싶어 한다.

차기 정부는 특히 주택담보대출에 관해선 대출규제 완화를 약속하고 있다. LTV(주택담보인정비율)는 최대 80%까지 완화를 시사하고 있다. DSR(총부채원리금상환비율) 역시 부분 완화가 예상되는 상황이다. 가계대출총량규제 폐지까지 논의되고 있다. 내 집 마련을 기대하는 2030세대에게 금융이 사다리를 놓아줘야 한다는 여론이 높기 때문이다. 향후 2년 이상 지속될 기준 금리인상 흐름 속에서 주택 시장의 연착륙을 도모해야 할 필요도 있다. 토스뱅크 같은 인터넷 은행의 주택담보대출 시장

토스뱅크는 혁신을 기반으로 기존 은행의 모바일화와 비대면화를 이끌고 있다

진출은 정부와 시장 모두의 요구일 수밖에 없다는 뜻이다.

토스의 창업자 이승건 대표는 최근 토스뱅크를 비롯한 토스 계열사 직원들에게 테슬라 10대를 선물로 제공했다. 만우절 거짓말인 줄 알았던 토스 직원들은 이승건 대표의 파격 선물에 열광했다. 이런 높은 보상과 자유로운 분위기 덕분에 은행권에선 머니 무브와 고객 무브뿐만 아니라 직원 무브까지도 일어나고 있다. MZ세대 은행원들이 보수적인 은행에서 자유로운 토스뱅크로 이직하고 있다. 금융은 인력 전쟁터다. 고급 인재를 확보한 은행이 결국엔 승리한다. 스톡옵션 같은 보상까지 더해지고 개인적 발전 가능성까지 고려하면 이직 열풍은 당분간 계속될 수밖에 없다. 토스뱅크의 시대는 바야흐로 이제부터다.

03

스타트업, 대기업을 삼키다
: 직방

골리앗을 삼킨 다윗의 반전

스타트업이 삼성을 삼켰다. 직방이 삼성SDS의 홈IoT(사물인터넷) Internet of Things 부문을 인수했다. 2022년 1월 27일 확정 발표됐다. 직방은 2012년 창업한 부동산 중개 스타트업이다. 삼성SDS는 삼성그룹의 IT 서비스를 전담해온 계열사다. 1985년에 삼성데이터시스템이란 이름으로 설립됐다. 창업 12년 차 스타트업이 재계 1등 삼성그룹의 주력 계열사 가운데 하나의 사업 부문을 인수했다. 스타트업의 존재감이 이제 재벌이나 대기업과 인수합병을 논의하는 수준까지 높아진 셈이다. 직방의 삼성SDS의 홈IoT 부문 인수가 2022년 초 테헤란로 일대에서 화젯거리였던 이유다.

직방의 삼성SDS의 홈IoT 부문 인수는 1등과 1위의 결합이다. 직방은 국내 1등 부동산 중개 플랫폼이다. 삼성SDS 홈IoT 사업 부문은 국내 스마트홈 시장 1위다. 어떤 식으로든 1등과 1위의 결합은 그만큼 시너지가 클 수밖에 없다. 합병 이후 직방의 전략에 관심이 모아질 수밖에 없다. 부동산 시장의 흐름을 변화시킬 수도 있기 때문이다. 직방과 삼성SDS의 계약 내용은 비밀 유지 협약에 따라 비공개다. 스타트업 업계 안에선 대략 1000억 원 규모로 추정한다.

사실 직방과 삼성SDS의 홈IoT 부문 직거래는 언뜻 보면 큰 그림이 그려지지 않는다. 스타트업의 삼성 계열사 인수, 1등과 1위의 결합이라는 외형은 선명하다. 직방은 아파트와 빌라, 오피스텔 같은 주거용 부동산의 수요자와 공급자를 연결해주는 IT 중개 플랫폼이다. 소프트웨어 비즈니스다.

반면 삼성SDS의 홈IoT는 월패드wallpad와 디지털 도어락 같은 스마트홈 시장이 본업이다. 월패드는 아파트 거실벽에 달려 있는 컨트롤 유닛이다. 누가 현관문에서 벨을 누르면 영상이 뜨거나 집안의 조명을 켜고 끄는 등의 역할을 한다. 요즘은 냉난방도 월패드로 조절한다. 디지털 도어락은 열쇠 대신 비밀번호로 문을 열고 닫는 전자 장치다. 하드웨어 비즈니스다.

소프트웨어 비즈니스 직방이 본격적으로 하드웨어 비즈니스에 참전했다

소프트웨어 비즈니스가 하드웨어 비즈니스에 관심을 가진 이유

그래서 2021년 가을 무렵부터 직방의 삼성SDS의 홈IoT 부문 인수 이야기가 나왔을 때도 인수 목적에 대한 의문이 많았다. 이때 직방의 창업자인 안성우 CEO는 이렇게 설명했다. "직방의 주거 콘텐츠와 삼성 홈IoT 하드웨어를 결합해 스마트홈 시장의 혁신을 일으킬 것입니다." 한마디로 직방의 소프트웨어와 삼성SDS의 홈IoT 하드웨어가 시너지를 낸다는 논리였다. 역시 '어떻게'가 빠진 설명이었다.

일단 직방의 삼성SDS의 홈IoT 부문 인수는 직방의 스마트홈 시장 진출로 이해할 수 있다. 스마트홈 시장은 2020년에 20조 원이 살짝 넘었다. 한국스마트홈산업협회의 통계에 따르면 2021년엔 22조 원 정도로 추산된다. 전 세계적으로도 성장 추세인 산업이다. 스마트홈 시장은 한마디로 수도와 전기와 냉난방 기구에 냉장고나 TV 같은 가전제품까지 집 안에서 통합 제어하는 시장을 의미한다. 특히나 코로나 팬데믹으로 사람들이 집에 있는 시간이 늘어나면서 전 세계적으로 수요가 늘고 있다. 무엇보다 5G통신과 AI 기술이 발달하면서 스마트홈 시장에 통신회사와 가전회사의 관심이 높아졌다. 신기술이 사용될 유력한 수요처로 집을 더 똑똑하게 만드는 시장을 보고 있는 것이다.

대기업 위주인 통신과 가전 시장에선 이미 경쟁이 시작된 상태다. 삼성전자와 LG전자 그리고 SK텔레콤과 KT, LG유플러스가 모두 스마트홈 시장에서 주도권 다툼을 벌여왔다. 이렇게 통신회사와 가전회사가 다투는 사이에 국내 가구업계 1위인 한샘도 도전장을 내밀었다. 한샘은 2021년 IoT스타트업인 고퀄에 30억 원을 투자하면서 스마트홈 시장에 본격 진출했다.

여기에 이번엔 부동산 플랫폼 직방이 도전장을 내민 셈이다. 게다가 삼성SDS의 홈IoT는 해외 16개국에도 수출하는 수출 기업이다. 직방은 삼성SDS의 홈IoT 부문을 인수하면서 스마트홈 시장에 진출했을 뿐만 아니라 동시에 해외 시장으로까지 영역을 확대할 수 있게 됐다. 이런 확장 전략은 지금 직방에게 매우 필요하다. 직방은 2021년에 국내에서 12번째로 유니콘 기업으로 등극했다. 유니콘은 기업 가치 1조 원 이상의 비상장사를 의미한다. 비상장사의 기업 가치는 결국 신규 투자자들이 현재의 기업 가치를 얼마로 평가하느냐에 달려 있다. 2019년 직방의 투자유치평가액은 7200억 원이었다. 2021년엔 1조 1000억 원이었다. 그런데 기업 가치가 1조 원 이상으로 평가받으려면 단순히 오피스텔과 원룸의 중개 비즈니스만으로는 부족하다. 직방은 다운로드 3000만 건에 월 이용자 수 280만 명으로 훌륭한 지표를 갖고 있다. 그렇지만 주주들은 현재가 아니라 미래에 투자한다. 1조 원의 유니콘 몸값을 이어가려면 계속 비즈니스를 확장해나갈 필요가 있다. 늘 더 큰 비전이 필요하다. 그것이 스타트업이다.

직방은 프롭테크 시장에서 부동산 관리 시장까지 사업 영토를 확장하고 있다

가장 핫한 투자 분야 프롭테크

직방의 비전은 프롭테크proptech다. 프롭테크는 부동산property과 기술

technology의 합성어다. 첨단 기술을 결합한 부동산 SaaS(서비스형 소프트웨어) software as a service 산업이다. 프롭테크라는 개념은 2000년대 중반 영국에서 처음 등장했다. 전통적인 로우 테크low-tech 산업이었던 부동산에 기술을 접목하자 가장 핫한 투자 분야가 됐다. 지금 전 세계 프롭테크 투자의 절반 이상이 실리콘밸리를 중심으로 한 미국에서 이뤄지고 있다. 반면에 한국은 고작 40위권이다. 프롭테크 분야에선 걸음마 단계다.

프롭테크는 크게 네 가지 비즈니스 영역으로 구분된다. 먼저 중개 플랫폼들이 서식하는 중개임대 분야, 삼성SDS의 홈IoT 부문처럼 스마트홈을 포함하는 부동산 관리 분야, 메타버스를 활용한 프로젝트 개발 분야, 핀테크와 결합한 투자와 자금 조달 분야가 있다.

직방은 아날로그 대면 중심이었던 중개와 임대 시장을 모바일 비대면 디지털화하는 데 성공했다. 한마디로 발품 팔이 시장을 손품 팔이 시장으로 만든 것이다. 창업자 안성우 대표는 공인회계사이면서 게임 개발사에서 일했고 벤처투자심사역을 지낸 다채로운 인물이다. 회계사 시험을 준비하면서 원룸을 구하러 다니던 경험에 기반해서 직접 창업한 회사가 직방이었다. 원룸 임대 시장에서 출발해서 2016년엔 아파트 전월세까지 영역을 확대했다. 2018년엔 신축 분야 단지 정보를 알려주는 서비스도 개시했다. 직방의 성장 과정 자체가 프롭테크 시장에서 영토를 조금씩 넓혀나가는 과정이었다. 직방이 삼성SDS의 홈IoT

부문을 인수한 것도 결국 프롭테크 시장에서 중개 시장을 넘어서 부동산 관리 시장으로까지 영토를 확장하려는 시도다.

전 세계적으로 4대 프롭테크 기업으론 컴퍼스Compass, 오픈도어 Opendoor, 레드핀Redfin, 질로우Zillow를 꼽는다. 이들 네 유니콘의 시가총액은 230억 달러에 달한다. 심지어 이들 프롭테크 기업들은 부동산 중간 구매자의 역할까지 한다. 매도자와 매수자 사이에서 거래를 활성화하기 위해서 부동산 기업이 먼저 중도금을 선지급하는 부동산 금융이다. 글로벌 부동산 시장은 코로나19가 자극한 인플레이션에 이런 기술적 혁신이 결합하면서 빠르게 팽창한 상태다. 미국만 해도 주거용 부동산의 가치는 34조 달러에 달한다. 우리 돈으로 4경 원이 넘는다. 미국 상장기업 전체의 시가총액에 버금간다. 주거용을 제외한 상업용 부동산의 규모도 16조 달러다. 부동산은 다른 자산에 비해 거래 수수료도 높다. 기존 부동산 관련 기업들에게는 기회이면서 동시에 이런 수수료를 낮춰주는 프롭테크 기업들에게도 기회다.

부동산의 두 갈래를 모두 잡아내다

직방은 한국형 프롭테크 기업의 맏형이다. 경쟁자들이 아직 중개임대 시장을 놓고 다툴 때 직방은 이미 다른 프롭테크 시장으로까지 비즈니스 영토를 확대해나가고 있다. 2018년엔 경쟁 플랫폼 가운데 하나였던 호갱노노도 인수했다. 호갱노노는 학군과 상권, 갭 투자율을 기반

직방의 메타버스 협업 툴 메타폴리스

가상현실을 활용해 직접 집에 가지 않아도 일조량과 조망권을 경험할 수 있다

으로 부동산의 수익률을 한눈에 알 수 있게 해주는 부동산 앱이다.

직방이 부동산을 주거로 바라본다면 호갱노노는 부동산을 자산으로 바라본다. 직방은 호갱노노를 인수하면서 주거와 자산이라는 부동산의 두 갈래를 모두 잡는 데 성공했다.

직방은 이제 메타버스를 활용한 부동산 서비스에 집중하고 있다. 가상현실을 활용해서 직접 집에 가보지 않아도 일조량과 조망권 같은 특정 부동산의 특징을 경험할 수 있는 서비스를 구현하고 있는 것이다. 아예 직방은 본사를 없애고 메타버스 사무실로 전 직원이 출근하는 독자적인 메타버스 협업 툴 메타폴리스를 만들었다.

직방은 직방앱을 슈퍼앱으로 만드는 작업도 하고 있다. 직방앱만 이용하면 부동산 관련한 모든 서비스를 제공받을 수 있게 하겠다는 비전이다. 직방이 선보인 온택트파트너스는 부동산 중개업자뿐만 아니라 인테리어업자나 집 청소 전문가까지 주거와 관련한 거의 모든 전문가들을 한자리에 모은 서비스다. 전문가들은 직방의 고객들을 상대로 영업을 할 수 있게 된다. 물론 문제가 있다. 기존 부동산 중개업자들은 직방의 온택트파트너스가 사실상 플랫폼의 부동산 중개 시장 직진출이라고 보고 있다. 직방앱을 통해 거래가 성사될 경우 중개업자는 직방에 수수료의 절반을 지불해야 하기 때문이다. 플랫폼과 골목상권의 마찰이 직방과 부동산 중개업자들 사이에서도 벌어지고 있는 것이다.

진짜 속내는 빅데이터와 빅데이터의 결합

반면 직방은 직방앱의 온택트파트너스 서비스가 부동산 시장에 신규 진입하는 청년 중개사들에게 기회가 될 수 있다고 본다. 매년 부동산 중개업 폐업률은 15%에 달한다. 공인중개사 자격증 소지자는 45만 명이지만 개업한 공인중개사는 10만 명에 불과하다. 매년 신규 공인중개사가 3만 명씩 등장하지만 기존 사업자들의 견제 탓에 기존 아파트 단지에서 매물을 받아서 거래를 성사시키기란 쉽지 않다. 대신 직방을 활용하면 지역을 구애받지 않고 수수료만 낮추면 얼마든지 고객을 확보할 수 있다. 수수료가 낮다는 측면에선 소비자에게도 이득이다.

사실 직방의 삼성SDS 홈IoT 부문 인수도 스마트홈 시장 진출의 측면뿐만 아니라 이런 측면에서 이해할 수 있다. 스마트홈이라고 쓰지만 사실 오피스텔이나 상가, 빌딩의 스마트 관리 시장도 포함된다. 특정 상업용 부동산의 에너지 사용량만 놓고 봐도 해당 자산의 상업적 가치를 쉽게 파악할 수 있다. 장사가 잘 되면 에너지를 더 많이 쓰는 게 자연스럽기 때문이다. 결국 직방이 가진 거래 빅데이터에 삼성SDS 홈IoT 부문이 가진 관리 빅데이터가 더해져 새로운 시장이 창출된다. 소프트웨어와 하드웨어의 결합이 아니라 빅데이터와 빅데이터의 결합이 이번 인수의 진짜 목적이다. 스타트업이 삼성을 샀다. 직방이 직방했다.

04

집착에 가까운 디테일로
홀인원에 성공하다
: 골프존

'골프 왕국'에 불어닥친 위험

제대로 라운딩을 할 수가 없었다. 김영찬 골프존 대표가 친 골프공
은 그린에 올라가기는커녕 벙커에 빠지기 일쑤였다. 그렇게 엉망이 된
골프 라운딩처럼 김영찬 대표는 국회의원들의 질문에 짧은 대답조차
제대로 할 수가 없었다. 의원들이 자꾸만 대답을 자르고 윽박지르거나
면박을 줬기 때문이다. 2016년 11월 23일 열린 김영찬 당시 골프존 대
표의 국정감사 분위기다. 골목상권 침해 논란을 추궁하는 국회의원들
의 질문에 김영찬 대표는 연신 고개를 숙일 수밖에 없었다. 국감장 증
언은 증인 입장에선 고역일 수밖에 없다. 의원들은 증인의 대답을 자

르기 일쑤다. 아무리 국민을 대신해서 하는 말이라고 해도 인간적으론 가슴에 피멍이 들 수밖에 없다. 당시 김영찬 대표가 그랬다. 2016년 당시 김영찬 대표의 나이는 70세였다.

김영찬 대표는 자신부터 회사까지 몽땅 바꾸기로 결심했다. 프로골퍼가 슬럼프에 빠졌을 때 스윙 폼부터 어프로치 자세까지 모두 처음부터 다시 배우는 것과 같다. 기본으로 돌아가라. 백 투 베이직back to basic 이었다. 김영찬 대표는 일단 대표이사직을 내려놓고 경영일선에서 물러났다. 전문경영인에게 골프존의 일상적인 경영을 일임했다. 자신은 대주주로만 남았다. 그때부터 지금까지 대외적인 직함은 골프존뉴딘 그룹 회장 겸 골프존 경영총괄 회장이다. CEO가 아니라 이사회 의장이 된 것이다. 이때부터 골프존은 경영과 소유가 분리된 기업이 됐다. 이미 김영찬 대표의 아들이자 골프존의 공동창업자인 김원일 전 골프존 대표는 2013년에 회사를 떠났다. 지금은 소전문화재단 이사장으로 예술인 후원에 전념하고 있다. 골프존의 거버넌스를 바꾸면서 동시에 골프존의 비즈니스 모델도 바꿨다.

그때까지 골프존은 B2B 사업체였다. 골프존은 스크린 골프로 유명하다. 정확하게는 스크린 골프장을 운영하는 점주들에게 스크린 골프 장비를 공급하는 제조업체였다. 노래방에 노래방 기기를 공급하는 금영이나 TJ와 사업 구조가 비슷했다. 바로 여기에서 김영찬 회장이 국감장까지 불려 나가게 만든 구조적 문제가 발생했다. 장비업체인 골프존 입장에선 스크린 골프 장비를 최대한 많이 파는 게 목표일 수밖에 없다. 그런데 소비자들이 골프존 장비를 선호한다는 걸 알게 된 점주들은 앞다퉈 골프존 브랜드를 가게 상호 앞에 내세우기 시작했다. 인텔 인사이드처럼 골프존 인사이드가 됐던 것이다. 여기까지는 좋았다. 골프존 간판을 단 스크린 골프장들이 늘어나면서 문제가 생겼다. 좁은 골목 안에 골프존 스크린 골프장이 너무 많이 늘어나면서 골프존의 골목 상권 침해 논란이 생겼다. 심지어 스크린 골프장 점주들은 골프존이 장비를 판 다음에도 장비를 업그레이드해준다는 명분으로 부당한 이익을 편취했다고 주장했다. 김영찬 회장이 국감장에 끌려 나간 이유였다. 이젠 골프존도 사회적 책임을 고민해야 하는 기업이 돼 있었다.

골프를 소수 문화에서 대중 문화로 탈바꿈하다

김영찬 회장은 골프존의 비즈니스 모델을 프렌차이즈 형태의 B2C 모델로 바꿨다. 스크린 골프장 점주들을 프렌차이즈 가맹점주들로 모셨다. 골프 장비만 팔고 마는 회사에서 골프 사업 모델을 파는 회사로 골프존을 바꿨다. 프렌차이즈 가맹점 형태로 운영되다 보니 자연히 골프존 스크린 골프장 과밀화도 피할 수 있었다. 우후죽순처럼 점주들이 골프존 브랜드를 내세우는 일을 없어졌기 때문이다. 자연스럽게 점주들끼리의 갈등도 줄었다. 2016년 국감을 계기로 일상적인 경영 일선에서 물러나 큰 그림을 그리기 시작한 김영찬 회장은 이때부터 골프존의 비전을 입버릇처럼 말하기 시작했다. "골프에 관한 모든 것을 제공하는 골프 산업계의 구글이 되겠다"는 것이었다. 실제로 2022년 현재 골프존은 스크린 골프부터 필드 골프장 운영 관리와 골프 장비 제조 그리고 유통까지 골프와 관련한 거의 모든 사업을 수직계열화한 골프 왕국으로 평가받는다.

사실 골프존이 골프 왕국으로 발돋움한 건 스크린 골프 비즈니스 모델을 B2B에서 B2C로 바꿨기 때문만은 아니다. 스크린 골프 사업에서 필드 골프 사업까지 사업 영역을 확대하는 데 성공했기 때문이다.

도심 한복판에서도 골프를 즐길 수 있는 골프방 문화를 만들었다

스크린 앞에서 골프를 치는 소비자는 결국 골프장에 나가서 골프를 즐기게 돼 있다. 요즘 유행하는 식으로 말하면 메타버스와 리얼리티가 골프로 연결되는 것이다. 골프존은 2000년대 골프방 유행과 함께 성장했다. 골프 인구가 늘어나고 있었지만 국내 골프장은 회원제였다. 약속된 사람만 약속된 시간에 약속된 장소에서 골프를 즐길 수 있는 소수 문화였다. 골프존은 도심 한복판에서도 골프를 즐길 수 있는 골프방 문화를 선도했다.

악마는 디테일에 있다

언제 어디서나 원하는 만큼 골프를 치는 건 실제로 40대 중반 늦은 나이에 골프에 입문한 김영찬 회장의 바람이기도 했다. 김영찬 회장 자신부터가 스크린 골프의 소비자였던 것이다. 자연히 소비자가 무엇을 원하는지 자신할 수 있었다. 김영찬 회장은 골프존이 실제 골프장 코스를 완벽하게 재현하도록 만드는 데 집착했다. 매출의 5% 가까이 골프장 시뮬레이션 개발에 쏟아부었다. 눈에 보이는 화면만 똑같이 재현한 게 아니었다. 골프장의 경사로까지 똑같이 재현하는 스윙 플레이트 기술을 도입했다. 시각적 시뮬레이션을 넘어 물리적 시뮬레이션까지 시도한 것이다. 골프에 미친 김영찬 회장이 소비자로서 느낀 욕구를 그대로 제품에 녹여낸 것이다. 재능 있는 사람은 노력하는 사람을 이길 수 없고, 노력하는 사람은 즐기는 사람을 이길 수 없다. 비즈니스

실제와 같은 골프를 재현하면서 '리얼 골프'로 사업 영역이 확대됐다

도 마찬가지다.

 골프존이 스크린 골프에서 리얼 골프로 사업 영역을 확대한 건 스윙플레이트와 같은 맥락이다. 실제와 같은 골프를 재현하는 데 집중하다가 결국 진짜 골프장 비즈니스와 마주친 것이다. 여기엔 MBK파트너스의 역할이 컸다. MBK파트너스는 아시아 최고 수준의 사모펀드다. 사모펀드 칼라힐에서 한미은행 인수를 주도했던 김병주 회장이 2005년 창업했다. MBK는 김병주의 약자다. MBK파트너스는 무수한 인수합병을 주도했다. 코웨이와 홈플러스 그리고 일본의 유니버설 스튜디오

재팬과 중국의 뉴차이나생명이 MBK파트너스가 인수합병을 통해 대박을 터뜨린 계약 건들이다.

MBK파트너스는 일본의 아코디아골프그룹을 인수해서 운영하고 있었다. 아코디아골프그룹은 일본 골프장 네트워크 비즈니스의 선구자로 불린다. 170개 골프장을 운영하고 있다. MBK파트너스는 바이아웃을 전문으로 하는 사모펀드다. 잠재력이 큰 기업을 인수해서 경영을 혁신해 더 비싼 값에 팔아 차익을 노린다. 아코디아골프그룹도 그런 경우다. 실제로 MBK파트너스는 2021년 아코디아골프그룹을 4조 3000억 원에 소프트뱅크 측에 매각했다. MBK파트너스가 아코디아를 인수한 금액은 9000억 원이 좀 안 된다. MBK파트너스가 얻은 시세차익만 3조 4000억 원에 달한다. MBK파트너스는 골프존도 똑같은 방식이 가능하다고 봤다. 골프존은 스크린 골프 시장의 60% 이상을 장악한 회사였다. 게다가 창업주 김영찬 회장은 대주주로서 이미 은퇴를 고려할 나이였다. 아들은 경영과는 거리를 두고 있었다.

골프존이 '상장 시장의 대어'가 된 비결

그런데 골프존은 MBK파트너스에게 회사를 팔기보다는 합작회사를 설립하는 쪽으로 방향을 잡았다. 2017년 골프존은 MBK파트너스와 골프장 운영사인 골프존카운티를 설립했다. 이때부터 골프존카운티는 국내 필드 골프장 시장의 큰손이 됐다. 전국의 골프장을 사들이기 시작했다. 국내 골프장들은 2016년 김영란법으로 직격탄을 맞았다. 골프장 이용료를 법인카드로 대납해주면 큰일이 나는 세상이 된 것이다. 가뜩이나 국내 골프장들은 회원권 수요가 줄어들면서 경영난을 겪고 있는 상황이었다. 골프장의 평균 부채 비율은 4000%가 넘어가고 있었다. 골프존과 MBK파트너스는 골프존카운티를 통해 부실화된 골프장들을 줍줍하기 시작했다. 골프장 운영에 특화된 아코디아 모델을 한국에 적용하려면 일단 양질의 골프장부터 확보해야만 했다. 전국의 유명 골프장들 13곳이 차례로 골프존카운티의 소유가 됐다. MBK파트너스의 자본과 골프존의 운영 노하우가 결합되자 다시 차례로 부실에서 벗어나기 시작했다.

여기엔 코로나도 한몫했다. 코로나로 골프장에 골프 인구가 다시 몰리기 시작했다. 집콕에서 벗어날 수 있는 해방구가 골프장이었기 때문이다. 게다가 회원제에서 퍼블릭으로 전환된 골프존 골프장들은 비싼 회원비 없이도 즐길 수 있는 오락이 됐다. 이렇게 직영제로 운영하자 골프장 채산성도 좋아졌다. 골프장 사장들이 잔디 생육비며 식자재비며 이런저런 식으로 암암리에 빼가던 영업이익이 온전히 본사 골프존카운티로 흘러들어왔기 때문이다. 골프존카운티가 상장 시장의 대어로 통하는 이유다. 기술주 거품이 꺼지면서 매출만 있는 기술 기업들의 주가는 추풍낙엽이다. 반면에 골프존카운티처럼 실제로 골프 그라운드 땅을 딛고 서서 이익을 내는 기업에 돈이 몰리고 있다.

골프와 비즈니스는 닮았다. 평정심을 잃거나 집중력을 놓치면 이기던 게임도 진다

장타도 대단하지만 쇼트게임이 더 중요하다

골프존의 유일한 경쟁사인 카카오VX는 2016년 골프존이 휘말렸던 골목상권 침해 논란 때문에 공격적인 사업 확장이 어렵다. 카카오의 김범수 의장은 유명한 골프 마니아다. 카카오VX의 문태식 대표는 김범수 의장과 함께 한게임을 공동창업했다. 골프존이 골프를 기술로 접근한다면 카카오VX는 골프를 게임으로 접근하고 있다. 골프장이 실제 골프장과 똑같은 골프 경험을 원하는 헤비 유저 위주라면 카카오VX가 운영하는 프렌즈 스크린에서 골프는 오락 게임과 비슷하다. 카카오 캐릭터들과 함께 놀이를 즐기는 식이다.

그래서 프렌즈 스크린에는 특히 2030 MZ세대들이 몰린다. 골프존 고객들이 올드해진다면 젊은 골프 초보자 시장을 장악한 카카오VX는 장차 상당한 위협이 될 수밖에 없다. 그런데 2021년 카카오그룹 전체가 사회적 견제 대상이 되면서 카카오VX의 공격 경영도 멈칫해졌다. 게다가 골프존은 카카오VX와의 특허 소송에서도 승소했다. 스크린 골프 시뮬레이션 기술을 둘러싼 두 회사의 공방전은 자존심 싸움과 점유율 싸움이 얽힌 대결이었다. 결과적으로 골프존이 이기면서 기술은 골프존이라는 브랜딩이 가능해졌다.

2000년 창업한 골프존은 22년 만에 계열사만 47개까지 늘어났다. 2021년 기준 골프존의 매출은 1조 1268억 원에 달한다. 매출 1조 클럽에 가입했다. 골프존그룹의 정식 명칭은 골프존뉴딘그룹이다. 현재까지 상장된 골프존뉴딘그룹의 계열사들인 골프존과 골프존뉴딘홀딩스 그리고 골프존데카의 시가총액은 다 합쳐서 1조 5000억 원이다. 여기에 골프존카운티와 골프존커머스도 상장을 준비하고 있다. 이렇게 되면 골프존뉴딘그룹 전체의 시가총액은 3조 원 이상이 된다. 골프왕국이 골프제국이 되는 것이다.

골프와 비즈니스는 닮았다. 18홀을 완주할 때까지 무수한 곡절을 거치게 된다. 고개를 쳐들면 망한다. 벙커에 빠질 수도 있다. 평정심을 잃거나 집중력을 놓치면 이기던 게임도 진다. 장타도 대단하지만 쇼트 게임이 더 중요하다. 한발 한발 나아가야 한다. 김영찬 회장은 골프존 경영을 골프 라운딩처럼 경영했다. 위기를 기회로 만들었다. 물러날 때와 나아갈 때를 찾았다. 그래서 골프존이 홀인원할 수 있었다.

05

의료 시장의 정보 비대칭 문제를 해결하다

: 강남언니

세 차례의 피보팅 끝에 발견한 페인포인트

돈가스를 먹고 있었다. 팀원들 모두 너무 지친 상태였다. 무슨 짓을 해도 성장곡선이 J커브로 그려지지 않았다. 창업 멤버 일부도 회사를 떠난 상태였다. 홍승일 힐링페이퍼 대표는 2015년 의학전문대학원을 졸업했다. 원래는 개업하는 게 정석이었지만 개업 대신 창업을 선택했다. 회사 이름은 힐링페이퍼였다. 창업 아이템은 만성질환자를 관리해주는 서비스였다. 암환자들이 스스로 투약 주기와 검진 주기를 관리할 수 있도록 도와주는 내용이었다.

좀처럼 이용자가 늘지 않았다. 질병을 관리하는 서비스로 피보팅을 해봤다. 갑상샘 질환으로 바꿨다. 다시 공황장애로 바꿨다. 2년 반 동안 매출이 0원이었다. 돈가스 미팅을 할 때 즈음엔 현금도 거의 바닥난 상태였다.

소비자들의 문제를 제대로 발견하지 못했기 때문이라는 자체 진단을 했다. 의료 서비스인데 제대로 된 페인킬러pain-killer가 되지 못했다. 결론은 급여 영역 안에서는 페인포인트를 찾을 수 없다는 것이었다. 급여 영역이란 보험으로 보장이 되는 의료 시장이다. 이렇게 보험으로 보장이 되면 환자들 입장에선 가격이나 서비스를 비교할 필요를 덜 느낀다. 비급여 영역에서 페인포인트를 찾아볼 때였다. 자연스럽게 성형미용 시장이 눈에 들어왔다. 2015년 무렵이었다.

당시 카닥이 화제를 모으고 있었다. 카닥은 소비자가 자동차 사진 3장을 찍어서 올리면 자동차 공업사가 수리 가격을 올려서 최저가로 낙찰하는 서비스였다. 카닥의 역경매 방식을 성형수술에 적용할 수 있겠다 싶었다. 고객들이 수술과 시술을 원하는 신체 부위 사진을 올리면 성형외과들이 역경매로 견적을 올려서 낙찰을 받아가는 방식을 구상했다. 우선 서비스 이름부터 정해야만 했다. 돈가스를 먹다가 나온 이름이 강남언니였다.

성장이 배고픈 상황이었다. 강남언니는 성형미용 관련 서비스가 필요한 소비자들에게 바로 꽂히고 바로 사랑받을 수 있는 이름이었다. 이름부터가 프로덕트 마켓 핏에 딱 맞아떨어졌다. 그렇지만 서비스를 제공할 성형외과와 피부과 병원들을 설득하는 건 쉽지 않았다. 맨땅에 헤딩하는 것 말고는 별수가 없었다. 병원 하나하나를 찾아다녔다. 문전박대를 당하기 일쑤였다. 병원들을 돌고 오면 멘털이 나가버렸다.

금융치료가 답이었다. 강남언니 팀은 처음으로 J커브 성장을 경험하기 시작했다. 새로운 병원을 섭외해서 입점시키고 신규 소비자들을 유입시킬 때마다 그래프가 급상승하는 경험이었다. 3년 만이었다. 힐링페이퍼는 강남언니 서비스를 통해 스타트업은 성장이 치료제라는 걸 제대로 경험했다. 언니들이 힐링페이퍼를 힐링해준 셈이었다.

폭발적 반응을 일으킨 병원 비교 서비스

그런데 J커브는 또 다른 인사이트를 제공해줬다. 강남언니 서비스를 이용하는 소비자들이 증가하면서 이제까지는 가설로만 추정할 수밖에 없었던 진짜 페인포인트가 발견됐기 때문이다. 결국 소비자들이 정말 원하는 건 병원에 대한 솔직한 평가와 가격 비교였다. 이게 핵심 정보였다. 너무 핵심 정보여서 병원들은 공개하지 않으려는 내용이었다. 강남언니에게는 이걸 확보할 수 있는 다른 방법이 있었다. 실제 환자들의 솔직 후기였다. 여기엔 정말 수술을 집도한 의사나 수술 가격의 할인 폭 같은 깨알 정보가 담겨 있기 때문이었다. 강남언니는 2년 동안 비공개로 후기 정보들을 차곡차곡 모았다. 바야흐로 진짜 언니들 싸움이 시작될 참이었다.

페인포인트를 찾아내면서 강남언니는 고속 성장을 이뤘다

강남언니의 병원 비교 서비스는 2017년 본격 시작됐다. 소비자 반응은 폭발적이었다. 강남언니가 소비자들에게 받아서 올리는 후기는 전화 상담 평가와 내원 상담 평가와 수술 평가 같은 세부 평가들이 모아져 있었다. 수술 전후 사진을 통한 시각적 비교에 각각 수술과 시술의 세부 가격까지 모두 공개돼 있었다. 어디에서도 볼 수 없는 서비스였다. 이제까지 성형수술 시장은 부르는 게 값이었다. 가격 비교를 원하면 소비자가 직접 병원을 하나하나 찾아다니면서 발품을 팔아야만 했다. 강남언니는 소비자를 위한 확실한 페인킬러였다.

강남언니는 국내 회원 수만 380만 명에 달하는 서비스로 급성장했다. 전국 성형외과와 피부과 1700곳이 가입됐다. 매출은 2020년에 100억 원에 육박하게 됐다. 강남언니와 같은 혁신적인 스타트업의 고속 성장은 필연적으로 기존 사업 영역과의 마찰을 피할 수 없다. 강남언니도 결국 성형외과와 피부과들과 마찰을 빚을 수밖에 없었다. 성형외과와 피부과들 입장에선 가격을 비교하고 수술을 평가하고 심지어 CCTV 유무까지 보여주는 강남언니가 불편할 수밖에 없었다. 결국 사달이 났다.

그레이 스타트업의 명암

강남언니는 2019년 1월에 강남경찰서에 고발당했다. 의료법 제27조 위반 혐의였다. 현행 의료법상으론 제3자가 의료기관이나 의료인에게 환자를 소개하고 알선하고 수수료를 받는 행위는 불법이다. 강남언니는 초창기엔 환자와 병원을 연결해주고 건당 수수료를 받는 수익 모델을 만들었다. 2015년부터 2018년까지 71개 병원에게 9215명 환자를 알선하고 1억 7600만 원의 수수료를 받았다. 이게 문제가 됐다. 게다가 2019년 5월 대법원은 의료 플랫폼 업체의 수수료 수익 모델은 불법이라고 최종 확정판결을 내려버렸다. 결국 강남언니도 수수료 모델을 폐기했다. 그렇지만 홍승일 대표는 2022년 1월 27일 의료법 위반 혐의로 서울중앙지법으로부터 징역 8개월에 집행유예 2년을 선고받았다. 수수료를 받은 탓이었다.

강남언니는 대표적인 그레이 스타트업gray-startup이다. 그레이 스타트업은 기술 발전의 속도와 시장 변화의 속도 그리고 관련 규제의 속도가 엇박자가 나는 법과 제도의 사각지대에서 사업을 영위한다. 우버나 에어비앤비가 대표적이다. 우버는 택시 영업 규제의 사각지대에서 출발했다. 에어비앤비도 숙박 영업 규제의 사각지대에 있었다. 강남언니 같은 헬스케어 관련 스타트업은 필연적으로 그레이 스타트업일 수밖에 없다. 기존 사업자들과 마찰이 발생하고 때론 법적인 분쟁에 휘말린다. 홍승일 대표처럼 법정에서 유죄 판결을 받을 수도 있다.

강남언니는 2019년부터 수수료 모델을 폐기하고 광고료 모델로 전

강남언니는 의료 시장의 고질적인 정보 비대칭 문제를 해결하려고 한다

환했다. 배달의민족과 같은 방식이다. 배달의민족 역시 수많은 음식점이 입점해 있는 플랫폼이다. 소비자는 원하는 메뉴를 찾아 들어가서 마음에 드는 식당을 선택하면 된다. 강남언니에서도 소비자는 코나 눈이나 지방흡입 같은 원하는 수술 시술 부위를 선택한다. 그 안엔 여러 병원이 뜬다. 클릭하면 해당 병원의 홈페이지로 연결되는 식이다. 강남언니는 환자와 병원을 연결해주는 플랫폼 역할을 하고 광고료만 받는 구조다. 솔직히 이것만으론 소비자들이 강남언니를 쓸 유인이 약하다. 여기서 소비자 후기는 다시 한번 중요한 역할을 한다. 소비자들은 강남언니에만 있는 해당 병원의 후기를 보고 특정 병원의 홈페이지를 클릭하기 때문이다.

후기 때문에 강남언니는 다시 한번 회색 마찰을 빚게 됐다. 이번엔 의료법 제56조가 문제가 됐다. 의료법 56조는 "의료기관 개설자, 의료기관의 장 또는 의료인이 아닌 자는 의료에 관한 광고를 하지 못한다"고 규정한다. 대한의사협회는 강남언니의 후기도 광고로 봐야 한다는 입장이다. 후기는 수술에 대한 평가와 수술 가격에 대한 정보가 들어 있다. 광고성 콘텐츠라고 볼 수도 있다. 특히 강남언니는 2020년부터 성형수술에서 미용시술까지 후기 범위를 확장했다. 시술 후기는 수술보다도 더 자세한 설명이 들어가곤 한다. 강남언니와 기존 성형미용수술시술 업계가 마찰을 빚자 정부는 한걸음 모델로 중재에 나섰다. 한걸음 모델이란 신사업 영역에서 신구 사업 간 갈등을 이해관계자들이 직접 참여하는 방식으로 해결해보려는 사회적 타협 메커니즘이다. 언니와 병원의 밀당이 시작됐다. 쟁점은 후기가 광고냐 아니냐였다.

2022년 9월 5일 경제부총리가 주관하는 경제 규제 혁신 태스크포스 회의에서 결론이 났다. 태스크포스는 강남언니와 같은 온라인 플랫폼도 성형수술 같은 비급여 진료비의 정보 게재가 가능하다는 의료법령 유권해석이 담긴 경제 규제 혁신 방안을 발표했다. 이제까진 비급여 진료비는 의료기관의 홈페이지를 통해서 표시해야 한다는 게 규정이었다. 온라인 플랫폼에 대한 규정은 없었다. 법이 만들어질 때 강남언니가 없었기 때문이다. 정부의 발표는 강남언니의 후기가 광고가 아니라 정보라는 의미였다. 의료법 56조에 저촉되지 않을 뿐만 아니라 앞으로 더 자세한 성형수술 가격 관련 정보도 표기할 수 있다는 얘기였다.

진짜 후기와 가짜 후기를 어떻게 구분할 것인가

강남언니에겐 날개가 달렸다. 그렇지만 대한의사협회와 성형외과 의사회, 대한치과의사협회와 대한한의사협회는 강력하게 반발하고 있는 상황이다. "소비자 편익을 앞세우도 환자의 이익을 해칠 수 있다"거나 "성형피부수술의 오남용을 유도할 수 있다"는 게 골자다. 분명 문제가 있다. 의료수술은 가격이 가장 중요한 상품이 아니다. 쌀수록 좋은 공산품이 아니기 때문이다. 자칫 가격 비교가 의료행위의 질적 저하를 가져올 수도 있다. 악화가 양화를 구축할 수 있기 때문이다. 소비자들이 오직 저가 수술에만 몰리면 자연히 수술의 품질은 떨어진다. 가격 편익은 얻어도 건강 이익을 잃으면 아무 소용이 없다.

게다가 수술 후기에는 실제로 광고성 콘텐츠도 많다. 일선 성형외과에 가면 수술 가격을 깎아주는 대신에 강남언니 같은 플랫폼에 좋은 후기를 써달라고 요구하는 사례가 종종 있다. 이때 후기는 솔직 후기가 아니다. 돈을 받고 쓴 대가성 후기다. 이런 가짜 후기와 진짜 후기를 구분하기는 매우 어렵다. 강남언니도 성형 영수증을 첨부해야 후기를 쓸 수 있도록 하는 정책을 고민할 정도다. 후기는 분명 광고와 정보 사이

강남언니는 한국에 이어 일본에서도 인기를 얻고 있다

를 오가는 게 사실이다. 그래서 언니와 병원의 싸움은 아직도 현재진행형이다.

강남언니는 2020년 4월 레전드캐피털 등으로부터 185억 원의 시리즈B 투자를 받았다. 레전드캐피털은 중국 의료 플랫폼 겅메이와 파이스킨에 투자한 중국계 벤처캐피털이다. 강남언니는 이를 발판으로 일본 시장을 개척하는 중이다.

연간 38만 명 정도가 외국인 성형 관광 수요다. 자연히 강남언니도 해외에서 알아서 인기를 얻었다. 강남언니는 아예 일본판 강남언니라고 불리는 루쿠모Lucmo를 인수하고 일본 시장에 본격 진출했다.

강남언니는 의료 시장의 고질적인 정보 비대칭 문제를 해결해서 예비 유니콘이 됐다. 사실 창업자 홍승일 대표는 의전원에 다니던 시절부터 연쇄창업자였다. 이때도 집중한 건 시장의 정보 비대칭 문제 해결이었다. 의학전문대학원 수험생들이 정보를 공유할 수 있는 커뮤니티인 메드와이드와 의치전원 입시 교재 출판사인 와이드북스를 창업했다. 메드와이드는 3개월 만에 2만 명 이상 사용하는 사이트가 됐다. 이때부터 정보 비대칭 문제를 해결하는 창업에 관심을 가졌다. 그리고 비전은 하나였다. "더 좋은 의료 서비스를 누구나 누릴 수 있게."

티셔츠 한 장이 일으킨 정면충돌
게임체인저 무신사 vs 역전을 노리는 네이버 크림

가짜다. 진짜다. 진품이다. 가품이다. 무신사와 네이버 크림의 사생결단 진검승부는 5만 원 안팎의 티셔츠 한 장에서 시작됐다. 2022년 1월 18일이었다. 네이버 크림에 에센셜 티셔츠 한 장이 올라왔다. 무신사에서 구매한 제품이었다.

크림은 한정판 리셀 플랫폼이다. 중고거래 중에서도 한정판 스니커즈나 한정판 명품이 주로 거래된다. 2020년 3월 서비스를 시작했다. 네이버의 사내 벤처로 출발했다. 종종 네이버 크림이라는 풀네임으로 불리는 이유다.

크림의 누적 거래액은 벌써 8000억 원이 넘었다. 거래액만 놓고 보면 무신사와 지그재그 다음 3위다. 무신사는 남성 패션에서 출발한 패션 플랫폼이다. 2021년엔 연간 거래액 2조 원을 돌파했다. 2위인 지그재그는 여성 패션에서 출발해서 카카오에 인수됐다. 남성과 여성 플랫폼이 국내 패션 이커머스 시장을 선도하는 가운데 3위로 따라 붙은 플랫폼이 중고거래 플랫폼이란 의미다. 온라인 패션 유통 시장이 어디에서 어디로 향하고 있는지를 단적으로 보여주는 통계다.

그런데 네이버 크림에 올라온 티셔츠 한 장이 1위와 3위 사이에서 결코 물러날 수 없는 충돌을 불러일으켰다. 크림이 무신사가 판매한 에센셜 ESSENTIALS 티셔츠가 가짜라고 판정한 것이다. 바꿔 말하면 무신사가 가짜 명품이나 판매하는 믿을 수 없는 패션 플랫폼이라고 빅테크 네이버의 자회사 크림이 단정했다는 뜻이다. 그렇게 '에센셜 티셔츠 전쟁'은 '패션의 에센셜을 둔 전면전'이 됐다.

'에센셜 티셔츠 전쟁'은 '패션의 에센셜을 둔 전면전'이 됐다

에센셜 티셔츠는 피어오브갓FEAROFGOD의 제품이다. 피어오브갓은 20대와 30대 MZ세대 패션 소비자들 사이에서 선풍적인 인기를 끌고 있는 스트리트 패션street-fashion 브랜드로, 미국에서 시작됐다. 이탈리아 패션 브랜드인 에르메네질도 제냐Ermenegildo Zegna와 협업도 했다. 에센셜은 피어오브갓이 내놓은 세컨드 브랜드다. 티셔츠나 맨투맨처럼 일상적으로 입을 수 있는 아이템에 ESSENTIALS이라는 브랜드 이름을 큼지막하게 드러내는 로고 플레이로 인기가 높다. MZ세대 소비자들은 브랜드를 드러내는 걸 좋아하기 때문이다. 브랜드를 은근히 드러내는 걸 좋아했던 X세대 소비자들과는 다르다.

그래서 에센셜 티셔츠는 '절대' 가짜여선 안 된다. 로고 플레이를 즐긴 소비자까지 가짜가 되기 때문이다. 이건 또 X세대 소비자들과 정반대다. X세대 패션 소비자들은 로고를 드러내지 않았던 대신, 이른바 짝퉁 소비에 대해서도 상대적으로 관대했다. 반면에 MZ세대는 짝퉁 브랜드뿐만 아니라 그걸 입고 다니는 소비자한테도 가혹하다. 말하자면 불공정하게 브랜드가 주는 프리미엄을 누린 꼴이 되기 때문이다. 한동안 시끄러웠던 프리지아 사태가 대표적인 사례다. 잠시 인플루언서로 인기가 높았지만 가품 브랜드를 입었던 사실이 드러나면서 짝퉁지아라고 여론 재판을 받았다. MZ세대에게 브랜드의 진가품 여부는 그 무엇보다 중요하다는 얘기다. 무신사와 크림 사이의 에센셜 티셔츠 진가품 논란이 패션 이커머스 산업의 판도를 바꿀 수도 있는 전면전이 된 이유다.

크림은 네이버의 손자 회사다. 네이버엔 스노우라고 하는 컴퍼니빌딩

company building 회사가 있다. 회사를 창업하는 회사를 말한다. 스노우가 창업해서 독립시킨 대표적인 회사가 제페토인데, 메타버스 스타트업이다. 네이버가 카카오에 비해 메타버스에서 한 걸음 앞설 수 있었던 신의 한 수가 제페토였다. 제페토의 뿌리가 메타버스라면 크림의 근거지는 리셀 시장이다. 유로모니터에 따르면, 2021년 기준 한국의 명품 시장 규모는 17조 원이 조금 못 된다. 2020년에 비해 5% 가까이 성장했다. 이렇게 고가 신상 시장이 성장하면 필연적으로 재판매를 목적으로 하는 중고 리셀 시장도 따라서 성장하기 마련이다. 고가 신상의 로고 플레이를 충분히 즐기고 나면 나중에 높은 가격을 받고 되팔고 싶어 하는 게 소비자의 욕심이다. 만일 되팔 때 원 구매 이상도 받을 수 있다면 더 이상 바랄 게 없다.

네이버의 컴퍼니빌딩 스노우

입었던 티셔츠나 중고 신발이 애초 원가보다 더 비싸게 리셀된다는 게 상식적으론 납득하기 어렵다. 하지만 해당 제품이 한정판이면 얘기가 달라진다. 희소성의 법칙이 적용되기 때문이다. 나이키 같은 스포츠웨어 브랜드는 유명 스포츠선수나 뮤지션과 콜라보를 한 스니커즈를 한정 수량만 제작한다. 공급은 적고 수요가 많으면 수급 논리에 따라 재화의 가격이 오르게 된다. 입던 옷이든 신던 신발이든 상관없다. 2030 MZ세대가 몰두하는 스니커테크의 시장 원리는 이렇게 만들어진다. 그런데 여기서 중요한 전제가 있다. 해당 중고 제품이 진품이어야 한다. 중고거래의 가장 큰 리스크가 바로 가짜를 진짜로 속아서 살 수 있다는 지점이다. 리셀 시장이 레몬 시장lemon market으로 전락하기 쉬운 이유다.

레몬 시장은 2001년 노벨 경제학상 수상자인 캘리포니아버클리대학 교수 조지 아컬롭George Akerlof이 중고차 시장의 특성을 설명하면서 제시한 비유다. 오렌지는 달고 레몬은 시다. 소비자들은 레몬보다 오렌지를 선호하지만 시장의 신용이 줄어들면 왜곡이 생긴다. 오렌지 거래량은 줄고 레몬 거래량만 늘어나는 것이다. 중고차 시장에서 무사고 차량은 오렌지다. 사고나 고장이 있었지만 그 사실을 숨긴 차량은 레몬이다. 중고차 판매자는 가능한 사고나 고장 이력을 숨기려고 든다. 중고차 구매자도 몇 차례 사기를 당하면서 이 사실을 간파한다. 결국 중고차 시장 전체를 믿을 수 없게 된다. 무사고 차량도 의심부터 하고 본다. 오렌지를 레몬으로 의심하는 것이다. 판매자도 오렌지를 레몬이라고 의심받아 제값을 못 받느니 차라리 레몬만 진열하게 된다. 이렇게 신용이 증발하면 중고차 시장엔 레몬만 남게 된다. 모든 중고 시장이 번창하지 못하는 고질적인 원인이다.

크림은 이 문제를 알고리즘으로 극복하려고 만들어진 스타트업이다. 스타트업의 사업 아이템은 세상의 문제를 해결하는 데 출발한다. 패션 리셀 시장이 레몬 시장으로 전락하는 걸 방지하려면 중고 제품이 진품이라는 걸 유통 플랫폼이 보증해주면 된다. 크림에서 거래되는 모든 중고 제품은 크림이 보증한 진품이라는 신뢰만 있다면 구매자와 판매자 사이의 정보 비대칭 문제가 해소된다. 문제는 어떻게 일개 유통 플랫폼이 무수한 제품의 진품과 가품 여부를 판정할 수 있느냐다.

크림은 네이버라는 빅테크 회사가 낳은 손자답게 패션에 공학적 접근을 시도했다. 일단 완벽한 정품이 존재한다는 가설을 세웠다. 여기서 모든 정품은 모두 똑같은 모양새를 갖는다는 정품의 동일성 원칙이 만들어졌다. 모든 정품은 완벽한 모양새를 갖는다는 정품의 무결점 원칙도 만들어졌다. 그리고 정품의 규정에서 벗어나는 제품은 가품으로 판정했다. 패션을 알고리즘화한 것이다. 사실 이건 크림만의 방식은 아니다. 2016년 미국에서 창업한 스톡엑스STOCK X의 정품, 가품 판정 알고리즘과 연결고리가 깊다. 스톡엑스는 스니커즈의 정품과 가품의 검수 알고리즘을 개발했다. 여기에 스니커스 시세를 주식 차트처럼 보여주는 인덱스 기능까지 더해서 대박이 났다. 2021년 현재 스톡엑스의 시장 가치는 4조 원에 달한다.

크림은 무신사에서 판매된 피어오브갓의 에센셜 티셔츠가 가짜라고 판정

스톡엑스가 인증한 진품 나이키 스니커즈

할 때도 자신들이 개발한 알고리즘을 적용했다. "에센셜 티셔츠는 발매 시즌 별로 내부 봉제 방식의 차이가 있으나 동일 시즌 내 라벨과 봉제 형태는 같 다." 크림 측이 밝힌 가품 판정의 이유다. 크림은 브랜드 태그와 라벨 폰트와 봉제 장식 등 10개 정도의 가품 기준으로 볼 때 해당 제품은 가짜에 해당된 다고 판정했다. 크림 측 주장은 "에센셜은 브랜드 태그를 매 시즌 다르게 봉 제한다. 대신 같은 시즌에선 브랜드 태그의 봉제 방식이 모두 동일하다. 그 렇게 에센셜 스스로 정품과 가품을 구분한다"는 주장이다. 크림은 상당수 브 랜드가 그렇게 시즌별로 세부 특징을 다르게 생산해서 정품과 가품을 구분하고 있다고 설명한다. 이것이 크림의 정품과 가품 검수 알고리즘이 작동할 수 있는 주요 원리다.

크림의 논리대로라면 리셀 유통업자가 브랜드가 생산한 제품이 진짜냐 아니냐를 자의적으로 판정할 수 있다는 얘기가 된다. 에센셜 티셔츠를 생산한 브랜드 피어오브갓도 진품과 가품을 판정할 권리가 없게 된다. 신도 기술을 이길 수 없단 뜻이다. 피어오브갓은 에센셜 티셔츠의 진품에는 전문가지만 가품에는 크림 같은 리셀 플랫폼이 더 전문가이기 때문이다.

실제로 크림은 지금까지 에센셜 제품에 대한 검수만 8만 건 넘게 진행했다고 밝혔다. 특히 문제가 된 2020 S/S 시즌 티셔츠는 3000건 이상 검수해 가품에 관해선 고도화된 빅데이터를 보유하고 있다고 설명한다. 이렇게 알고리즘과 빅데이터를 제시하는 것부터가 크림이 패션을 기술로 접근하고 있다는 의미다. 크림은 이런 알고리즘과 빅데이터 덕분에 초고속으로 성장했다. 2021년에 벤처캐피털로부터 투자받은 돈만 1000억 원이 넘는다. 크림의 출발은 패션의 테크화다.

반면에 무신사가 크림의 논리를 받아들일 수 없는 건 단순히 자존심 때문이 아니다. 감히 무신사에서 판매한 제품이 가짜라고 판정하느냐 같은 감정 싸움이 아닌 것이다. 무신사는 패션 커뮤니티에서 출발했다. 패션을 무진장 좋아하는 사람들이 패션 관련 정보를 교환하는 커뮤니티로 출발했다. 무신사는 스타트업에서 유니콘이 됐지만 본질은 패션 콘텐츠 회사다. 패션을 기술이 아니라 콘텐츠로 보는 것이다.

무신사는 유통 플랫폼으로서 여러 로컬 패션 브랜드와 동반 성장했다. 커버낫COVERNAT이나 디스이즈네버댓thisisneverthat처럼 MZ세대들 사이에서 인기가 높은 브랜드가 대표적이다. 디스이즈네버댓이라는 브랜드와 무신사라는 유통사가 상생으로 성장해왔다.

무신사가 패션에 접근하는 방식은 그래서 크림과 정반대일 수밖에 없다. 패션 제품이 콘텐츠라면 조금씩 차이가 나는 것도 당연하다. 완벽한 정품이라는 가설은 통하지 않는다. 같은 에센셜 티셔츠라도 생산자의 기량이나 생산지의 환경에 따라 차이가 나는 게 당연하다.

무신사는 크림이 가품이라고 판정한 에센셜 티셔츠를 한국명품감정원에 감정 의뢰했다. 한국명품감정원은 "감정 진행한 일부 상품에서 개체 차이가 발견되나 해당 개체 차이가 정품과 가품 여부를 판단하는 기준으로 부족하다"며 '감정불가'라는 답을 제시했다. 가품이라는 얘기가 아니다. 크림이 제시한 알고리즘 감정을 가지고 에센셜 티셔츠의 정품 여부를 판정할 수 없다는 얘기다. 무신사는 공산품이 가질 수밖에 없는 생산지역과 작업자 역량, 유통환경의 개체 차이를 인정하지 않고 모두가 똑같다고 주장하는 건 패션을 잘못 이해한 시각이라는 입장이다. 한마디로 크림은 패션을 코딩으로 배웠다는 얘기다.

티셔츠 한 장을 두고 싸우는 것 같지만 사실 이 싸움은 서로 뿌리가 다른 두 패션 유통 회사가 서로의 에센셜에 대해 근원적인 질문을 던지는 것과 같다. 그리고 이런 질문이 결코 가볍지 않은 건 MZ세대가 가진 신뢰에 결정적인 영향을 끼칠 수 있기 때문이다. 로고에 열광하고 진짜를 숭배하는 MZ세대 소비자들의 특성을 고려할 때 한번 신뢰를 잃으면 걷잡을 수 없이 추락할 수도 있다.

게다가 무신사는 패션을 콘텐츠로 접근하는 패션 브랜드들을 친구로 두고 있다. 해당 브랜드들 입장에서도 네이버 크림이 리셀 시장에서 진가품을 판정하는 표준을 지배하는 경우를 두려워한다. 앞으로 크림과 진가품의 기준을 공유하고 크림의 기준에 맞춰서 진품을 생산해야 할 수도 있기 때문이다. 리셀 플랫폼이 신상 브랜드를 좌지우지하게 된다는 의미다.

무신사와 크림은 리셀 시장의 주도권을 놓고도 이미 마찰을 빚어온 지 오래다. 무신사는 크림에 대항해서 솔드아웃이라는 리셀 플랫폼을 새롭게 론칭했다. 솔드아웃 역시 크림처럼 스니커즈 같은 한정판 제품의 중고 판매를 전문으로 한다. 지금은 2조 원 정도인 리셀 시장은 신상 시장이 성장하면서 정비례로 커질 게 틀림없다. 에센셜 티셔츠를 놓고 벌이는 싸움은 장차 리셀 시장에서 어느 플랫폼이 더 소비자들의 신뢰를 얻을지를 놓고 벌이는 각축전인 것이다.

일단 시비가 걸린 건 무신사다. 무신사는 크림이 무신사의 소비자 신뢰를 훼손했다고 보고 있다. 영업방해와 명예훼손으로 민형사상 소송도 시작했다. 공정거래위원회에 제소까지 했다. 티셔츠 한 장의 시비가 패션 플랫폼 대전으로 확전되는 모양새다.

크림KREAM은 Kicks Rule Everything Around Me의 약자다. 패션의 룰을

바꾸는 게 목표다. 무신사는 무진장 신발 사진이 많은 곳의 줄임말이다. 패션의 다양성을 지키는 게 목표다. 서로 다른 패션 철학을 가진 무신사와 크림의 에센셜 전쟁이 시작됐다. 이건, 진짜다.

Think

Think

Think

Think

Th!nk

2장

Excellence

: 탁월함에 도달한 1인자들의 비밀

"큰 야망을 품었을 때
커다란 결실을 얻을 수 있다."
– 힐러리 클린턴

스토리텔링 엔지니어링 시대를 열다
: 디즈니

디즈니 제국의 역사는 더 일찍 바뀔 수도 있었다

디즈니는 마블 인수를 거부했었다. 1990년 중반 정도의 일이다. 당시 디즈니의 CEO는 마이클 아이즈너였다. 1994년 「라이언 킹」으로 2D 디즈니 애니메이션의 전성기를 이끌며 디즈니 왕국의 왕이 됐던 경영자다. 3D 애니메이션 「토이 스토리」의 픽사에 주도권을 빼앗기고 디즈니 왕국과 함께 몰락했다. 마이클 아이즈너가 '디즈니 왕'이었던 시절, 마블이 인수합병 매물로 나왔다. 아이즈너는 마블 인수를 일언지하에 거부했다. 2022년 시점에서 보면 디즈니의 마블 인수는 신의 한 수다. 2009년 마블을 인수한 디즈니는 10년 동안 180억 달러를 벌어들였다. 한화로 21조 원이 넘는다. 만일 아이즈너가 10년 이상 일찍 마블을 인수했다면 디즈니가 벌어들였을 수익은 산술적으로 400억 달러에 육박했을 것이다. 디즈니가 왕국에서 제국으로 팽창하는 것도 더 빨라졌을 것이다. 어쩌면 마이클 아이즈너의 시대가 최소한 10년은 더 계속됐을지도 모른다. 그랬다면 디즈니와 픽사의 합병으로 스티브 잡스가 디즈니의 대주주가 되고 아이즈너를 사실상 끌어내리고 밥 아이거가 새로운 CEO로 등장한 디즈니 제국의 역사가 바뀌었을 것이다. 그렇지만 마이클 아이즈너는 결정적으로 마블 인수를 거부했다.

디즈니의 왕 아이즈너가 마블을 팽개친 이유는 바로 세계관의 차이 때문이었다. 마이클 아이즈너는 디즈니를 공주 왕국으로 정의하고 있었다. 그럴 만했다. 서른 편이 넘는 디즈니 애니메이션 가운데 대표작은 역시 「백설공주」와 「신데렐라」 같은 프린세스 스토리였다. 월트 디즈니가 온갖 반대를 무릅쓰고 건설한 디즈니 캐시카우 디즈니랜드의 메인 테마도 결국 동화 속 공주 스토리였다. 디즈니 세계관의 플래그십은 분명 드레스를 입은 주인공 공주 그리고 공주를 구하러 오는 조연 왕자였다. 「라이언 킹」으로 디즈니를 프린세스 스토리텔링에서 탈피시킨 마이클 아이즈너조차 디즈니랜드에서 아이언맨과 캡틴 아메리카가 날뛰고 토르와 헐크가 날아다니는 장면은 상상할 수 없었던 것이다.

아이즈너뿐만 아니라 당시 디즈니의 많은 경영진이 마블 인수가 디즈니 세계관의 페르소나를 파괴할 것이라고 우려했다. 세계관의 중심

디즈니는 10년 일찍 마블을 인수할 수도 있었다

인 '잠자는 숲속의 공주'라는 페르소나가 훼손되면 관객들은 더 이상 디즈니랜드에서 백마 탄 왕자를 꿈꾸지 못할 터였다. 지금이야 백설공주가 마녀로부터 토르를 구한다고 해도 이상할 게 없다. 관객들 스스로가 개방적으로 캐릭터와 스토리 그리고 세계관과 세계관을 자유자재로 오가며 즐기기 때문이다.

때론 관객의 상상력이 작가의 상상력을 추월한다. 당연히 허용된다. 당시엔 금기였다. 헐크와 신데렐라가 서로 사랑하는 건 오직 「미녀와 야수」 속에서만 가능한 스토리였다. 당시 디즈니에겐 디즈니의 프린세스 세계관과 마블의 히어로 세계관을 통합할 기술이 없었다. 그래서 디즈니는 스토리 왕국에서 스토리 제국으로 확장할 기회를 놓쳤다.

스토리텔링 엔지니어링의 시초

스토리텔링 엔지니어링은 파이낸셜 엔지니어링과 함께 지금 가장 빠르게 발전하고 있는 기술이다. 스토리텔링 엔지니어링이 없어서 제국이 될 기회를 스스로 걷어찼던 디즈니에서 발달해서 할리우드 전체로 확산됐고, 2020년대에 들어서면서는 서서히 기업 마케팅과 제품 브랜딩에까지 적용되기 시작했다.

공학적 스토리텔링이 고도화되고 서로 다른 스토리라인을 가진 캐릭터들이 씨줄과 날줄처럼 교차되기 시작하는 시대를 스토리텔링 엔지니어링 시대라고 정의할 수 있다. 이때부터 이른바 세계관의 시대가 도래하기 시작했다. 스스로 자기 완결성을 지닌 캐릭터와 배경의 묶음을 세계관이라고 정의할 수 있다.

원래 각각의 세계관들은 독자적으로 완결되기 때문에 교차되는 것이 불가능했다. 스토리텔링 엔지니어링이 이걸 초월하기 시작하면서 새로운 시대가 열렸다. 이른바 거의 모든 것에 스토리텔링 엔지니어링이 적용되는 세계관 전성시대가 도래한 것이다.

금융공학이 소비자의 머리에서 돈을 훔친다면, 서사공학은 소비자의 마음에서 돈을 훔쳐낸다. 금융공학은 소비자를 불행하게 만들어서

디즈니는 '스토리 왕국'에서 '스토리 제국'으로 확장했다

투자를 이어가게 만든다. 서사공학은 소비자를 행복하게 만들어서 소비를 지속하게 만든다. 엔터테인먼트 산업만이 알고 있던 이런 결정적 차이를 이제는 빅테크를 비롯한 기업들도 온전히 이해하기 시작했다.

　디즈니가 스토리텔링 엔지니어링에 제대로 눈을 뜨게 된 건 픽사를 인수하면서였다. 사실 디즈니가 픽사를 인수한 게 아니라 픽사가 디즈니를 인수한 꼴이었다. 마이클 아이즈너의 후임으로 디즈니 CEO에 내정된 로버트 아이거는 픽사 인수를 위한 전권을 디즈니 이사회로부터 위임받는 데 성공한다. 2005년의 일이다. 정작 선택권은 인수권자인 디즈니에게 있지 않았다. 피인수권자인 픽사에게 있었다. 엄밀하게는 픽사의 지분 50.6%를 보유한 스티브 잡스에게 있었다. 잡스와 아이즈너는 오랫동안 반목해왔다. 디즈니는 픽사의 애니메이션 배급권을 갖고 있었다. 특히 픽사를 상징하는 「토이 스토리」의 속편 배급권이 디즈니의 수중에 있었다. 반면 잡스에겐 이미 디즈니 애니메이션 스튜디오를 압도해버린 픽사의 스토리텔링 기술과 컴퓨터 그래픽 기술이 있었다. 이대로 가다간 애니메이션의 왕좌 자리는 디즈니에서 픽사로 넘어갈 판이었다. 왕국의 멸망을 막을 방법은 하나뿐이었다. 경쟁자를 이길 수 없다면 경쟁자를 사버려야 한다. 아무리 비싼 값을 치르더라도 왕좌를 내어주는 것보다는 싸게 먹힐 것이기 때문이다. 2022년 사무용 그래픽 소프트웨어 시장의 왕좌를 지키기 위해 어도비가 피그마를 인수한 것처럼 말이다.

디즈니에서 이 사실을 있는 그대로 솔직하게 인정한 사람은 로버트 아이거뿐이었다. 반면 마이클 아이즈너는 여전히 「라이언 킹」의 영광을 잊지 못하는 사악한 스카였다. 스티브 잡스는 아이즈너 대신 아이거와 협상하는 쪽을 선택했다. 디즈니의 후임 CEO를 외부인인 잡스가 선택한 것이나 마찬가지였다. 당연히 디즈니와 픽사의 인수합병 협상도 픽사에 유리한 방향으로 전개됐다.

스토리에 공학적 접근을 하다

21세기 스토리텔링 엔지니어링의 역사에서 디즈니와 픽사의 합병은 가장 중요한 전환점이다. 지금은 스토리텔링 엔지니어링이라고 정의할 수 있는 복잡한 이야기 기술이 콘텐츠와 테크 영역 양쪽 모두에서 뿌리 깊게 자리 잡는 특이점이 됐기 때문이다. 디즈니와 픽사의 인수합병은 70억 달러 규모의 주식 맞교환 방식으로 진행됐다. 픽사의 지배 주주였던 스티브 잡스는 디즈니의 개인 최대 주주로 등극했다. 픽사 애니메이션 스튜디오의 수장이었던 존 라세터는 디즈니 애니메이션 스튜디오의 수장이 됐다. 잡스의 앙숙 아이즈너 대신 잡스의 친구밥 아이거가 디즈니 수장 자리를 굳혔다. 간판만 디즈니였다. 픽사가 점령군이었다.

이때부터 픽사가 발전시켜온 스토리텔링 엔지니어링 기술이 빠르게 디즈니에 도입되기 시작했다. 픽사의 역사는 스티브 잡스가 1986년 루카스필름의 컴퓨터 그래픽 부문을 1000만 달러에 인수하면서 시작됐다. 이때부터 픽사의 주축을 이루게 되는 인재들은 뉴욕공대 출신의 애드윈 캣멀과 칼아츠 출신의 존 라세터였다.

공대생과 미대생이 결합된 픽사의 독특한 문화는 스토리텔링 엔지니어링에도 중요한 영향을 끼쳤다. 3D 애니메이션 소프트웨어뿐만 아니라 애니메이션 스토리텔링에도 공학적 접근이 이뤄진 것이다. 주인공 A 캐릭터가 주인공 B 캐릭터와 친구가 되고 기승전결의 이야기를 거치면서 결국 실패와 고난을 극복하고 승리하는 이야기 작법을 엔지니어링화시켰다. 예를 들어서 여러 주인공 캐릭터가 있을 때 주인공 A의 비중과 주인공 B의 비중을 6:3으로 한다는 식으로 스토리텔링을 계량화한 것이다.

무엇보다 이렇게 스토리에 대해 공학적 접근을 할 수 있었던 건 픽사가 애니메이션 스튜디오였기 때문이었다. 애니메이션에선 이야기에 필요한 캐릭터를 얼마든지 만들고 바꿀 수 있다. 스토리텔링을 기술화하기에 최적의 환경이었다. 특히 주인공 A와 캐릭터 B의 스토리가 교차되면서 확장되는 이야기 구조는 결국 세계관의 확장 기술로 이어지는 중요한 교두보였다. 우디와 버즈가 친구가 되는 「토이 스토리」가 아이언맨과 캡틴 아메리카가 시빌워를 벌이는 「어벤져스」의 스토리텔링 엔지니어적 원조란 얘기다. '장난감 이야기'가 없었으면 '인피티니 이야기'도 없었다.

21세기 스토리텔링 엔지니어링의 역사에서 디즈니와 픽사의 합병은 가장 중요한 전환점이다

애니메이션 기술적으로 그렇지만 스토리텔링 엔지니어링적으로도 픽사와 디즈니의 통합이 만들어낸 최고의 작품은 「겨울왕국」이다. 2013년 개봉한 「겨울왕국」은 디즈니가 픽사의 도움으로 프린세스 세계관을 재건하는 데 성공한 작품이다. 「겨울왕국」의 두 주인공 엘사와 안나는 「토이 스토리」의 우디와 버즈처럼 주인공 A와 주인공 B의 갈등과 화해를 교과서적으로 보여준다. 이때 픽사 특유의 전형적인 캐릭터 아크도 등장한다. 캐릭터 아크란 주인공이 겪는 내적 갈등을 뜻한다.

이제까지 디즈니 애니메이션의 프린세스들에겐 캐릭터 아크가 없었다. 신데렐라는 유리 구두로 신분 상승하는 데 어떠한 내적 갈등도 없었다. 백설공주는 마녀 엄마의 피해자일 뿐이었다. 내적 갈등은 개인의 정체성과 연결될 때 가장 공감대가 크다. 인간은 누구나 존재의 이유를 고민하며 살아가기 때문이다. 세상을 얼려버리는 능력을 지닌, 남과 다르다는 소수자적인 캐릭터 아크를 지닌 엘사는 지극히 평범하지만 부모님을 잃고 언니와 멀어졌다는 다수자적인 캐릭터 아크를 지닌 안나와 입체적인 스토리텔링 구조를 형성한다. 픽사는 디즈니 애니메이션을 이야기에서도 2D에서 3D로 끌어올렸다. 이런 스토리텔링이 디즈니 이외의 콘텐츠 산업에 전방위적인 영향을 미친 건 물론이다.

본격적인 '세계관' 시대를 열다

2009년 디즈니가 마블을 인수하고 등장한 '스트링 전략'이 더해지면서 마침내 본격적인 세계관 시대가 도래한다. 사실 밥 아이거 디즈니 CEO가 아이작 펄머터 마블 엔터테인먼트 회장을 설득할 수 있었던 건 역시나 펄머터에게 절대적으로 유리한 계약 조건이 있었다. 펄머터는 마블을 디즈니에 팔면서 40억 달러의 현금에 디즈니 주식까지 받았다. 게다가 마블 엔터테인먼트의 경영권까지 보장받았다. 아이작 펄머터는 이스라엘 출신의 장난감 판매상이었다. 아이거가 결코 거부할 수 없는 제안을 하기 전까진 마블을 팔 생각이 하나도 없었다. 당연히 펄머터는 디즈니가 제시하는 스토리텔링 엔지니어링에도 방어적이었다.

동시에 여러 명의 슈퍼히어로를 한 영화에 등장시키는 「어벤져스」 시리즈는 마블 엔터테인먼트 회장으로서 자신의 영향력을 위축시킬 수도 있다고 우려했기 때문이다. 펄머터 입장에선 대주주인 디즈니와 히어로 캐릭터 하나하나의 영화화 여부를 놓고 줄다리기를 하는 게 훨씬 유리했다.

2008년 「아이언맨」의 성공과 2012년 「어벤져스」의 성공은 디즈니가 마블을 통해 본격적인 세계관 전략을 추진하는 동력이 됐다. 이른바 MCU라고 불리는 마블 시네마틱 유니버스의 밑그림은 마블 엔터테인먼트 산하 마블 스튜디오의 사장 케빈 파이기가 그렸다. 케빈 파이기는 세계관 스트링 전략을 대중화시킨 장본인이라고 할 수 있다.

일단 케빈 파이기는 캡틴 아메리카나 토르처럼 만화팬들에겐 익숙하지만 영화팬들에겐 낯선 히어로 캐릭터들의 단독 영화를 꾸준히 만들어냈다. 일종의 포석을 깐 셈이었지만 초반 흥행은 대부분 부진했다. 케빈 파이기의 직속 상사인 아이작 펄머터의 눈 밖에 난 건 말할 것도 없었다. 2012년 「어벤져스」가 대박이 나면서 파이기의 스트링 전략이 진가를 드러내기 시작했다. 각 캐릭터들을 3부작에 걸쳐 단독 영화로 다루면서 서로의 영화에 교차 출연하여 스토리텔링을 씨줄과 날줄처럼 엮어서 하나의 세계관을 완성하는 방식이 관객들한테도 통한다는 가설이 사실로 검증됐기 때문이다.

마블은 디즈니에 통합되면서 디즈니와 픽사의 스토리텔링 엔지니어링의 세계에 들어서게 됐다. 메인 주인공 A와 서브 주인공 B 그리고 서브 캐릭터 C의 스토리라인 배합 비율부터 캐릭터 아크라는 상당히 어른스러운 내면 갈등이 MCU의 기본 스토리라인이 된 것도 이때부터다. 디즈니와 만나면서 마블은 마침내 어른이 된 셈이다.

여기에 마블 특유의 로그라인이 강화됐다. 로그라인은 그리스 로마 신화에서부터 이어져온 영웅 서사의 기본 토대다. 영웅이 하나의 목표를 이루기 위해 분투하지만 장애물을 만나서 좌절하고 그 과정에서 변화하고 결국 승리한다는 서사 구조다.

로그라인은 대중이 가장 사랑하는 스토리다. 정치에서도 로그라인을 가진 정치인이 선거에서 승리하고 권력을 쟁취할 수 있다. 바이든 대통령이 대표적이다. 바이든은 최연소 상원의원으로 당선된 직후 불의의 교통사고로 아내와 딸을 잃었다. 미국을 바꾸겠다고 선언했지만 가족을 잃은 젊은 상원의원은 같은 사고로 입원한 두 아들의 병실에서 상원의원 선서를 한다. 바이든의 로그라인은 바이든의 비극이었지만 동시에 바이든의 자산이 됐다. 케빈 파이기 마블 스튜디오 사장은 로그라인을 마블 히어로들에게 적극적으로 대입함으로써 마블 캐릭터들을 진정한 슈퍼 히어로로 거듭나게 만들었다. 이런 영웅 서사적 로그라인은 마블이 지닌 스토리텔링 엔지니어링의 알파이자 오메가다. 히어로 캐릭터들은 서로의 로그라인 속에서 협력도 하고 대립도 한다. 스트링처럼 연결돼서 세계관을 이루는 것이다.

스토리텔링을 씨줄과 날줄처럼 엮어서 하나의 세계관을 완성하는 방식이 관객들에게도 통한다는 가설을 사실로 검증한 「어벤져스」

　결국 2016년 디즈니는 아이작 팔머터로부터 마블 스튜디오를 떼어내서 디즈니 직속으로 옮겨놓게 된다. 케빈 파이기에게 마침내 날개가 달린 셈이었다. 케빈 파이기는 스트링 전략에 플래그십 전략을 접목한다. 쉽게 말해 타노스와 인피니티 스톤을 전면에 등장시킨 것이다. 플래그십 전략은 세계관을 통합하는 하나의 사건이나 주제를 부각시키는 것이다. 인간이 사는 현실 세계에서도 플래그십 전략은 늘 유용하게 작동한다. 자연재해나 테러, 전쟁처럼 절대다수가 공통으로 겪게 되는 대사건은 한 세대가 하나의 세계관을 공유하게 만드는 역사적 이벤트다. 케빈 파이기는 타노스의 지구 침공이라는 대형 플래그십 이벤트로 마블 세계관을 완성해냈다. 사실상 케빈 파이기는 세계관을 만드는 세 가지 전략 린치핀, 스트링과 플래그십 전략을 모두 MCU를 구축하는 데 활용한 셈이다. 최초의 아이언맨이 린치핀이었다면 캡틴 아메리카와 토르는 스트링이었고 결국 타노스로 플래그십을 성공시킨 셈이다. 이렇게 세계관 3대 전략을 모두 성공시킨 경우는 드물다. 디즈니가 마블의 성공 이후 스토리텔링 엔지니어링 2.0을 완성할 수 있었던 이유다.

제국의 실패

그렇지만 디즈니조차도 「스타워즈」에선 세계관 전략을 성공시키지 못했다. 디즈니는 「스타워즈」의 산실인 루카스필름을 2012년 40억 달러에 인수한다. 밥 아이거의 또 다른 승리였다. 아이거는 「스타워즈」의 유산을 지키겠다고 약속해서 조지 루카스의 마음을 얻었다. 아이거다운 방식이었다. 정작 루카스필름과 디즈니 스튜디오는 인수합병 이후 「스타워즈」 시리즈의 전개 방향을 놓고 첨예한 갈등을 빚는다. 인수 협상보다 인수 후 협상이 더 난항을 겪은 사례다. 「스타워즈」 시리즈의 키를 쥔 J. J.에이브람스 감독은 조지 루카스 감독의 컨설팅을 원하지 않았다. 반면 조지 루카스는 「스타워즈」의 아버지로서 존중받지 못한다고 받아들였다. 결국 루카스는 2015년 CBS와의 인터뷰에서 "디즈니의 「스타워즈」는 디즈니의 이야기다. 나는 내 갈 길을 가야겠다"고 선을 긋기에 이른다. 자신은 디즈니 「스타워즈」의 "아임 낫 유어 파더I'm not your father"라고 선언한 셈이다.

「스타워즈」에서 스토리텔링 엔지니어링에 실패한 이유는 복합적이다. 만화와 영화라는 별개 장르였던 마블 IP와 달리 「스타워즈」는 이미 전설적인 영화로 만들어진 IP였다. 케빈 파이기는 마블 만화 작가들을 제작위원회 형식으로 불러모아서 영화화될 MCU 스토리텔링에 대한 자문을 구했다. 덕분에 세계관과 세계관을 씨줄과 날줄로 좀 더 촘촘하게 엮을 수 있었다.

반면 「스타워즈」는 창조자인 조지 루카스마저 떠나버렸다. 마블에 비해 세계관을 스트링할 디테일이 부족했다. 게다가 「스타워즈」에는 마블의 타노스 이벤트 같은 대형 이벤트가 이미 소진된 이후였다. 다스베이더가 아버지라는 것도, 다스베이더가 죽는다는 것도 모두 밝혀졌다. 프리퀄로 돌아가서 더더 아주 오래전 은하에서 있던 일을 이야기하거나 전혀 다른 새로운 이벤트를 마련해야만 했다. 어느 쪽이든 관객들 입장에선 흥미가 떨어지는 스토리텔링이었다. 스트링도 린치핀도 플래그십도 적용하기 어려웠단 뜻이다. 「스타워즈」는 역설적으로 스토리텔링 엔지니어링의 또 다른 사례다. 서사 공학에서 벗어나면 아무리 「스타워즈」라도 성공하지 못한다는 걸 보여준 셈이기 때문이다.

디즈니는 20세기폭스의 콘텐츠를 흡수하기 위해 스토리텔링 엔지니어링 역시 다음 단계로 진화시키고 있다. 폭스가 가진 엑스멘X-MEN 시리즈는 디즈니 세계관의 무한 확장을 가져올 것이다. 마블 스튜디오의 케빈 파이기가 처음 프로듀서로서 입봉한 작품이 폭스의 엑스멘 시리즈였다. 케빈 파이기는 디즈니에서 다시 엑스멘을 만났다. 결자해지다. 디즈니의 스트리밍 서비스와 시네마틱 유니버스의 결합도 서사 공학의 차원에서 정교하게 추진되고 있다. 디즈니 제국이라고 해서 모든 서사 공학에서 성공한 건 아니다. 그렇지만 디즈니가 지금 최첨단 서사 공학을 지닌 콘텐츠 제국인 건 분명하다. 그래서 디즈니 월드다.

08

미래는 스스로 만들어가는 것이다
: 테슬라

일론 머스크의 다음 도전

테로봇이 등장했다. 머스크가 만든 테슬라 로봇 이야기다. 2022년 9월 30일 미국 실리콘밸리에서 열린 테슬라 AI데이 행사는 이름과는 달리 인공지능이나 반도체보다는 로봇 데이 행사에 가까웠다. 테슬라 CEO 일론 머스크는 직접 무대에 올라서 옵티머스Optimus라는 이름의 휴머노이드 로봇을 공개했다.

정확하게 1년 전 2021년 테슬라 AI데이에서 머스크는 테슬라의 휴머노이드 로봇 개발 계획을 공개했었다. 당시만 해도 로봇 개념을 설명하기 위해 사람이 스판덱스를 입고 나와서 다소 웃기게 춤을 추는 모습을 보여준 정도였다. 테슬라가 로봇을 개발한다는 소식만으로도 화제가 됐지만 정작 시장의 관심은 테슬라의 전기차 생산량과 인도량에 집중됐다. 그런데 불과 13개월 만에 테슬라는 휴머노이드 로봇 옵티머스의 프로토타입을 공개했다. 옵티머스는 두 발로 걸어서 스스로 무대 위에 올라 관객들에게 손을 흔들었다.

물론 테로봇의 완성도는 아직 상용화하기엔 무리다. 프로토타입이기 때문이다. 휴머노이드는 인간의 형태를 닮은 로봇을 뜻한다. 다리 대신 바퀴가 달리거나 팔 대신 포크레인이 달린 게 아니라 실제 인간처럼 관절과 손가락이 달린 인간형 로봇이다. 당연히 훨씬 개발이 어렵다. 테로봇의 움직임이 부자연스러운 건 한게다. 테슬라가 유튜브를 통해 공개한 영상만 봐도 움직임이 부자연스럽고 각종 전선이 연결돼 있다. 일론 머스크 자신도 "아직 두뇌가 장착돼 있지 않아서 개선하고 상용화할 여지가 크다"고 인정했다. 현대자동차가 인수한 보스턴 다이내믹스Boston Dynamics의 4족 보행 로봇의 활기찬 모습에 비하면 분명 갈 길이 멀다.

그런데도 테로봇의 파괴력이 주목하게 되는 건 머스크가 대량생산을 약속하면서 2만 달러 이하라는 소비자 가격까지 제시했기 때문이다. 2만 달러면 요즘 높아진 환율을 고려하더라도 한화로 3000만 원 이하다. 중형 자동차 한 대 가격으로 휴머노이드 로봇을 살 수 있는 날이 온다는 얘기다. 머스크와 테슬라의 선언이라서 더 의미가 있다. 10

테슬라의 휴머노이드 로봇 옵티머스

년 전 머스크는 전기차 대량생산 시대를 약속했지만 당시만 해도 아무도 곧이듣지 않았다. 하지만 결국 머스크가 옳았다. 전기차의 대량생산 시대는 열렸고, 테슬라뿐만 아니라 경쟁 자동차 메이커까지 내연기관에서 전기차로 사업을 전환하기 시작했다. 무엇보다 최근 인플레이션에 따른 고유가 상황은 전기차 침투율을 자극할 가능성이 크다. 머스크는 이미 한 번 미래를 바꾼 것이다. 머스크가 또 한 번 미래를 바꾼다고 하면 세상은 귀를 기울일 수밖에 없다.

테슬라는 2021년 AI데이에서 휴머노이드 로봇 개발 계획을 밝히고

2개월 만에 프로토타입의 설계를 끝낸 것으로 알려졌다. 이번에 공개된 테로봇의 강점은 관절이다. 옵티머스의 관절에는 액추에이터라고 불리는 전동 모터가 붙어 있다. 인간의 몸에 비유하자면 도가니다. 테로봇의 무게는 73킬로그램에 불과하다. 웬만한 성인 남성보다 가볍다. 반면에 각각의 도가니 액추에이터의 파워는 500킬로그램을 번쩍 들어올릴 수 있다. 테로봇엔 이런 액추에이터가 28개가 달려 있다. 테로봇하나가 어마어마한 무게를 들어올릴 수 있는 근력을 갖고 있다는 뜻이다. 테로봇 옵티머스의 몸통엔 2.3킬로와트시kwh 전력의 배터리가 장착돼 있다. 무엇보다 테로봇의 손에는 6개의 전용 액추에이터를 통해 11개의 자유도가 구현된다. 쉽게 말해 우리가 팔과 손을 써서 할 수 있는 거의 모든 동작이 가능하다. 손가락까지도 움직일 수 있어서 물건을 집거나 들 수 있다.

이런 높은 자유도를 지닌 로봇을 테슬라와 머스크는 가정용으로 개발할 것이라고 밝혔다. 사실 이미 산업용 로봇의 보급은 진행되고 있다. 테슬라의 기가팩토리도 로봇이 자동차를 만드는 스마트팩토리다. 인간의 힘든 육체노동을 대신할 수 있는 산업용 로봇은 휴머노이드 로봇은 아니다. 기능에 따라 최적의 디자인을 구현한 탓이다. 팔만 있거나 바퀴만 있는 경우다. 반면 테로봇은 이제까지 로봇이 쓰이던 산업 현장을 넘어 소비자가 있는 가정용 시장을 노리고 있다.

사실 빨래나 청소나 설거지 같은 가사는 불규칙하고 비정형적이다.

그러면서도 고도의 두뇌 활동과 정교한 운동 능력을 필요로 한다. 20세기 후반 백색 가전 혁명은 가사 노동의 일부만을 해결해줬을 뿐이다. 냉장고와 청소기, 식기세척기는 요리와 청소, 설거지를 쉽게 만들어주지만 완전히 해방시켜주지는 못한다. 반면 테슬라의 옵티머스 테보롯은 실용화만 이뤄진다면 인간을 대신해서 가사 노동을 해결해주는 노동 혁명을 일으킬 수 있다. 테슬라가 구태여 옵티머스를 개발하기 어려운 휴머노이드로 설계한 이유다. 인간의 삶 속에 침투해서 가사 노동을 대신하려면 인간과 가장 닮아야 한다. 로봇 1대가 청소기와 세탁기를 모두 합친 역할을 대신하는 시대가 올 수도 있다.

테슬라 로봇의 진짜 목표

테로봇이 B2B 산업 시장 대신 B2B 가전 시장을 노리는 건 로봇 시장의 판도와 노동 시장의 변화에 모두 중요한 변수다. 로봇의 급격한 보급은 육체노동 시장에서 인간을 퇴출시킬 위험이 있다. 대표적인 사례가 운송 시장이다. 자율주행차가 보급되면 운전을 해서 생계를 꾸리는 인간이 위협받게 된다. 19세기 산업혁명 시대처럼 로봇 기계를 파괴하자는 21세기 러다이트 운동이 벌어질 수도 있다.

반면 가사 노동 시장에선 이런 저항이 상대적으로 덜하다. 대당 3000만 원으로 모든 가전제품을 대신할 수만 있다면 소비자들도 환영할 수밖에 없다. 게다가 대부분의 가사노동은 무임금이다. 엄마와 아빠가 보이지 않는 곳에서 해결하는 허드렛일이란 말이다. 인간을 노동으로부터 해방시켜주지만 인간이 노동할 권리는 빼앗지 않을 수 있는 시장이 가사노동 로봇 시장이다. 테슬라는 여길 노리고 있다. 조만간 가전 박람회에서 테로봇의 진화된 버전이 공개될 가능성도 크다.

산업 현장에선 테로봇 같은 휴머노이드 로봇보다는 엑소스켈레톤 로봇이 주류가 될 가능성이 크다. 엑소스켈레톤은 아이언맨 슈트와 같다. 인간이 입는 로봇을 뜻한다. 외부에 뼈대가 있어서 엑소스켈레톤, 그러니까 외골격 로봇이라고 불린다. 인간이 지닌 육체적 한계를 로봇이 강화시켜주는 것이다. 대신 인간의 지능은 그대로 활용된다. 인간과 로봇의 하이브리드는 인간을 노동으로부터 소외시키지 않으면서도 노동 생산성을 향상시킬 수 있다. 대표적으로 택배 배달 현장에서 엑소스켈레톤 로봇이 활성화되면 택배 운송의 과로 위험은 낮추고 배달

10년 전 머스크는 전기차 대량생산 시대를 약속했지만 아무도 곧이 듣지 않았다. 하지만 머스크가 옳았다

효율성을 높일 수 있다. 전기차 시장에서 하이브리드와 완전 전기차가 공존하듯이 로봇 시장에서도 엑소스켈레톤과 휴머노이드가 공존하는 시장이 형성될 가능성이 크다. 이것이 테슬라가 그리는 미래 로봇 시장의 표준이다.

테슬라가 미래 산업의 지배력을 높이는 비결

테슬라가 이렇게 로봇 시장에서 앞서나가고 표준을 만드는 지배력을 높일 수 있는 이유는 로봇 개발과 전기차, 자율주행차 개발의 기술적 교집합이 크기 때문이다. 테슬라 AI데이에 참석한 엔지니어는 "우리는 기술을 바퀴에서 다리로 옮겨가고 있을 뿐"이라고 설명했다. 우선 자율주행에 쓰이는 머신러닝과 라이다 기술이 옵티머스 로봇에도 적용될 수 있다. 도로에서 장애물을 찾는 것과 거실에서 장애물을 피하는 것은 원리는 비슷하다. 다만 슈퍼컴퓨터에 학습시켜야만 하는 데이터가 다를 뿐이다. 로봇 표지판이냐 집안 구조냐의 차이다. 배터리 역시 차량용과 로봇용이 무게만 다르지 원리는 같다. 둘 다 안전하면서 오래가야만 한다. 무엇보다 테슬라는 애플처럼 하드웨어와 소프트웨어를 동시에 개발하는 제조사다. 스티브 잡스가 모바일 혁신에서 보여줬듯이 머스크도 테슬라를 통해 이런 개발 방식이 기술 혁신의 속도를 기하급수적으로 높일 수 있다는 사실을 보여주고 있다. 불과 13개월 만에 옵티머스의 프로토타입을 선보일 수 있었던 비결들이다.

테슬라가 로봇 시장에서 지배력을 높일 수 있는 이유는 로봇 개발과 전기차와 자율주행차 개발의 기술적 교집합이 크기 때문이다

지금 테슬라는 엔비디아와 치열한 자율주행 경쟁을 벌이고 있다. 테슬라의 슈퍼컴퓨터 도조와 엔비디아의 슈퍼컴퓨터 드라이브 토르가 맞대결을 벌이는 모양새다. 둘 다 원리는 같다. 슈퍼컴퓨터에 주행 빅데이터를 입력해서 운전 기량을 높이는 것이다. 테슬라가 일본어로 훈련도장을 뜻하는 도조를 슈퍼컴퓨터의 이름으로 정한 이유다.

테슬라의 올해 차량 생산량 목표는 140만 대다. 이미 테슬라는 대량의 주행 빅데이터가 쌓이고 있다. 엔비디아는 이걸 시뮬레이션으로 대체한다는 전략이다. 가상의 메타버스 데이터를 통해 슈퍼컴퓨터 토르를 훈련시킨다는 얘기다. 결국 도조와 토르는 거리만이 아니라 가정에서도 경쟁을 벌이게 될 가능성이 크다. 장차 로봇 시장에서도 하드웨어와 소프트웨어 그리고 반도체에서 치열한 경쟁이 벌어질 수 있다.

테로봇을 시중에서 구매하려면 최소한 수년의 시간이 필요하다. 테슬라 전기차가 처음 등장했던 2010년대 초반과 매우 흡사한 상황이다. 당시에도 테크에 민감한 트렌드세터들이 아직은 부족한 테슬라 전기차를 사들이면서 테슬라를 지탱해줬다. 테슬라의 높은 주가 역시 테슬라에게는 에너지가 됐다. 이번에도 마찬가지다. 테로봇을 현실화시키는 건 시장과 소비자일 가능성이 크다. 다만 이전과 다른 것은 이번엔 머스크와 테슬라에 대한 종교적 믿음을 가진 지지자들이 늘어났다는 점이다. 테로봇이 온다. 지구상의 모든 빨래와 요리, 설거지를 대신하러. 그것만큼 지구 평화에 이바지하는 일도 없다.

09

여행 플랫폼에서 테크 기업으로의 변신

: 야놀자

여행 플랫폼의 대변신

코로나 시대의 해외여행은 출국도 문제였지만 입국이 더 문제였다. 무조건 일주일씩 자가격리를 해야만 했다. 입출국 과정에서 최대 한 달 가까이 자가격리를 당하는 경우가 속출했다. 해외 출장도 어려워졌다. 해외여행은 말할 것도 없었다. 2022년 3월 21일부로 백신 접종을 완료한 해외 입국자의 자가격리 의무가 해제됐고, 2022년 10월 1일부로 해외 입국자는 입국할 때 유전자증폭검사PCR도 받지 않아도 된다. 엔데믹이 코앞까지 왔다. 팬데믹이 코로나와 싸우는 시간이라면 엔데믹은 코로나와 더불어 살아가는 시간이다. 여행업계는 이미 각축전을 벌이고 있다.

여행에 대한 갈증이 억눌린 지는 3년 이상이 됐다. 입국 후 자가격리 기간이 부담돼 휴가를 못 내던 직장인도 학업 공백을 우려한 학생도 마음 편히 하늘길에 오를 수 있다. 이 순간을 위해 여행 경비를 모아온 소비자들은 보복 소비를 준비하고 있다. 엔데믹에 대응하는 여행업계의 지형도는 팬데믹이 휩쓸고 간 모든 피해 업종에서 유사하게 나타날 수 있다. 코로나19 사태가 항공과 여행에 제일 먼저 직격탄이었다는 걸 기억한다면 엔데믹 전환은 항공과 여행부터 변화를 불러일으킬 가능성이 크다.

정작 엔데믹이 가까워졌지만 우크라이나발 지정학적 리스크가 지속되고 있다. 코로나와 유가라는 복합 리스크 속에서 맘 놓고 웃을 수 있는 여행 플랫폼은 솔직히 많지 않다. 전체 플랫폼 누적 가입자 수 1500만 명을 자랑하는 야놀자 정도다. 야놀자는 최근 들어서 해외여행 수요에 맞춘 대대적 투자를 단행하고 있다. 야놀자는 전 세계 170개국에서 3만 개 이상의 고객사에 60개 언어로 서비스를 제공하고 있다. 지난 2021년 7월 손정의 회장의 소프트뱅크로부터 2조 원 투자 유치에 성공하며 데카콘에 등극했다. 이때부터 상시 할인을 내세우는 특가 플랫폼에서 테크 기업의 이미지를 강화했다. 야놀자 테크놀로지가 그것이다.

예약할 때만 쓰던 앱을 휴대폰 메인으로 끄집어내다

김종윤 야놀자 클라우드 부문 대표는 온라인과 오프라인을 연결하는 O2O Online to Offline 플랫폼에 불과했던 야놀자를 테크 기업으로 탈바꿈한 장본인이다. 김종윤 대표는 3M과 구글컴퍼니, 맥킨지앤컴퍼니에서 근무했다. 2015년 야놀자에 합류했다. 이때부터 숙박업소가 아닌 여가 활동 전반으로 야놀자의 시장 영역을 확대해나가기 시작했다. 사업 구조 개편은 물론, IT 기업으로 사업 전반의 로드맵을 수정해 슈퍼 앱의 기반을 닦았다.

김 대표의 주요 성과로 거론되는 업적이 야놀자의 YFLUX다. 종합 호텔 자동화 솔루션으로 사물인터넷까지 응용한 SaaS 기술이다. 소프트뱅크의 투자는 YFLUX를 보고 투자했다고 해도 과언이 아니다. 예약할 때만 꺼내던 야놀자 앱을 휴대폰 메인 화면으로 끄집어낸 기술이다.

야놀자는 테크 기업으로의 전환을 예고했지만, 기업이 소비자를 상대로 행하는 비즈니스인 B2C business to consumer 모델은 아직 플랫폼 기업의 공식을 따르고 있는 게 사실이다.

야놀자의 숙박 시장 점유율은 70%에 달한다. 가맹 점주들이 월 광고료로 300~400만 원 이상을 매달 지불해도 앱 내 상위 노출이 어려울 정도다. 중개 수수료는 10%에 불과하지만 광고료는 최대 30% 가까이 높였기 때문이다. 숙박플랫폼 2위 앱인 여기어때와의 몸값 차이가 스무 배가 넘는 이유다.

여행 플랫폼에서 글로벌 트레블 테크 기업으로 전환을 시도하는 야놀자

야놀자는 격차를 유지하기 위해 인터파크를 인수하는 등 체질 개선을 위한 인수합병에 집중했다.

야놀자는 2022년 3월 22일에는 렌터카 플랫폼 캐플릭스에 투자해 2대 주주가 됐다. 캐플릭스는 렌터카 공유경제 서비스와 차량 구독 서비스를 운영하는 플랫폼이다. 캐플릭스의 중소형 렌터카 네트워크를 통해 야놀자는 모빌리티 서비스를 적극 강화할 예정이다. 기존 카세어링과 달리 전국에 있는 렌터카를 캐플릭스에 편입시키고 알고리즘과 클라우드 기술을 기반으로 사용자에게 언제 어디서나 모빌리티 서비스를 제공할 수 있게 하겠다는 구상이다. 항공권과 지상 모빌리티의 실시간 연계 서비스도 가능해진다. 집에서 여행 목적지까지 끊김 없는 모빌리티 서비스야말로 소비자들이 여행 앱에 기대하는 부분이다.

여행 산업의 판도가 바뀌다

엔데믹의 여행 부활을 누릴 수 있는 건 전통적 여행사가 아닐 수 있다. 오히려 테크 기업들이 중심에 설 가능성이 크다. 코로나19가 여행 산업의 판도를 바꾼 것이다. 단순히 여행 예약을 해주는 것보다 통합 기능에 대한 이용자의 기대가 커졌기 때문이다. 이는 숙박업 사업자들에게도 마찬가지다. 양쪽의 거대한 데이터를 응용해 호스피탈리티 hospitality 테크를 구현하는 숙박업자만이 살아남는다.

기존 온라인 여행사들은 빠르게 테크 기업에 적응하고 있다. 야놀자는 인터파크 인수 이후 하나투어와 해외여행 서비스 독점 계약을 맺었다. 여기어때는 해외여행 전문 여행사 온라인투어의 지분을 인수했다. 그런데 카카오와 네이버, 쿠팡 그리고 마켓컬리 역시 여행 콘텐츠를 준비하고 있다. 야놀자의 독주를 위협할 수 있는 잠재 세력들이다.

해외에선 과거에는 여행업과 무관했던 기술 기업들이 역으로 숙박 사업에 뛰어드는 사례도 나타나고 있다. 레볼루트Revolut는 런던의 핀테크 대기업으로, 토스의 벤치마크 모델이다. 레볼루트는 지난 2021년 7월 여행 예약 서비스인 스테이Stays를 론칭했다. 레볼루트의 로드맵도 야놀자와 유사하다. 10% 캐시백은 물론 항공편과 렌터카 등의 예약 패키지 옵션을 추가해서 여행에서 발생하는 모든 활동을 지원하는 토털 솔루션 서비스다. 레볼루트는 엔데믹이 예상되던 시점부터 여행 오프라인 수요를 노린 사업으로 확장을 준비해왔다.

B2B 부문에서는 야놀자의 YFLUX 같은 숙박 산업 솔루션인 온다가 각광받고 있다. 노후화된 기존 숙박 운영 시스템을 자동화하는 솔루션을 제공한다. 온다만 있으면 오래된 숙박 업자들에게도 새로운 손님들이 스스로 찾아온다. 최근 구글 호텔의 국내 1호 공식 제휴사로 선정됐다.

야놀자는 스스로를 글로벌 트래블 테크 플랫폼이라고 소개한다. 야놀자는 글로벌한 큰 그림을 그린다. B2B 기술과 B2C 기술에 대한 균형적 투자도 그걸 위해서다. 모빌리티 서비스까지 인수하며 아마존처럼 단순 중개 역할을 넘어 물류와 결제까지 망라하는 메타 플랫폼을 꿈꾸고 있다. 한마디로 슈퍼앱을 꿈꾼다.

여행업계에 다시 찾아온 기회

준비된 자만이 기회가 왔을 때 잡을 수 있다. 여행업계에 기회는 오고 있다. 시장은 빠르게 반응 중이다. 각종 항공과 숙박, 레저, 외식 등의 리오프닝re-opening 관련주가 반등했다. 특히 여객 수요에 대한 기대감이 반영됐다. 아시아나항공은 12.73%, 하나투어는 5.44% 상승했다. 이른바 리오프닝주들이다.

장차 호황이 기대되지만 모든 여행업계가 웃을 수 있는 것은 아니다. 상장 여행사 네 곳의 매출액은 지난 2021년 대비 평균 60~70% 줄었고 영업 손실 규모도 배로 뛰었다. 가장 규모가 큰 하나투어의 매출액은 2021년 대비 63% 감소했고 영업손실액은 7.8% 늘었다. 모두투어 역시 매출액이 72% 감소하고 영업손실액은 11% 증가했다. 중소 여행사인 노랑풍선은 특히 치명타를 입었다. 매출액 74% 감소에 영업손실액 136% 증가에 이르렀다. 노랑풍선과 모두투어는 관리종목 지정 직전까지 갔다 왔다.

무엇보다 우크라이나 사태로 촉발된 지정학적 리스크와 국제 유가 불안정은 여행 수요가 여행업계의 기대만큼 증가할지에 대한 변수다. 유럽은 아직도 우크라이나 전쟁의 확전 가능성을 염두에 두고 있다. 유가에 따라 항공사의 운임 원가와 주가도 널뛰는 건 상식이다.

야놀자가 직접 운영하는 호텔

보복 소비 심리는 리오프닝주 상승의 원동력이지만 반대로 여행지 선정의 기준을 높일 가능성이 있다.

이런 복잡한 여행 산업의 상황은 사실 야놀자에게는 기회다. 야놀자 테크놀로지야말로 이런 변수 속에서도 완벽한 여행을 계획할 수 있도록 준비된 기술이기 때문이다. 최적의 여행 루트와 최상의 숙박시설, 최저가 항공권과 모빌리티를 제공할 수 있는 여행 플랫폼만이 리스크를 넘어 여행 수요를 꿰찰 수 있다. 이제부터 야놀자가 싸워야 하는 건 코로나가 아니다. 코로나를 포함해서 여행 수요를 위협하는 거의 모든 변수다. 여행의 기술이 필요한 시점이다.

경쟁자를 없애는 가장 빠른 방법

: 어도비

절대 거절할 수 없는 제안을 하라

비즈니스에서 경쟁자를 없애는 가장 빠른 방법이 있다. 절대 거절할 수 없는 제안을 하는 것이다. 바로 돈이다.

사실 경쟁자를 없애려면 죽이거나 이겨야만 한다. 죽이는 건 치킨 게임이다. 한일 반도체 전쟁이 대표적이다. 상대방이 죽을 때까지 경쟁하는 것이다. 당연히 우리 쪽도 출혈이 크다.

죽이지는 않지만 레이스에서 이기는 방법도 있다. 상대보다 더 스마트하고, 상대보다 더 빠르면 된다. 이기는 건 정정당당하다. 문제는 영원한 승자는 없다는 사실이다. 언젠가 상대가 더 잘하는 날이 오면 얼마든지 역전당할 수 있다. 그래서 비즈니스에서 경쟁자를 없애는 최상책은 따로 있다. 경쟁자를 돈으로 사버리는 것이다.

2022년 9월 15일 어도비가 피그마를 200억 달러에 인수했다. 이것이 경쟁자를 돈으로 사버린 경우다. 200억 달러면 한화로 28조 7000억 원 정도다. 피그마 1년 수익의 50배에 달한다. 어도비는 1년 매출의 50배에 달하는 돈을 주고 피그마를 인수한 것이다.

어도비는 대표적인 상업용 소프트웨어 업체다. 사진 편집 프로그램인 포토샵과 동영상 편집 프로그램인 프리미어, 문서용 편집 프로그램인 아크로밧이 대표 상품이다. 어도비는 1982년에 창업했다. 피그마는 2011년에 샌프란시스코에서 설립된 스타트업이다. 주 종목은 디자인 소프트웨어다. 피그마의 디자인 소프트웨어는 클라우드 기반이다. 어도비는 무거운 프로그램을 다운받아서 윈도우 위에 설치해야만 작동한다. 무겁다. 반면 피그마는 크롬 같은 인터넷 브라우저를 통해 접속만 하면 구동된다. 가볍다.

무엇보다 피그마는 협업에 최적화돼 있다. 어도비의 디자인 프로그램들로 협업을 하려면 생성된 파일을 주거니 받거니 해야만 한다. 수많은 버전이 만들어진다. 반면에 피그마는 웹을 통해 작동되기 때문에 실시간으로 상호 수정 작업이 가능해진다. 코로나19 팬데믹으로 원격 근무가 확산되면서 피그마는 어도비 시장을 빠르게 잠식해 들어가기 시작했다. 어도비는 팬데믹 동안 전문가용 디자인 소프트웨어 시장의

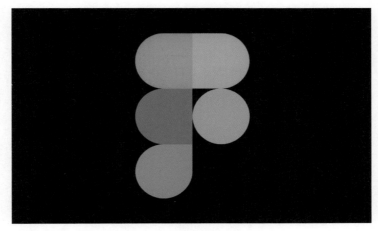

실리콘밸리에선 이런 말이 있을 정도다. "피그마는 디자인을 바꿀 것이다."

지배력을 상실했다는 평가를 받는다. 어도비 매출의 60%가 나오는 시장이다. 회사의 기둥뿌리가 송두리째 흔들리고 있다는 얘기다. 원인은 피그마다.

"구글 독스가 워드 프로세서를 바꿨고 깃허브가 코딩을 바꿨듯이 피그마는 디자인을 바꿀 것이다." 실리콘밸리에선 이런 말이 있을 정도다. 마이크로소프트 워드의 지배력을 구글 독스가 깼다. 인공지능 기반의 자동완성 코딩 프로그램 깃허브는 코딩의 표준을 바꿨다. 그리고 피그마는 어도비의 아성을 무너뜨렸다. 조 바이든 대통령도 대선 캠프에서 피그마를 사용했다. 마이크로소프트와 넷플릭스, 줌과 에어비앤비, 우버와 BMW가 피그마의 고객사다.

어도비는 디자인 산업의 왕좌를 유지할 수 있을까

어도비의 피그마 인수는 어도비 역사상 최대 규모의 빅딜이다. 어도비는 2018년 마케팅 자동화 솔루션 스타트업 마케토를 47억 5000만 달러에 인수한 적이 있다. 그 뒤에도 크고 작은 인수합병을 진행했지만 이렇게 작은 스타트업을 이렇게 큰돈을 들여서 인수한 건 처음이다. 사실 SaaS 시장에선 어도비의 피그마 인수처럼 큰돈을 들여서라도 실질적 경쟁자를 제거하는 인수합병이 자주 벌어진다. 2020년 세일즈포스의 슬랙 테크놀로지 인수가 대표적이다. 세일즈포스는 무려 280억 달러를 들여서 비즈니스 협업 툴인 슬랙을 서비스하는 스타트업 슬랙 테크놀로지를 전격 인수했다. 대기업 입장에선 신생 스타트업의 기술을 흡수하고 잠재적 경쟁자를 제거할 수 있기 때문이다.

반면에 스타트업 입장에선 기업공개IPO로 가는 험난한 과정 대신 단판 빅딜을 통해 투자자들에게 큰 수익을 돌려줄 수 있다. 또 사업 전략적으로도 큰 브랜드의 제품군에 흡수됨으로써 소모적인 마케팅 전쟁을 피하고 안정적인 성장을 추구할 수 있다. 어도비와 피그마 빅딜이 여기에 해당된다.

정작 주식 시장은 이런저런 전략적 득실에도 불구하고 일단 우려하는 기색이 역력하다. 피그마 인수가 발표된 직후 어도비 주가는 하루

만에 무려 16.79%나 폭락했다. 솔직히 200억 달러 규모의 인수합병을 어도비 투자자들이 지지해주긴 쉽지 않다. 단적으로 회사의 보유현금이 줄어들면 주식배당도 줄 수밖에 없다. 무엇보다 2022년은 스타트업의 겨울이다. 스타트업에 유입되는 신규 자금이 현저하게 줄어든 상태다. 그런데 어도비가 무려 30조 원에 스타트업 하나를 인수한 것이다. 전략적 이유가 있다고 해도 인수가격이 너무 높은 게 아니냐는 의심이 들 수밖에 없다.

사실 어도비와 피그마의 빅딜을 통해 진짜 대박이 난 건 따로 있다. 2011년 피그마 창업 초창기부터 투자를 했던 벤처캐피털은 인덱스벤처스다. 인덱스벤처스는 피그마의 지분 12%를 갖고 있다. 이 밖에도 링크드인의 창업자인 리드 호프만이 설립한 벤처캐피털 그레이록 파트너스와 실리콘밸리의 유명 벤처캐피털은 세콰이어캐피털도 피그마의 주주다. 이번 빅딜로 웃는 사람들이다.

물론 정말 웃음꽃이 핀 사람은 피그마의 공동창업자 딜런 필드다. 딜런 필드는 여전히 피그마의 지분 10%를 갖고 있다. 필드는 올해 30세다. 2009년 브라운대학 컴퓨터 공학과에 입학했지만 창업을 위해 중퇴했다. 페이팔 창업자 피터 틸이 설립한 창업 지원 프로그램에 발탁됐는데 10만 달러를 투자받는 대신 학교를 떠나 사업에 올인하는 게 조건이었기 때문이다.

필드도 처음부터 성공한 건 아니었다. 처음엔 도로 교통을 감시하는

Creative Cloud	Photoshop	Illustrator	InDesign	Adobe XD
Lightroom	Acrobat Pro	Animate	Dreamweaver	Spark
Premiere Pro	Premiere Rush	InCopy	Audition	After Effects

어도비의 피그마 인수는 급부상하는 경쟁자를 공격적 인수합병을 통해 먹어버린 경우다

드론 소프트웨어나 인터넷에서 밈을 자동으로 생성하는 프로그램 같은 허접한 아이디어에 매몰됐다. 그러다 디자인 소프트웨어로 갈 길을 딱 정한다. 피그마를 창업한 것이다. 그때가 20세 때였다.

디자인 소프트웨어는 모두 비싸고 어렵고 무겁다는 문제를 해결하는 게 목표였다. 딜런 필드는 피그마에서 싸고 쉬운 디자인 SaaS를 만들어서 문제를 해결하겠다는 비전을 갖고 있었다. 무엇보다 필드는 개발자이면서도 디자인을 이해하는 예술과 공학의 교차로에 서 있는 인물이었다. 인덱스벤처스의 대니 라이머 대표도 필드의 이런 재능을 알아보고 필드가 19세이던 때부터 투자를 시작했다. 처음 만났을 때 라이머는 필드가 미성년자인 줄 모르고 술을 권했다 무안해한 적도 있었다.

피그마도 처음부터 대박이 난 건 아니었다. 창업하고 4년이 지나도 베타 버전조차 나오지 않아서 투자자들의 애를 태웠다. 2016년에 본 제품이 출시됐지만 진짜 기회는 코로나19 팬데믹이었다. 재택근무가 늘어나면서 피그마의 수요도 폭증했다. 2018년 1억 1500만 달러로 평가 받았던 피그마의 기업 가치는 2021년엔 100억 달러까지 올라갔다. 결국 어도비는 시장가의 2배인 200억 달러에 피그마를 인수했다.

승자의 저주

어도비는 피그마 인수에 성공했지만 승자의 저주에 노출된 상태다. 피그마를 인수해서 경쟁자를 제거하고 시장 지배력을 유지, 강화하는 데는 성공했다. 정작 그 비싼 돈을 주고 피그마를 사도 어도비의 제품 포트폴리오가 늘어나는 건 아니다. 어도비에도 피그마의 비슷한 어도비XD 프로그램이 있다. 시장 외연이 넓어지지 않으니 당당 매출이나 순익이 드라마틱하게 증가하기도 어렵다. 당장 주가 하락도 고민이다. 어도비 주가는 연초 대비 절반 가까이 반토막이 난 상태다. 연초부터 시작된 기술주 하락세를 고려해도 어도비의 낙폭은 과도하다. 어도비의 2022년 3분기 실적은 나쁘진 않았다. 매출도 전년 동기 대비 13% 증가했다. 그런데도 시장은 어도비의 미래를 밝게 보지 않는다. 어도비의 피그마 인수는 시장의 우려를 오히려 증폭시킨 꼴이 됐다. 피그마를 인수해야 할 만큼 어도비의 상업용 디자인 프로그램 시장의 지배력이 약화됐다는 걸 자인한 셈이기 때문이다.

미국 규제 당국의 반독점 판단도 중요한 고비다. 리나 칸을 수장으로 하는 연방거래위원회는 최근 대기업의 경쟁 저해를 막고 불공정 경쟁을 방지하는 내용의 행정 명령에도 서명했다. 특히 실리콘밸리 빅테크가 관리 대상들이다. 지금은 빅테크가 스타트업을 인수해서 시장 지배력을 강화하기에 적당한 때가 아니라는 의미다. 연방거래위원회는 어도비와 피그마의 경쟁 저해 가능성도 면밀하게 들여다보겠다는 입장이다. 그리고 모든 인수합병에 뒤따르는 화학적 결합의 문제가 남는다.

물리적으로 회사 조직을 합치는 건 쉽다. 회사의 인력과 문화가 하나로 녹아들어서 시너지 효과를 만드는 화학적 결합은 섬세한 작업이다.

잘못하면 내전으로 격화된 AOL과 타임워너의 합병 꼴이 날 수도 있다. 인수된 픽사가 인수한 디즈니의 애니메이션 역량을 한 단계 업그레이드시켰던 픽사와 디즈니 인수처럼 성공 사례도 있다.

어도비의 피그마 인수는 급부상하는 경쟁자를 공격적 인수합병을 통해 먹어버린 경우다. 그렇지만 곧 새로운 경쟁자가 나타나기 마련이다. 유력한 도전자는 캔바다. 호주 스타트업인 캔바는 인스타그램용 이미지를 쉽게 디자인할 수 있도록 도와주는 비전문가용 디자인 프로그램이다. 2021년 한때는 무려 400억 달러의 기업 가치를 인정받았다. 물론 이지 머니easy money의 시대였으니까 가능한 얘기였지만 말이다. 포춘 500대 기업 가운데 85%가 캔바를 쓴다는 통계도 있다. 캔바는 2007년 당시 19세였던 멜라니 퍼킨스가 창업했다. 캔바는 프랑스어로 캔버스를 뜻한다. 피그마를 먹어도 어도비에게 캔바라는 경쟁자가 또 있다는 얘기다. 경쟁자를 없애는 가장 빠른 방법은 돈을 주고 사버리는 것이다. 그렇지만 인수합병 과정에서 진정한 경쟁력을 확보하지 못하면 결국 또다시 새로운 경쟁자를 만나게 된다. 그렇다고 또 사버릴 수는 없는 노릇이다. 경쟁은 끝이 없다.

오프라인과 온라인을 장악한
MZ세대의 참새 방앗간

: 올리브영

2030 뷰티들의 참새 방앗간

참새 방앗간. MZ세대 뷰티 소비자들 사이에서 불리는 올리브영의 별명이다. 올리브영은 어디에나 있다. 올리브영은 언제나 세일이다. 올리브영엔 늘 필요한 제품이 있다. 올리브영은 반드시 오늘 배송된다. MZ세대 뷰티 소비자들 사이에서 올리브영이 참새 방앗간이라고 불리는 이유다. 출퇴근길에 반드시 들리게 되기 때문이다. 그만큼 올리브영이 2030 뷰티 소비자들 사이에서 절대적 인기를 누리고 있다. 올리브영은 2021년 모바일 앱 천만 다운로드와 천만 멤버십과 천만 리뷰를 확보하는 데 성공했다. 그렇게 좋은 리뷰를 보고 제품을 구매하고 온라인으로 상품을 구매하는 '2030 뷰티 참새'들의 방앗간이 됐다.

2021년 올리브영의 매출은 2조 1192억 원이었다. 2020년 한해 전보다 13%나 증가했다. 영업이익은 1378억 원을 넘어섰다. 2020년보다 38% 늘어났다. 양적 성장만 이룬 게 아니다. 올리브영처럼 오프라인 매장을 다수 보유한 커머스 기업의 공통적인 숙제는 온라인화다. 올리브영의 온라인 매출 비중은 2021년에 23%까지 증가했다. 전체 매출의 4분의 1을 온라인에서 얻어냈다는 말이다. 올리브영은 질적 성장까지 이룬 셈이다.

그런데 아이러니한 지점이 있다. 올리브영은 전체 헬스 앤드 뷰티health and beauty 커머스 기업 가운데 오프라인 매장이 가장 많다. 2022년 현재 운영하고 있는 전국 매장 수는 1265개에 달한다. 국내 헬스 앤드 뷰티 시장의 85%에 육박한다. 사실상 오프라인 뷰티 매장은 열 중 아홉이 올리브영이라는 얘기가 된다. 국내 뷰티 유통 매장 가운데 온라인화에 가장 성공한 기업이 역설적으로 오프라인 매장도 가장 많이 유지하고 있다.

올리브영엔 늘 필요한 제품이 있다

바로 여기에 올리브영의 성공 방정식이 있다. 올리브영은 온라인과 오프라인을 제로섬이 아니라 플러스섬 관계로 봤다. 온라인에 집중한다고 오프라인을 포기하지 않았다. 적잖은 올리브영의 경쟁사들이 했던 실수였다. 올리브영은 지난해에도 오프라인 매장을 13% 이상 늘렸다. 대신 오프라인 매장을 MCF, 도심형 물류 거점으로 만들었다. 매장이면서 물류인 골목골목의 올리브영 매장을 이용해서 오늘드림 서비스를 활성화시켰다. 온라인으로 오늘드림 서비스를 이용하면 3시간 안에 원하는 뷰티 제품을 바로 배송받을 수 있다. 고객 근처에 올리브영 매장이 있어서 가능한 일이었다. 사실상 올리브영 매장 직원이 퇴근길에 각종 뷰티 제품을 전달해주는 것이나 다름없었다. 특히 서울지역에선 40%에 육박할 정도로 오늘드림 이용 비율이 증가했다. 덕분에 퇴근길에 올리브영에 들르는 걸 깜빡했다고 해도 지나가던 길에 봤던 올리브영에서 퇴근 후 침대 위에서 모바일로 뷰티 제품을 구매하는 2030 MZ세대 소비자들이 늘어났다. 올리브영의 2021년 온라인 채널 매출 증가율은 50%에 달한다. 온라인 매출로 잡히지만 사실상 오프라인 매장과 온라인 모바일이 협공을 해서 얻어낼 결과다. 올리브영은 이걸 옴니채널 전략이라고 부른다. 이제는 업계 표준이 되고 있다.

도심형 물류 거점을 세우는 옴니채널 전략

올리브영은 옴니채널 전략을 2022년에도 더욱 강화해나간다는 계획이다. 올리브영은 전국 매장 1265개 가운데 240개를 도심형 물류 거점으로 재편한다. 동시에 서울 지역 오늘드림의 빠른 배송 비율을 현재 70%까지 확대한다는 계산이다. 한번 성공 방정식을 찾아냈으면 물량 공세를 밀어붙이는 게 CJ 같은 대기업의 전략이다. 온라인과 오프라인 협공이라는 옴니채널 전략은 당분간 올리브영의 대표 전략이 될 수밖에 없다. 올리브영은 무엇보다 서울 5개 지역에서 옴니채널 전략을 강화해나간다. 마포, 서대문과 구로, 강서와 관악, 봉천과 광진, 강동과 노원, 경기 성남이다. 모두가 서울에서 MZ세대 뷰티 소비자들이 가장 많이 포진한 밀집 지역들이다. 일부 뷰티 전문가들이 올리브영의 성공을 뷰티 전략보다 부동산 전략의 성공이라고 분석하는 이유다.

국내 오프라인 뷰티 매장은 90%가 올리브영이다

이게 전부가 아니다. 올리브영은 새로운 뷰티 소비자들을 상대할 줄 안다. SNL의 주현영 기자가 올리브영 매장 직원을 흉내 낸 동영상이 한동안 유튜브에서 화제였다. 주현영은 특유의 성대모사로 올리브영 매장 직원들의 영혼 없는 접대 방식을 흉내 냈다. 손님이 와도 다가오지 않는다. 손님이 부를 때까진 쳐다보지도 않는다. 물건도 권하지 않는다. 할인을 홍보하지도 않는다. MZ세대 소비자들은 자신이 필요할 때만 친절을 필요로 한다. 평소엔 참견하거나 설명하는 걸 부담스러워한다. 옆에서 무엇을 묻기 전까지는 절대 다가오지 않는 건 요즘 소비자들의 요구다. 올리브영 매장이 참새 방앗간이 되는 이유는 숫자가 많아서만이 아니다. 참새들이 날아들어도 내쫓는 매장 직원이 없기 때문이다. 주현영식 응대야말로 올리브영 성공의 보이지 않는 요소다.

반면에 올리브영은 항상 세일always sale을 한다. 시즌별로 거의 상시 세일을 한다. 소비자들에게 뷰티 제품군은 할인을 기대하게 만드는 캐주얼 브랜드들이 대부분이다. 백화점 1층 뷰티 매장과 올리브영 스트리트 매장은 다르기 때문이다. 올리브영은 2022년 3월에도 정기세일을 했다. 올리브영에 입점한 브랜드들은 세일 기간 동안 많게는 3배 이상의 매출 상승을 경험한다. 매장 직원이 구태여 할인 홍보를 하고 제품 구매를 권하지 않아도 참새 소비자들이 알아서 올리브영 세일 기간을 알아서 찾아 날아오는 구조를 만든 것이다. 365일 세일을 하는 구조에 골목골목 어귀마다 있는 매장의 위치까지 더해지면 편의점보다 더 자주 올리브영 세일을 접하게 된다.

인플루언서 트렌드도 놓치지 않고 민감하게

그러면서도 올리브영은 온라인 마케팅에도 열심이다. 올리브영은 인플루언서 트렌드에 매우 민감하다. 올리브영에서 사야 할 10가지 아이템 같은 유튜브 기획들이 끊이지 않는 이유다. 광고를 하고 제품을 뿌리는 시딩을 통해 올리브영 제품이 온라인에서는 끊임없이 고객들의 휴대폰 화면 속에 가닿게 만든다. 올리브영은 오프라인 매장에선 말을 걸지 않지만 온라인 시장에선 끊임없이 말을 걸고 있는 것이다.

정작 이렇게 온오프라인 마케팅을 잘해도 매장에 고객들이 찾는 제품이 없으면 소용이 없다. 올리브영은 이른바 K뷰티 브랜드의 등용문 역할을 하고 있다. 국내 신규 뷰티 브랜드들과 동반성장에 성공하면서 유통과 브랜드가 함께 성장했다. 대표적인 브랜드가 닥터지다. 고운세상코스메틱이 만든 닥터지는 피부과 의사들이 만든 뷰티 브랜드 시장의 선구자다. 국내에 더마코스메틱 시장을 열었다. 2011년 올리브영에 입점하면서 성공 가도를 달렸다. 닥터지의 레드 블레미쉬 클리어 수딩 크림은 2021년 누적 판매량 1100만 개를 기록했다. 최근엔 각질과 보습과 자외선이라는 이른바 각보자 시장을 노리면서 역시 올리브영 연계 마케팅으로 2021년에만 20% 매출 신장률을 기록했다.

K뷰티 시장에서 빼놓을 수 없는 제품군이 마스크팩이다. 아비브 역

시 올리브영을 통해 K뷰티 신화를 이룬 마스크팩 브랜드다. 특히 아비브는 올리브영 MD가 먼저 발굴하고 섭외한 대표적인 브랜드다. 아비브의 대표 제품은 아비브 껌딱지 시트 마스크 어성초 스티커다. 2017년에 올리브영에 입점했다. 2022년 아비브 매출은 2018년 입점 직후에 비해 무려 9배나 증가했다. 어성초는 피부 트러블에 탁월한 효과가 있다. 아누아 역시 어성초로 올리브영에서 대박을 냈다. 아누아 어성초 77 수닝 토너는 입점 1년 만에 2022년 1월까지 매출만 4배 증가했다. 올리브영은 2016년부터 동반 성장 프로그램인 즐거운 동행을 지속해오고 있다. 팔리는 브랜드가 있어야 팔리는 유통 채널이 있다. 이제 올리브영은 신규 K뷰티 브랜드들이 맨 먼저 접촉하는 유통 채널이 됐다.

올리브영은 항상 세일을 한다

올리브영의 맹점은 이렇게 너무 잘하고 있다는 데 있다. CJ그룹은 2022년 올리브영의 상장을 계획하고 있다. 문제는 LG에너지솔루션 이후 대기업 계열사의 분할 상장에 금융감독당국이 그다지 너그럽지 않다는 데 있다. 올리브영은 이름처럼 CJ올리브네트웍스에서 화장품 사업이 인적 분할되어 설립된 회사다. 게다가 CJ그룹이 올리브영의 상장을 추진하는 것도 소액주주들을 위한 것이 아니라는 의심도 있다. 올리브영의 지분은 이경후 CJEMN 경영리더와 이선호 CJ제일제당 경영리더가 70% 이상 보유하고 있다. CJ그룹의 4세 경영자들이다. 정작두 사람은 CJ그룹의 지주회사인 CJ주식회사의 지분은 각각 2.87%와 1.27%만 보유하고 있다. 경영승계를 위해선 승계자금 마련이 필수다. 올리브영을 상장하면 현금 확보가 가능해진다. 참새 방앗간에서 매일 온오프라인으로 찧고 빻은 떡시루들이 정작 4세 경영자들의 수중에 들어가는 꼴이다.

외부적 위협도 있다. 올리브영의 경쟁자는 더 이상 블라블라나 부츠 같은 해외 헬스 앤드 뷰티숍들이 아니다. 그런 유통 채널들은 올리브영의 온오프라인 협공에 압살당한 지 오래다. 이제부터 진짜 경쟁상대는 무신사와 마켓컬리다.

국내 온라인 화장품 유통 시장의 규모는 5조 5000억 원 수준이다. 무신사와 마켓컬리의 화장품 매출은 무서운 속도로 증가하고 있다. 무신사의 2021년 상반기 화장품 거래액 증가율은 179%에 달한다. 마켓컬리는 386%다. 무신사와 마켓컬리의 화장품 판매는 아직 올리브영의 10% 수준이다. 각각 남성과 프리미엄 여성 시장을 장악한 유통 채널이 올리브영의 2030 뷰티 시장을 노리고 있는 셈이다. 상장도 승계도 중요하다. 진짜 중요한 건 참새다. 참새가 다른 방앗간으로 날아가면 다 끝이다. 바야흐로 참새 방앗간의 결투가 시작될 참이다.

네이버는 더 이상
검색 광고 회사가 아니다

글로벌 인수합병 드림팀이 떴다. 2022년 3월 최수연 네이버 대표 체제가 시작됐을 때 시장 내부 반응은 이랬다. 언론에선 최수연 대표의 나이와 성별에 먼저 주목했다. 최수연 대표는 1981년생이다. 한성숙 전임 대표에 이어 네이버를 이끄는 두 번째 여성 CEO다.

정작 이런 조건은 본질이 아니라 표피였다. 최수연 대표는 서울대 공대를 졸업했다. 2005년 네이버 신입 사원으로 회사와 첫 인연을 맺었다. 4년 동안 당시 NHN의 커뮤니케이션과 마케팅을 담당했다. 연세대 법학전문대학원을 졸업하고 다시 미국 하버드대학교 로스쿨을 나왔다. 한국과 뉴욕주의 변호사 자격증을 획득했다. 2019년 네이버에 재입사해서 글로벌사업지원부의 책임리더로 일했다. 2021년 11월에 신임 대표로 내정됐다. 핵심은 그동안 최수연 대표가 미국 변호사고 네이버의 해외 인수합병을 지원하는 업무를 맡아왔다는 부분이다.

2022년 3월 인사에서 최수연 대표와 함께 C레벨로 선임된 김남선 CFO도 같은 맥락이었다. 김남선 CFO는 모건스탠리에서 인수합병 전문가로 일했다. 맥쿼리에선 프라이빗에쿼티 투자 담당을 했다. DB금융그룹 김준기 전 회장의 조카다. 정통 금융맨이다. 이런 조합이라면 네이버 이해진 글로벌투자책임자가 왜 이들을 네이버의 차세대 리더십으로 세웠는지는 명약관화했다. 글로벌 인수합병이었다.

2022년 10월 5일 전격 발표된 네이버의 포쉬마크 인수는 최수연 CEO와 김남선 CFO 체제가 등장할 때부터 예견된 이벤트였다. 단지 글로벌 인수합병 대상이 포쉬마크일 줄은 시장도 미처 예상하지 못했다. 네이버는 「뉴욕타임즈」도 한국의 구글이라고 부르는 검색 광고 빅테크다. 포쉬마크는 미국의 패션 중고거래 커머스 플랫폼이다. 한국의 구글이라는 이미지는 인공지능이나 검색엔진에 어울린다. 그런데 MZ세대가 주로 이용하는 중고거래 플랫폼을 인수해버린 것이다. 한국에선 네이버가 미국의 당근마켓을 인수했다는 분석이 대세였다.

문제는 인수가였다. 네이버는 포쉬마크의 지분 9127만 2609주를 주당 17.9달러에 인수했다. 포쉬마크의 기업 가치를 12억 달러로 평가한 것이다. 여기에 포쉬마크의 보유 현금 4억 4000만 달러를 감안해도 총 인수금액은 2조 3441억 원이 넘는다. 2022년 상반기를 기준으로 네이버의 현금성 자산은 2조 8970억 원 정도다. 포쉬마크 인수를 위해 네이버가 가진 현금의 80%를 투입하는 셈이다. 네이버 인수합병 역사상 가장 크고 비싼 투자다.

당장 한국 증시에서 네이버의 주가는 곤두박질쳤다. 대규모 인수합병을 하면 인수회사의 주가는 떨어지기 마련이다. 보유한 현금성 자산이 줄어드는 건 투자자들이 가장 싫어하는 짓이다. 인수합병 직후 주가 하락은 흔한 일이다. 어도비도 피그마 인수 직후 주가가 하락했다. 그런데 이 논리는 엄밀히 따지면 미국 시장의 논리다. 한국 시장은 미국 시장처럼 배당 성향이 강하지 않다. 현금을 소진하든 안 하든 주주들에게 배당을 덜 한다. 결국 대형 인수합병 직후 네이버 주가가 떨어진 건 이번 인수합병을 시장이 탐탁지 않게 여긴다는 의미다. 포쉬마크 인수 발표 직후 네이버의 주가는 무려 4조 8394억 원이 증발됐다.

네이버가 전격 인수한 포쉬마크

울고 싶을 때 뺨을 때려준 격일 수 있다. 팬데믹 동안 한국 빅테크의 대명사였던 네이버 주가는 2022년 들어 60%나 하락했다. 사실상 코로나19 이전 수준으로 되돌아갔다. 문제는 외국인이다. 네이버의 외국인 지분율은 50% 이하로 내려갈 판이다. 일단은 환율 탓이다. 외국인 투자자들은 환차손을 피하기 위해서라도 빨리 네이버를 비롯한 국내 주식을 처분해야만 한다. 그렇지만 이것을 고려해도 2022년 들어서만 외국인이 2조 5700억 원 어치를 순매도한 건 과하다. 삼성전자 다음으로 네이버를 팔았다. 네이버의 공매도 포쉬마크 인수합병 발표 이후 2만 주에서 20만 주까지 10배나 증가했다. 주가가 더 떨어질 것이라고 보는 투자자들이 많은 것이다. 포쉬마크 인수는 네이버에게 아직은 호재가 아니다.

타이밍이 나쁜 건 맞다. 투자의 겨울이다. 위기감을 느낀 실리콘밸리 빅테크들도 감원에 나서고 있다. 실리콘밸리에서 일시해고 상황을 알려주는 Layoffs.fyi에 따르면, 2022년 7월부터 실리콘밸리 전체에서 6000명 이상이 해고됐다. 실리콘밸리의 유명 벤처캐피털인 세콰이어캐피털이 지금은 대규모 투자를 하기보다는 현금을 비축하고 매출처를 찾고 심지어 둘 다 없으면 사업을 접으라고 조언할 정도다. 애플도 마이크로소프트도 트위터도 넷플릭스도 앞다퉈 감원하고 있다. 그런데 네이버는 정반대로 현금을 탈탈 털어서 실리콘밸리의 당근마켓을 사들인 것이다.

미국의 중고거래 시장 규모는 800억 달러다. 팬데믹 동안엔 연평균 20%씩 성장했다. 미국 연준이 기준금리를 파괴적으로 올리기 시작한 이후부턴 중고거래 시장은 얼어붙었다. 저성장과 인플레이션이 더해졌기 때문이다. 여기에 본격적인 경기침체는 이제부터다. 중고거래 시장의 위축은 불가피하다. 포쉬마크 역시 연평균 매출이 20%씩 늘어나다가 2022년엔 10% 이하로 줄어들 것으로 전망된다. 외국계 증권사인 씨티증권과 노무라증권이 네이버가 미국 이커머스 시장 진출을 위해 너무 비싼 값을 치렀다고 혹평하는 이유다. 타이밍이 안 좋은 것이다. 플랫폼 랠리가 끝났고 지금은 투자가 아니라 이익으로 살아야 하는 시대에 플랫폼 회사를 인수해버린 것이다.

반면 포쉬마크는 네이버에 피인수된 직후 주가가 14%나 급등했다. 이것만 놓고 보면 적어도 시장이 포쉬마크와 네이버 가운데 누가 유리한 거래를 했다고 보는지는 금방 알 수 있다. 어쩌면 처음부터 인수합병을 위해 등장한 네이버 경영진이 인수합병이 마려워서 무리한 가격에 그만한 가치가 없는 기업을 사버린 걸 수도 있다.

그렇지만 다르게 볼 수도 있다. 일단 포쉬마크는 북미의 당근마켓이 아니다. 그건 절반만 맞는 말이다. 일단 당근마켓은 구체적인 비즈니스 모델이 아직 없다. 지역 광고 정도다. 반면 포쉬마크는 거래액의 20%를 수수료로 받는다. 2022년 2분기 매출만 9000만 달러가 넘는다. 한화로 1300억 원 정도다. 네이버가 2021년에 시장이 합리적인 가격이라고 봤던 6000억 원에 인수한 웹소설 플랫폼 왓패드의 2021년 매출은 500억 원이 안 된다. 포쉬마크는 북미 1등 C2C 플랫폼이다. C2C란 소비자 간 직거래를 뜻한다. 규모는 상당하다. 총이용자 수는 8000만 명이다. 2021년 기준 구매자는 760만 명이다.

판매자는 560만 명이다. 2019년 캐나다에 2021년 호주에 진출했다. 8000만 명의 이용자 가운데 80%가 MZ세대다. 2021년 기준 거래액은 18억 달러에 달한다. 커머스에서 중요한 건 연간 거래액이다. 2011년 설립돼서 10년 만에 2021년 나스닥에 상장된 비결이다. 50만 건 이상의 판매글과 10억 건 이상의 좋아요가 올라온다.

이런 숫자보다 중요한 게 있다. 포쉬마크는 C2C에 커뮤니티와 소셜미디어를 결합했다. 미국 우편번호 단위로 지역 커뮤니티를 설정하면 해당 지역의 사람들끼리 사진 포스팅에 서로 팔로잉하고 좋아요를 누를 수 있다. 일종의 커머스 인스타그램인 셈이다.

포쉬마크에서 인플루언서는 포셔라고 부른다. 일종의 지역 스타다. 여기에 틱톡 같은 포쉬파티라고 부르는 라이브 비디오 기능도 더해졌다. 메타버스를 더한 가상 쇼핑 기능도 있다. 한마디로 포쉬마크는 커머스와 소셜미디어와 커뮤니티를 더한 차세대 서비스다. 게다가 포쉬마크는 패션이라는 버티컬 시장에 집중돼 있다. 버티컬 커머스는 지금 대세다. 소비자들은 점점더 쿠팡이나 아마존 같은 제너럴 커머스보다는 패션이나 리빙처럼 특화된 버티컬 커머스에 더 충성도를 보이고 있다. 엣시나 포쉬마크의 성장도 그런 트렌드 덕분이다.

게다가 패션 중고거래는 신상 거래 커머스보다 제품을 공급하는 브랜드보단 제품을 재판매하는 소비자들을 중심으로 작동한다. 신상 커머스에선 샤넬이나 나이키 같은 브랜드들의 영향력이 크다. 결국 커머스의 흥망은 특정 브랜드의 입점 여부로 갈리게 된다. 오프라인 백화점들이 명품 브랜드 입점에 사활을 거는 이유다.

반면에 중고거래 시장에선 브랜드들은 후순위다. 오히려 소비자이자 판매자인 인플루언서들이 더 큰 영향력을 갖게 된다. 그리고 포쉬마크에선 누구나 인플루언서인 포셔가 될 수 있다. 포셔가 되면 인기와 돈을 모두 얻을 수 있다. 샤넬이나 나이키 같은 패션 브랜드들이 중고거래에 양면적 태도를 취하는 이유다. 매출을 키워주지만 동시에 영향력을 감소시키기 때문이다.

네이버 입장에서도 이미 한발 늦은 이커머스 시장에 진출할 수 있는 틈새가 된다. 네이버는 이미 한국에선 명품 리셀 플랫폼인 크림을 통해 영향력을 확대하고 있다. 2020년엔 빈티지 상거래 플랫폼 빈티지시티를 만들면서 일본 시장에도 진출했다. 유럽에선 역시 명품 중고거래 플랫폼인 베스티에르 콜렉티브에도 투자했다. 네이버의 포석은 분명하다. 아마존과 쿠팡이나 알리바바 같은 이커머스 플랫폼보다 한발 늦었지만 대신 고가여서 수수료가 높아 영양가 있고, 브랜드보다는 소비자와 직접 상대할 수 있으며 아직은 지배적 사업자가 없는 중고거래 플랫폼 시장을 장악해나가는 것이다. 네이버의 포쉬마크 인수가 마무리되는 2023년엔 네이버는 북미 시장 점유율 1위 중고거래 플랫폼 사업이 된다.

이건 네이버의 사업 구조 변화와도 연동된다. 2022년 상반기 네이버 매출을 분석하면 네이버는 더 이상 검색 광고 회사가 아니다. 2019년 60.9%였던 네이버의 검색 광고 매출은 45.12%까지 줄었다. 반면 커머스 매출은 18.2%

에서 22%로 증가했다. 또한 핀테크 매출도 9.3%에서 14.66%까지 증가했다. 네이버는 이제 커머스 회사라고 봐야 한다. 포쉬마크를 통해 네이버 커머스와 네이버페이 같은 핀테크가 북미 시장에 진출한다면 해당 부분의 글로벌 영향력은 크게 확대된다. 네이버페이가 북미 시장에서 페이팔과 맞대결을 할 수도 있다는 얘기다. 아직 국내 시장에 머물러 있는 커머스와 핀테크 부문의 성장 동력은 무조건 해외에서 찾아야만 한다. 아마존이나 알리바바의 B2C 커머스는 이미 레드 오션이다. 인스타그램이나 틱톡의 소셜미디어 시장도 포화 상태. 이 두 가지를 한꺼번에 따라잡을 수 있는 건 포쉬마크일 수 있다. 여기에 네이버 커머스와 네이버 핀테크와의 시너지를 기대해 볼 수 있다.

겨울에는 봄을 준비하는 쪽이 승자다. 지금은 투자의 겨울이고 테크의 겨울이고 스타트업의 겨울이다. 그런데 이때야말로 시장 판도를 뒤집는 빅딜이 일어난다. 포쉬마크와 네이버의 인수합병은 윈-윈이다. 포쉬마크는 피인수 이후에도 마니쉬 샨드리 최고경영자가 경영권을 유지한다. 포쉬마크는 매출의 20%를 연구개발에 투자할 정도다. 전체 직원의 32%가 개발자다. 네이버는 포쉬마크를 통해 인스타그램과 틱톡과 경쟁하는 플랫폼을 만드는 데 역량을 집중시킬 수 있게 됐다. 일단 실리콘밸리의 풍부한 개발자풀이 네이버의 일부가 됐다. 네이버는 포쉬마크로 미래를 샀다. 포쉬마크는 네이버의 우산 아래에서 감원 열풍을 피해 겨울나기와 봄맞이를 할 수 있게 됐다.

다만 네이버는 이번에 투자한 2조 원 이상의 투자금을 포쉬마크에 집중시

포쉬마크 인수합병은 네이버가 커머스 회사로 전환한다는 선언이다

킬 필요가 있다. 경기침체로 중고거래가 감소할 건 분명하다. 특히 포쉬마크의 매출원인 고가의 패션 제품은 판매가 줄 수밖에 없다. 게다가 포쉬마크는 그동안 신규 고객 유치를 위해 타깃 광고에 의존해왔다. 애플의 개인정보 보호 정책 이후 포쉬마크 역시 방문자 구매 전환율이 감소하는 추세다. 포쉬마크가 네이버 인수 직전까지 주가가 공모가 대비 4분의 1토막이 나 있었던 이유다. 앞으로 마케팅비가 증가할 것이란 얘기다. 결국 네이버는 포쉬마크에서 더 큰 시너지를 내려면 더 큰 투자를 해야만 하는 처지다. 인수합병은 끝이 아니라 시작이다. 언제나 그렇다.

Think

Think

Think

Think

Th!nk

3장

Discover

: 숨겨진 시장을 새롭게 발견한 안목의 비밀

"경쟁자만 바라보면
경쟁자가 무엇인가를 할 때까지 기다려야 한다.
고객에 집중하면 보다 선구자가 될 것이다."
- 제프 베조스

13

데이터만으로는 가치가 없다
: 차트메트릭

개발자 막내를 보고 떠올린 아이디어

조성문 차트메트릭 대표는 게임빌의 1호 직원이었다. 게임빌은 스포츠 캐주얼 게임으로 유명한 1세대 게임사다. 지금은 컴투스가 됐다. 조성문 대표는 송병준 게임빌 창업자의 직속 후배였다. 송병준 창업자는 서울대학교 창업동아리 벤처의 초대 회장이다. 당시 아직 학부생이었던 조성문 대표는 송병준 창업자에 의해 회사로 거의 잡혀 오다시피 했다. 일 잘하는 직원이 절실한 한국계 스타트업이 종종 쓰는 방법이다. 선후배의 의리가 무기였다. 조성문 대표는 게임빌에서 막내이자 대리이자 과장이자 부장으로 일했다. 그렇게 고속 승진했다는 얘기가 아니다. 그렇게 일당백으로 일했다는 얘기다.

당시 게임사들에는 우리 게임이 어디에서 얼마나 인기가 있는지 알아볼 방법이 따로 없었다. 구글스토어나 애플스토어 같은 앱스토어 마켓도 없었고, 주요 플랫폼들의 인기 순위를 한눈에 보여주는 대시보드 같은 것도 없었다. 방법은 하나뿐이었다. 막내 직원이 한 땀 한 땀 데이터를 모아서 정리하는 수밖에 없었다. 참 소모적인 작업이었다. 조성문 대표는 게임빌에서 7년 동안 일했다. 회사 막내들이 스스로를 갈아넣어서 데이터를 정리하는 걸 보면서 이것보다 더 나은 방법이 없을지 고민했다.

15년 뒤 실리콘밸리에서 차트메트릭 아이디어를 떠올렸을 때 조성문 대표는 게임빌 막내 시절을 떠올렸다. 차트메트릭은 전 세계 200만 뮤직 아티스트의 음악과 공연 활동을 총정리해서 한눈에 보이는 대시보드로 보여주는 서비스다. 매일 150만 개 음악을 트래킹한다. 하루 1만 5000개 차트를 집계한다. 이미 유니버설뮤직과 소니뮤직, 워너뮤직 같은 레거시 음반사들과 아마존과 애플과 구글 같은 스트리밍 뮤직 서비스들이 모두 차트메트릭의 고객사가 됐다. 2016년 6월 시작된 차트메트릭은 2021년 기준으로 연 매출 200만 달러의 서비스로 성장했다. 차트메트릭은 음악이 서비스되는 거의 모든 플랫폼을 실시간으로 추적한다. 예를 들어 BTS를 선택하면 빌보드는 물론이고 한국의 멜론까지 전 세계 음원차트의 순위와 변동 폭을 그래프로 보여준다.

차트메트릭은 음악이 서비스되는 거의 모든 플랫폼을 실시간으로 추적한다

인스타그램과 유튜브와 틱톡 같은 SNS 플랫폼의 팔로워 수 증감과 팔로워 내부의 양적·질적 성장을 보여준다.

차트메트릭은 대시보드 서비스인 만큼 직관적이다. 특정 아티스트의 인기 흐름을 한눈에 보여준다. 블랙핑크는 여성 팬덤이 강한 아이돌 그룹이다. 오프라인 콘서트에 가면 느낄 수 있다. 차트메트릭은 그걸 수치로 보여준다. 차트메트릭의 인공지능이 블랙핑크의 인스타그램 팔로워들을 분석한다. 프로필을 바탕으로 성비와 인종과 연령대를 구분해낸다.

블랙핑크의 팔로워는 80%가 여성이다. 인종은 아시아인이 50%다. 연령은 10대 후반에서 20대 중반이 50%다. 나아가서 블랙핑크 팬들이 어떤 패션 브랜드를 선호하는지도 보여준다. 블랙핑크의 멤버들은 각각 샤넬과 셀린느, 생로랑과 디올의 글로벌 앰버서더이다. 블랙핑크 팬덤이 어떤 브랜드들을 선호하는지 알 수 있다면 소속사 YG엔터테인먼트 입장에선 이런 광고 계약 협상을 하기에 매우 유리해진다. 나아가서 차트메트릭은 과거 어떤 콘서트나 이벤트가 있었을 때 팬덤에서 큰 변화가 있었는지를 실시간으로 추적해준다. 콘서트의 효과가 어느 정도였는지 팬사인회의 효능은 얼마만큼인지도 보여준다.

미래 예측도 가능하다. 요즘 뜨는 아티스트가 있다면 언제부터 떴고 지속 기간은 어느 정도일지 가늠해볼 수 있다. 반대로 지는 해도 알 수 있다. 특정 아티스트가 요즘 인기가 시들하다는 걸 대시보드를 보면 바로 알 수 있다. 검색량이 줄고 소셜미디어 반응도가 낮아지기 때문이다. 그렇다면 대응책을 마련할 수도 있다.

이렇게 차트메트릭은 점점 음악 산업에서 없어서는 안 되는 존재가 되어 가고 있다. 이른바 데이터 드리븐data-driven 뮤직 비즈니스를 가능하게 해주기 때문이다. 스티브 잡스는 "혁신은 인문과 기술의 교차로에서 일어난다"고 말했다. 인공지능을 통한 빅데이터 처리 기술을 음악이라는 인문 시장이 접목시킨 것이 조성문 차트메트릭 대표의 혁신이었다. 무엇보다 음악 산업 자체는 데이터 처리 기술이 없다는 점이 중요했다. 데이터가 중요하다는 건 알지만 데이터를 처리할 수 없어서 감에 의존할 수밖에 없었다. 그렇다고 음반사마다 데이터 분석 부서를 두려면 비효율적이다. 음악도 알고 데이터도 아는 데이터 과학자를 구하기란 하늘의 별 따기다. 반면 차트메트릭에 요청하면 월 140달러의 구독료만 내면 원하는 데이터를 마음껏 이용할 수 있다. 훨씬 효율적이다.

실리콘밸리의 대표적인 한국계 성공 사례

차트메트릭은 최근 실리콘밸리의 성공 창업 트렌드인 SaaS와 B2B가 결합한 대표적인 사례다. SaaS는 바꿔 말하자면 자체적으로 솔루션을 찾기 어려운 문제를 외부에서 솔루션을 빌려와서 해결하는 걸 말한다. 음반사가 데이터 분석 솔루션을 자체 개발하긴 어렵다. 차트메트릭의 솔루션을 빌려와서 사용하는 것이 효과적이다. 음반사의 존재 목적은 데이터가 아니라 데이터에 기반한 음악이기 때문이다.

B2B는 창업자가 누구의 문제를 풀 것이냐와 관련이 있다. B2C는 불특정 다수 소비자가 느끼는 불편한 문제를 풀어준다. 음식 치타 배달을 시켜준다거나 상품 새벽 배송을 해주는 식이다. 집에서 빨리 편리하게 음식을 먹고 싶다는 문제를 해결해준다. 반면 B2B는 특정 클라이언트가 가진 깊은 문제를 풀어준다. 우리 아티스트가 요즘 인기가 시들한 이유를 알고 싶다거나, 전 세계 어느 도시에서 월드투어를 하는 게 효과적인지 알고 싶다는 구체적인 질문이다.

소비자의 일반적인 질문에 답을 찾아주는 B2C에 비해 클라이언트의 구체적인 질문에 답을 찾아주는 B2B는 특히 실리콘밸리의 한국계 창업자들의 주 무대다. 미국 사회의 소비 트렌드를 알아야만 하는 B2C와 달리 B2B는 성실하고 치밀하게 고객사들과 커뮤니케이션하면서 문제를 찾아내고 해결해주는 일이기 때문이다. 무엇보다 한국계 스타트업 창업자들이 갖고 있는 엔지니어링 능력까지 더해지면 금상첨화다. 경쟁사보다 고객사의 문제에 빠르게 솔루션을 찾아내 줄 수 있다. 차트메트릭은 실리콘밸리의 대표적인 한국계 성공 사례다.

조성문 대표는 게임빌을 나와서 미국으로 유학을 떠났다. 미국 MBA를 졸업하고 처음 들어간 회사가 오라클이었다. 오라클은 대표적인 B2B Saas 기업이다. 게임빌에서 날마다 소비자들의 변덕에 시달렸던

레거시 음반사들과 스트리밍 뮤직 서비스들이 모두 차트메트릭의 고객사가 됐다

조성문 대표한테 오라클의 B2B 비즈니스 모델은 신세계였다. 2009년
부터 2013년까지 시니어 프로덕트 매니저와 프린서플 프로덕트 매니
저로 일했다. 안정적인 수익 창출을 기대할 수 있는 데다 워라밸도 꿈
꿔 볼 수 있었다. 게임회사는 어디든 허슬 개발이 주 무기다. 월화수목
금금금 달리는 게 기본이다. 게임 소비자들에게는 주말도 낮과 밤도
없기 때문이다. 조성문 대표는 금을 캐러 온 광부들에게 리바이스 청
바지를 파는 일을 하겠다고 작정했다. 그렇게 찾아낸 청바지 사업이

음악매니지먼트사에게 데이터를 파는 비즈니스였다.

데이터는 제2의 원유

사실 조성문 대표는 엔지니어였지 음악에는 문외한이었다. 아무런 네트워크가 없었다. 당연히 클라이언트도 없었다. 창업했을 때만 해도 이게 사업이 될지 어떨지 가늠하기 어려웠다. 음악에 데이터가 필요하다는 가설만 있었을 뿐이었다. 구글 검색에 몇 가지 검색어를 올려놓아 봤다. 우연히 런던의 음반사에서 일하는 사람이 연락이 왔다. 데이터 분석에 갈증을 느끼던 차였다. 이런 서비스가 없는지 관심이 있었는데 차트메트릭을 찾아낸 것이었다. 런던 음반사 관계자는 조성문 대표의 설명을 듣더니 고객들을 모아주기 시작했다. 아무런 인연도 없던 사이였다. 자발적으로 차트메트릭의 홍보대사 역할을 하기 시작했다.

이런 걸 실리콘밸리에선 페이 잇 포워드Pay it forward라고 한다. 대가를 바라지 않고 먼저 도와주는 문화다. 결국 그렇게 줬던 도움이 돌아오더라는 경험 덕분이다. 조성문 대표는 한국계 실리콘밸리 창업자들 사이에서 페이 잇 포워드 문화를 이끌어가고 있는 중심인물이다. 그는 실리콘밸리 최대 한국인 네트워크인 베이 에어리어Bay-area K그룹의 공동대표를 오래 맡았다. 실리콘밸리 일대 빅테크와 스타트업에서 일하는 한국인들은 줄잡아 5000명까지로 본다. 커뮤니티 활동을 하는 사람들만 놓고 봐도 1500명 정도다. 이들을 하나로 묶고 서로 돕고 끌어주는 역할을 조성문 대표가 하고 있다. 차트메트릭 창업 과정에서 페이잇 포워드의 도움을 경험했기 때문이다. 조성문 대표가 '조성문의 실리콘밸리 이야기'라는 유명 블로그를 통해 실리콘밸리 소식을 한국에 전하고 있는 것도 그래서다. 현지 소식이 갈급한 한국 예비 창업자들에게 도움을 주기 위해서다.

차트메트릭은 이미 안정적인 매출을 달성하고 있는 스타트업이다. 음반사들은 이미 차트메트릭의 데이터 분석을 필수제로 인식하기 시작했다. 연간 구독을 주로 하고 매년 갱신하는 걸 당연하게 여긴다. 특히 요즘처럼 스타트업 투자의 겨울에는 대박 투자를 받는 것보다 안정적 매출을 지속적으로 일으키는 게 가장 매력적이다. 데이터는 실리콘밸리에선 제2의 원유로 통한다. 다만 데이터 자체만으로는 가치가 없다. 그걸 가치 있는 정보로 정제해주고 다시 한눈에 보이는 대시보드로 정리해줄 때 비로소 상품이 된다. 차트메트릭이 모범 사례다.

14

광고, 소음이 아닌 정보가 되다

: 몰로코

아이폰 프라이버시 정책 변화의 나비효과

"광고 세상에 떨어진 운석이다." 안익진 몰로코 CEO가 애플의 프라이버시 정책을 비유한 말이다. 2021년 3월 이후부터 애플은 앱 추적 투명성 정책을 시행했다. iOS 14.5 버전부터 사용자가 아이폰으로 개별 앱을 이용할 때 스스로 광고 추적을 허용할지 말지를 결정하게 만들었다. 한마디로 사용자 타깃 광고가 원천 봉쇄된 셈이었다.

이제까지 페이스북과 인스타그램 같은 SNS 서비스들은 사용자의 개인정보를 이용해서 천문학적인 돈을 벌어왔다. 사용자가 누구를 팔로우하고 무엇을 포스팅하고 어떤 콘텐츠를 소비하는지를 간파할 수 있었기 때문이다. 그것도 사용자 몰래 알 수 있었다. 특정 앱을 다운로드 받는 순간 자신의 개인정보가 광고 추적용으로 이용된다는 사실 자체를 사용자가 몰랐기 때문이다. 그래서 지금은 이름을 메타로 바꾼 페이스북의 2020년 전체 매출은 860억 달러에 달했다. 2020년 3월 시작된 코로나19 팬데믹은 오히려 페이스북에는 호재였다. 이커머스 수요가 폭증하면서 디지털 광고 지출도 늘어났기 때문이다.

반면 1년 뒤 시행된 애플의 앱 추적 투명성 정책은 악재였다. 2021년 메타는 애플 때문에 100억 달러나 손실을 봤다. 아이폰 사용자의 90%가 광고 추적을 거부했기 때문이다. 공룡 시대를 끝장낸 건 지구에 떨어진 거대한 운석이었다. 안익진 몰로코 CEO가 애플의 프라이버시 정책을 운석에 비유한 까닭이다.

몰로코는 운석이 떨어진 이후의 광고 세상에서도 광고로 돈을 벌 수 있는 방법을 알려줄 수 있는 실리콘밸리의 테크 기업이다. 공동 창업자는 안익진 CEO와 박세혁 CIO다. 두 사람은 2013년 11월에 몰로코를 창업했다. 2022년 7월 현재 기업 가치는 1조 7000억 원 정도다. 한국의 13번째 유니콘이면서 실리콘밸리에서 창업한 스타트업 중에서는 첫 번째 유니콘이 됐다. 유니콘은 기업 가치가 1조 원 이상이 된 스타트업을 말한다.

몰로코는 대표적인 애드테크ad-tech 기업이다. 스스로는 비즈니스머신러닝 기업이라고 정의한다. 몰로코는 인공지능과 머신러닝을 이용

몰로코는 인공지능과 머신러닝을 이용해서 고객의 광고를 최적화해준다

해서 고객사가 집행하는 광고를 최적화시켜주는 B2B 기업이다. 고객사는 몰로코가 최적화시켜준 광고 덕분에 B2C 시장에서 더 많은 소비자들에게 더 많은 제품과 서비스를 팔 수 있게 된다. 실리콘밸리에서 청바지를 파는 대표적인 회사 가운데 하나다. 캘리포니아 골드러시 시대에 금을 찾았던 광부들보다 더 큰 부자가 된 건 광부들에게 청바지를 팔았던 리바이스였다. 실리콘밸리에선 상식처럼 통하는 통찰이다.

광고의 두 얼굴, 정보 혹은 소음

몰로코의 솔루션은 몰로코엔진이다. 광고 효과는 이미 제품을 구매할 의사가 있는 소비자와 만날 때 극대화된다. 반대라면 소비자에게 광고는 소음일 뿐이다. 배달의민족 광고의 효과가 극대화되는 순간은 배가 고픈 소비자에게 먹고 싶은 음식을 파는 식당의 정보를 노출할 때다. 이때만큼은 소비자는 광고를 소음이 아니라 정보라고 인식한다. 사실 광고 산업이 디지털화되면서 이런 타깃 광고는 이제 기본이 됐다. 몰로코엔진은 광고를 한층 더 고도화시켜준다. 광고를 누구에게 언제 노출할지는 기본이다. 광고를 보여줬을 때 구매가 일어날 확률까지도 계산해준다. 제한된 광고 예산 안에서 최적의 광고 비용은 얼마인지도 알려준다. 나아가서 실시간으로 광고를 집행해준다. 소비자가 광고에 노출되는 순간, 몰로코엔진은 단 0.1초 만에 해당 소비자를 분석해서 최적의 광고를 매칭시킨다. 배고픈 사람에게는 음식 광고를 보여주고, 여행 가고 싶은 사람에게는 호텔 광고를 보여주는 식이다. 이렇게 되면 광고를 통한 머니타이제이션monetization이 가능해진다. 한마디로 광고를 하면 반드시 돈을 벌게 해준다는 뜻이다.

아날로그 시대 광고는 운이 절반이었다. 예쁜 광고를 잘 만들어서 불특정 다수에게 뿌리고 고객이 얻어걸리길 기다리는 식이었다. 2010년대 이후 펼쳐진 디지털과 모바일 광고 시대엔 개인에 대한 타깃 광고가 가능해졌다. 처음엔 혁신적이었지만 역시나 부족했다. 좀 더 정밀화된 광고 솔루션이 필요했다. 광고 예산은 늘 한정돼 있고 고객은 늘 찾을 수가 없었기 때문이다. 몰로코를 통해 광고하는 고객사는 250개가 넘는다. 배달의민족도 몰로코의 오랜 클라이언트 중 하나다. 몰로코엔진은 하루에 많게는 3000억 건 이상의 타깃 광고를 처리한다. 초당 400만 건이다. 몰로코의 매출은 2021년에 5000억 원을 돌파했다.

애드테크 시장에 사과 운석이 떨어졌을 때만 해도 몰로코 역시 위기일 수 있었다. 몰로코도 사용자의 디지털 개인정보를 이용해서 타깃 광고를 하는 애드테크 기업이었기 때문이다. 실리콘밸리에선 이걸 광고 추적 제한을 뜻하는 LAT 시대라고 부른다. Limited Ad Tracking의 약자다. 페이스북 같은 거대한 디지털 광고 회사도 기업 명칭을 메타로 바꾸고 비즈니스 모델 전환을 모색할 정도였다.

그런데 몰로코는 달랐다. 몰로코는 처음부터 디지털 광고 고도화를 추구해왔기 때문이다. 사용자의 의도를 파악하기 쉬운 식별 데이터 이

몰로코는 광고 솔루션을 제공하는 기업에서 비즈니스머신러닝 기업으로 전환 중이다

외에도 사용자에 관한 정보는 맞지만 의도를 파악하기 어려운 비식별 데이터를 통해서도 타깃 광고를 해왔다. 인스타그램 사용자가 여행지 포스팅에 '좋아요'를 누르는 건 의도 파악이 쉬운 식별 데이터다. 운석이 떨어진 이후 이런 식별 데이터 기반의 타깃 광고는 힘들어졌다. 반면에 사용자가 언제 어디에서 접속했고, 예전엔 어떤 주문을 많이 했고, 어떤 영화를 봤고, 무엇을 검색했는지 같은 비식별 데이터는 지금도 파악이 가능하다. 대신 운석 시대 이전과 달리 이젠 사용자의 의도를 행동 패턴의 맥락을 통해 파악해야 한다. 몰로코는 이걸 맥락 데이

터라고 정의한다. 몰로코엔진은 식별 데이터뿐만 아니라 이런 맥락 데이터를 이용해서 광고를 고도화시켜왔다. 거칠게 설명하자면 신문으로 치면 경제면에 부동산 광고를 하고 라이프스타일 지면에 명품 광고를 하는 식이다. 개인정보 추적이 어려워진 상황이라면 맥락 데이터를 활용할 수 있는 광고 솔루션이 더 중요해질 수밖에 없다. 몰로코에 사과 운석이 위기이면서 기회인 이유다.

실리콘밸리가 몰로코를 선택하는 이유

"운석이 떨어져서 공룡은 멸종됐어도 신생 포유류는 살아남았다." 안익진 몰로코 CEO는 2021년 3월 애플 프라이버시 정책 시행 이후에도 디지털 광고 시장은 붕괴하기보다는 진화할 것이라고 본다. 결국 누군가는 변화한 생태계에서 살아남는 법을 배워서 결국 지구를 지배하게 될 것이라는 말이다. 단지 풀어야 할 문제의 난이도가 올라갔을 뿐이다. 실제로 몰로코는 광고 추적 제한에 적응한 광고 모델을 만들어서 상당한 효과를 보고 있다. 디지털 광고 시장에서 가장 중요한 지표는 ROAS다. ROI와 유사한 개념이다. ROI가 투자금 대비 매출액이라면 ROAS는 광고비 대비 매출액이다. 디지털 타깃 광고가 아날로그 지면 광고를 대체한 것도 ROAS가 천양지차로 차이가 났기 때문이었다. 몰로코는 몰로코엔진을 고도화시켜서 이른바 LAT 시대에 타깃 광고가 가능해지도록 만들었다. 나아가서 ROAS를 과거 개인정보를 활용해서 타깃 광고를 하던 때와 비슷한 수준까지 끌어올렸다. 게임개발사 비트망고의 모바일 게임 브링아웃 슛 더 볼 타이틀에 대한 광고가 대표적인 사례다. 몰로코엔진을 통한 광고 효과로 게임 설치는 6% 이상 증가했고, ROAS도 과거와 차이가 없게 만들었다. 운석이 광고 시장에 떨어졌어도 몰로코엔진만 있으면 살아남는 포유류가 될 수 있다는 의미다. 실리콘밸리에서 몰로코의 고객사는 운석 낙하 이후 오히려 증가하는 추세다. 디즈니플러스뿐만 아니라 도어대시와 딜리버루, 스냅챗과 그랩이 몰로코의 솔루션을 적극적으로 이용하고 있다.

고객 데이터가 곧 자산인 시대

지금 실리콘밸리는 사과 운석이 낙하 이후 쿠키 운석 낙하도 대비하고 있다. 구글은 2022년부터 서드 파티 쿠키 지원 중단을 예고한 상태다. 애플 프라이버시 정책이 앱 생태계에서 광고 시장에 영향을 줬다면, 쿠키 중단은 웹 생태계에 직접적인 영향을 줄 수 있다. 구글 크롬 브라우저의 전 세계 시장 점유율은 60% 이상이다. 쿠키는 웹에서 제3자로서 서비스를 제공하는 기업들이 사용자 개인정보를 활용하는 도구다. 쿠키 지원이 끊기면 광고 영업도 중단된다. 광고 세계를 향해 두 번째 운석이 낙하하고 있는 것이다. 당연히 몰로코의 역할이 중요해질 수밖에 없다.

이제 구글이나 애플을 통해 사용자 데이터를 끌어모아서 광고를 하는 시대는 지나갔다고 봐야 한다. 개인정보는 개인의 것이다. 더 이상 개인정보를 공공재처럼 이용할 수는 없다. 그렇다면 대신 기업은 자체적으로 확보한 데이터를 활용해서 광고해야만 한다. 그렇다면 배달의민족처럼 수많은 거래 데이터를 축적한 기업이 유리할 수밖에 없다. 고객 데이터가 곧 자산이 시대인 것이다. 그렇지만 모든 기업이 자신의 데이터를 스스로 분석하는 건 비효율적이다. 데이터를 고도화시켜줄 수 있는 솔루션을 가진 몰로코 같은 기업이 각광받을 수밖에 없다.

몰로코의 고객사는 90%가 글로벌 플레이어다. 대부분이 유니콘에서 데카콘 이상의 기업들이다. 실리콘밸리에서 몰로코 서비스는 점점 아마존웹서비스처럼 필수제가 돼가고 있다. 클라우드가 필수제가 된 것처럼 B2C 기업이라면 몰로코엔진이 필수제다.

안익진 몰로코 CEO는 유튜브의 초창기 멤버다. 서울대학교 컴퓨터 공학과 97학번이다. UC샌디에이고에서 컴퓨터공학으로 박사 학위를 준비하다가 유튜브에 합류했다. 2년 뒤 유튜브가 구글에 무려 1조 6000억 원에 인수되면서 구글에 입사하게 됐다.

당시만 해도 유튜브는 연간 8000억 원의 적자투성이 스타트업이었다. 당시엔 AWS 같은 클라우드 서버가 없었다. 서버 비용으로만 기둥 뿌리가 뽑힐 정도였다. 구글 안에서조차 유튜브 인수에 회의적인 시각이 많았다. 안익진 CEO는 당시 머신러닝을 이용해서 유튜브에 광고하는 걸 처음 제안한 당사자이다. 구글로 옮겨서 안드로이드팀에서 일했다. 역시 데이터 기반 광고 모델을 연구했는데, 몰로코 창업의 기반이 됐다. 창업 당시부터 데이터를 이용한 광고 고도화로 스타트업들이 돈을 버는 머니타이제이션을 해준다는 게 목표였다. 처음부터 문제를 정확하게 정의했고 해결책도 분명하게 알고 있었던 셈이다.

공동창업자인 박세혁 CIO는 자타공인 천재 엔지니어다. 스탠퍼드 컴퓨터 공학과 앤드류 응 교수의 애제자다. 앤드류 응은 스탠퍼드에서 수많은 창업자를 길러냈다. 창업 당시만 해도 회의적인 시각이 컸다. 구글과 페이스북이 이미 개인정보를 활용한 디지털 광고 최적화의 문제를 해결했다고 봤기 때문이었다. 결과적으로 그들은 틀렸고, 안익진과 박세혁이 맞았다.

이제 몰로코의 비전은 더 커졌다. 광고 솔루션을 제공하는 기업에서 비즈니스머신러닝 기업으로 확장됐다. 데이터에 기반한 인공지능 머신러닝을 통해 광고뿐만 아니라 유통의 문제들까지 해결하려고 한다. 물류 역시 광고만큼이나 고도화할 여지가 많은 부분이다. 몰로코는, 내일 지구에 사과 운석이 떨어져도 오늘 데이터 머신러닝을 한다.

15

아날로그 동대문에
디지털 혁신을 일으키다
: 딜리셔스

동대문 카카오톡의 탄생 비화

"매일 나오는 신상! 확인하러 자주 시장 가기 힘드셨죠?" "인기 상품! 오프시간에 맞춰 전화 주문하기 힘드셨죠?" "매장 전화번호! 매번 관리실을 통해 확인하시기 힘드셨죠?"

느낌표와 물음표가 가득한 전단이었다. 빨간 바탕에 하얀 글씨로 큼지막하게 쓰여 있었다. 딜리셔스 직원들은 촌스럽다면 촌스럽고 생경하다면 생경한 광고 전단을 동대문 일대에 뿌리고 다녔다.

딜리셔스는 동대문 패션 산업에 디지털 혁신을 일으킨 물류 플랫폼이다. 시작은 전단이었다. 딜리셔스가 중국집 배달 광고를 연상시키는 전단 소통을 선택한 건 동대문의 도매상인과 소매상인들과 눈높이를 맞추기 위해서였다. 동대문의 아날로그 오프라인 패션 시장을 온라인 디지털화하기 위해선 우선 오프라인 아날로그 시장의 문법에 맞춰야 한다고 판단했기 때문이다. 느낌표 가득하고 물음표 그득한 문구들도 마찬가지였다. 무엇보다 딜리셔스가 도매상인과 소매상인들의 불편함을 편리함으로 바꿔주려고 진심으로 노력하는 회사라는 믿음을 심어주는 게 중요했다. 디지털로 동대문 바닥을 좀 아는척 하는 낯선 젊은 이들처럼 보여선 안 됐다. 딜리셔스는 전단 1만 장을 뿌렸다. 조금씩 동대문 패션 바닥에 딜리셔스를 알려갔다.

딜리셔스의 핵심 서비스는 신상마켓이다. 누적 거래액이 2조 원에 달하는 디지털 패션 플랫폼이지만 사실 일반 소비자들은 잘 모르는 경우가 많다. 동대문 패션 타운에서 주로 사용되는 B2B 플랫폼이기 때문이다. 대신 신상마켓은 동대문에선 필수제다. 1만 2000명의 도매상과 12만 명의 소매상이 이용한다. 그래서 신상마켓의 별명은 동대문 카카오톡이다.

동대문은 15조 원 규모의 패션 시장이다. 무엇보다 동대문디자인플라자를 중심으로 반경 10킬로미터 안에 패션 제조의 모든 것이 모여 있다. 원단과 부자재부터 디자인과 봉제에서 판매와 유통까지 패션 커머스의 모든 단계가 이뤄진다. SPA브랜드들은 디자인부터 생산에서 소매 판매까지 3주가 걸려서 패스트 패션fast-fashion이라고 정의되는데,

동대문 패션은 3일이 걸린다. 동대문은 전 세계에서 유사한 구조를 찾아보기 어려운 집약적인 패션 제조 클러스터다.

역사적 시작은 1900년대 초반까지 거슬러 올라간다. 옷감을 파는 광장시장이 시초였다. 당시엔 가가호호 집에서 옷을 지어 입었다. 옷 시장이라고 하면 당연히 원단 시장이었다. 광장시장은 지금도 동대문 패션 클러스터의 일부다. 20세기 중반 이후 이른바 대량생산, 대량소비의 기성복 시장이 생겨났다. 그렇지만 패션은 언제나 개성 만점인 시장이다. 유행은 수시로 바뀐다. 동대문 패션 시장은 수시로 바뀌는 유행을 따라잡기 위해 3일 생산이라는 초광속 패션 유통 시스템을 내부적으로 발달시켰다.

동대문 패션 시장의 손품과 발품을 해결하다

문제는 오프라인 기반으로 이뤄지는 동대문 패션 시장의 생산 방식에는 손품과 발품이 많이 든다는 것이다. 동대문 패션 시장은 크게 도매상과 소매상으로 나뉜다. 패션 회사로 비유하면 소매상은 마케터고, 도매상은 디자이너다. 소매상은 소비자와의 접점 역할을 한다. 트렌드를 센싱하고 신제품을 발주하고 제품을 홍보하고 판매한다. 도매상은 생산의 중추 역할을 한다. 상품을 기획하고 디자인하고 생산한다. 동대문 패션 시장의 강점은 도매상과 소매상이 반경 10킬로미터 안에 밀집돼 있다는 부분이다. 그렇지만 거대한 시장 안에서 도매상들과 소매상들이 수시로 연결되기는 쉽지 않다. 소매상들은 도매상들이 생산하는 제품들을 일일이 발품을 팔아가면서 눈으로 확인해야만 했다. 아무리 부지런해도 모든 걸 다 돌아보긴 어렵다. 도매상들은 무수한 소매상을 관리하기도 어렵다. 바로 여기에 딜리셔스가 발견한 고객의 페인포인트가 있었다. 신상마켓은 거기에서 탄생했다.

이제 동대문 12만 소매상들은 힘들게 새벽 도매 시장에 가지 않아도 온라인으로 언제든지 동대문 신상을 구경할 수 있다. 신상마켓에 동대문 1만 2000 도매상들이 다 모여 있기 때문이다. 전체 동대문 도매상인들의 80%에 해당한다. 딜리셔스는 신상마켓으로 동대문 패션 클러스터 안의 정보 비대칭을 해소해줬다. 이젠 앱을 켜면 언제든지 오늘 나온 도매상의 신상들을 확인할 수 있다. 그래서 '신상마켓'이다.

신상마켓은 정보 비대칭만 해소해준 게 아니라 커뮤니케이션 비용도 줄여줬다. 도매상과 소매상 사이를 오가던 주문서며 견적서, 영수증 같은 문서부터 전화를 통하던 거래 방식까지 단순화시키고 디지털화시켰다. 사실 동대문에서 신상마켓이 하는 일은 기업 안에서 사용하는 플랫폼인 슬랙 같은 디지털 협업 툴이다. 슬랙은 오프라인 회의를 통해서 논의되고 서류결제를 통해 진행되던 일들을 단순화시켰다. 최근 슬랙을 인수한 세일즈포스는 회사 안에서뿐만 아니라 회사 밖 고객과의 커뮤니케이션 문제를 해결해줘서 유니콘이 됐다. 세일즈포스는 이를 기업의 소통 사일로silo를 해소해주는 일이라고 설명한다.

딜리셔스는 동대문의 도소매 거래를 연결해줄 뿐만 아니라 물류유통까지 책임지고 있다

사일로는 곡식 저장 창고를 말한다. 경영용어로서 사일로란 특정 부서가 자기네들 먹을 곡식만 쌓아놓고 주변 부서와 협업을 하지 않는 팀별 이기주의를 뜻한다. 동대문은 하나의 거대한 패션 회사였지만 정작 내부적 소통에 비용과 효율이 떨어지고 있었다. 딜리셔스는 신상마켓으로 바로 이 문제를 해결해줬다. 시작은 느낌표와 물음표가 가득한 전단이었다.

동대문의 문법을 존중한 딜리셔스의 비범함

전단으로 소통을 시작했다는 건 딜리셔스의 비범함을 보여주는 지점이다. 사실 딜리셔스 말고도 동대문 패션 클러스터 안의 물류 문제를 해결하려는 스타트업 경쟁사들은 없지 않았다. 정작 다소 폐쇄적인 동대문 도매·소매상인들을 설득하는 게 쉽지 않았다. 아무리 편리해도 원래 하던 대로 하는 게 사람이다. 작든 크든 변화는 불편한 일이기 때문이다. 딜리셔스가 동대문의 문법을 존중하는 부분은 전단뿐만이 아니다. 신상마켓은 자칫 동대문 소매상들과의 경쟁 플랫폼이 될수도 있었다. 이젠 동대문 소매상들도 인스타그램으로 홍보하고 인터넷 쇼핑몰과 모바일 앱으로 판매한다. 만일 신상마켓에 올라온 신상들을 일반 소비자들도 살 수 있게 되면 경쟁과 마찰이 일어난다. 소매가가 도매가보다 두 배 가까이 비쌀 수밖에 없기 때문이다. 동대문 소매상들이 신상마켓을 경쟁자로 인식하게 되면 이탈이 일어날 수밖에 없다. 딜리셔스는 유통상을 통하지 않고 소비자에게 직접 판매하는 D2Cdirect to consumer와는 거리를 뒀다. 철저하게 B2B를 고수했다. 이용자가 신상마켓을 이용하려면 소매상 사업자 인증을 받도록 허들을 높였다.

이제 딜리셔스는 동대문의 도소매 거래를 연결해줄 뿐만 아니라 물류유통까지 책임지고 있다. 신상마켓이 활성화되자 소매상들은 아예 딜리셔스가 고객에게 제품을 배송해주는 것까지 맡아주기를 원하게 됐다. 풀필먼트 시스템을 동대문에 도입해주길 원하게 된 것이다. 처음엔 전단을 돌려서 디지털 전환을 설득해야 했던 동대문의 분위기가 뒤바뀐 순간이었다.

딜리셔스는 딜리버리라는 동대문 풀필먼트 서비스를 만들었다. 4000평 규모의 거대한 물류센터를 통해 동대문의 물류와 유통을 책임지게 됐다. 이제 동대문 소매상들은 새벽 동대문 도매시장에서 발품을 파는 대신 신상마켓에서 고객에게 팔 신제품을 고른다. 고객의 주문이 들어오면 딜리버리에게 포장과 배송을 맡긴다. 신상마켓과 딜리버리는 이제 동대문에선 없어서는 안 되는 플랫폼이 됐다. 딜리셔스 덕분에 동대문은 주6일제 시장에서 주5일제 시장으로 바뀌어가고 있다. 새벽부터 밤까지 매장 문을 열지 않아도 충분히 매출을 일으킬 수 있게 됐기 때문이다. 신상마켓 덕분에 워라밸을 되찾았다는 상인들이 생겨날 정도다.

딜리셔스는 동대문의 디지털화를 이끌면서 동대문 시장 그 자체가 되어가고 있다

딜리셔스는 김준호 대표가 창업한 회사다. 전단을 돌리면서 동대문의 밑바닥에서부터 8년 만에 딜리셔스의 신상마켓 서비스를 키워냈다. 딜리셔스의 공동대표는 네이버와 쿠팡을 거친 장홍석 대표다. 쿠팡에 J커브를 그리면서 성장하는 과정을 함께했다. 딜리셔스가 신상마켓에서 딜리버리로 확장하는 데 역할을 했다.

딜리셔스는 2022년 하반기부터는 일본 시장 진출을 노리고 있다. 일본엔 동대문 패션 시장 같은 도소매 클러스터가 없다. 소비자도 있고 소매상도 있는데 도매상이 없다는 말이다.

딜리셔스는 일본의 소매상들을 동대문 도매상들과 연결하려 한다.

딜리셔스 덕분에 동대문 시장 상인들은 문을 열지 않아도 충분히 매출을 일으킬 수 있게 됐다

구조는 국제적이지만 원리는 동대문 안에서와 다르지 않다. 소매상들의 주문을 도매상과 연결해주는 일이기 때문이다. 일본의 한류는 딜리셔스에게는 기회다. 일본 MZ세대들도 한국 패션에 대한 관심이 크다.

딜리셔스의 2021년 거래액은 5723억 원이다. 연간 15조 원 정도로 추산되는 동대문 패션 시장 크기에 비하면 아직 시장의 일부일 뿐이다. 그렇지만 딜리셔스는 동대문의 디지털화를 이끌면서 동대문 시장 그 자체가 되어가고 있다. 동대문 카카오톡이라는 별명이 모든 걸 말해준다. 카카오톡이 보통 사람들의 일상에서 필수제가 됐듯이 신상마켓도 동대문 상인들의 일상에서 필수제가 됐다. 소비자의 가려운 곳을 긁어줬기 때문이다. 소비자를 가르치려고 들기보다는 소비자가 귀를 기울이게 만들었기 때문이다. 질문과 공감의 승리다. 물음표와 느낌표의 힘이다.

16

기술력으로 투명한 점술 시장을 만들다
: 천명

천명이 운명이 되다

천명을 들으려면 진인사해야만 한다. 하늘의 뜻을 알려면 인간의 노력부터 들여야 한다. 점술 스타트업 천명의 창업자들이 그렇게 했다. 천명은 점술 전문가와 고객을 연결하는 O2O 플랫폼이다. 고려대학교 재학생이었던 유현재 대표는 스티브 잡스의 연설을 듣고 천명을 느꼈다. 점과 점을 연결하는 것이 기술의 미래이자 창업의 방법이라는 유명한 커넥팅더닷 Connecting the dots 연설이었다. 배달의민족처럼 점조직처럼 흩어져 있는 소상공인과 소비자를 연결하는 서비스 시장이 어디에 있을까 고민했다.

점과 점을 연결하려다 보니 운명처럼 점술 시장이 눈에 들어왔다. 점술 시장에 관해선 아무것도 몰랐지만 시장조사부터 시작했다.

국내 점술 시장 크기는 적게는 2조 원에서 크게는 4조 원 정도로 추산됐다. 워낙 음성화된 부분이 큰 시장이다 보니 정확한 통계는 없었다. 그래서 발로 뛰어야만 했다. 생각보다 드넓고 성장 잠재력도 큰 시장이었다.

유현재 대표는 공동창업자부터 찾았다. 천명처럼 같은 대학교 출신인 전재현 공동대표를 만났다. 이제 개발자를 찾아야만 했다. 멋쟁이 사자처럼을 찾았다. 라이크 라이언LIKE LION은 개발자 교육을 담당하는 글로벌 온라인 코딩 교육 플랫폼이다. 천명과 같은 O2O 플랫폼 서비스를 개발하려면 훌륭한 개발 인력 확보가 필수다. 점술인과 소비자를 매끄럽게 매칭하고 과금하는 기술력이 경쟁력이기 때문이다. 멋쟁이 사자들이 서식하는 세렝게티 평원이 최적이었다. 세렝게티는 멋쟁이 사자가 운영하는 강남 테헤란로의 교육장이다. 유현재와 전재현 공동대표에 권중훈 개발총괄까지 합류했다. 그렇게 천명의 창업자들은 천명을 운명으로 바꿔나가기 시작했다.

천명은 2020년 1월 서비스를 출시했다. 2021년 연간 거래액 52억 원을 달성했다. 회원 수는 17만 명을 넘어섰다. 월 이용자는 40만 명에 달한다. 천명은 분기별 거의 2배씩 성장하고 있다. 말 그대로 J커브를 그리고 있다. 천명은 양질의 점술 전문가 확보에서 해자를 만들어야 한다고 봤다. 쉽게 말해 용한 점술인을 확보하는 게 관건이었다. 원래 점술 시장은 용하다는 입소문에 따라 좌지우지되는 특징이 있다. 문제는 용하다는 입소문을 막상 소비자 입장에선 검증하기가 어렵다는 것이다. 점술가와 소비자 사이에 정보 비대칭이 존재하는 것이다. 소비자는 용하다는 말만 믿고 점술비를 냈다가 자칫 불만족스러운 경험만 하게 된다. 그렇다고 하소연을 할 수도 없다. 소비자 서비스라는 개념 자체가 존재하지 않기 때문이다. 오히려 부적 같은 비싼 물건을 강매당하기도 한다. 천명 창업팀은 점술 시장 이곳저곳을 발로 뛰면서 점

점술 시장 혁신의 핵심은 매칭에 있다

술 시장 혁신의 핵심은 '매칭'에 있다는 사실을 간파했다. 용한 점술인과 소비자라는 점과 점을 제대로 연결해주는 기술력에 성공의 열쇠가 있었다. 그것이 천명의 해자였다.

점술인과 의뢰인을 어떻게 연결할 것인가

천명에서 중시하는 지표 가운데 하나가 점술 선생님 확보 수다. 용하다는 선생님을 확보해서 만족스러운 소비자 경험을 제공하는 것이야말로 고객 확보의 열쇠이기 때문이다. 2022년 4월까지 천명이 확보한 누적 점술 전문가는 800명이 넘는다. 모두가 용한 선생님들만 엄선했다. 천명은 직접 점술가를 인터뷰해서 제휴 제안을 한다. 소비자들도 미리 보내서 점술 서비스에 대한 평가도 받는다. 미슐랭 가이드처럼 블라인드 소비자 평가를 하는 셈이다. 용하다는 정성적 평가를 핵심 평가 지표를 기준으로 정량적 평가로 바꾸는 것이 핵심이다.

이렇게 일단 거르고 엄선한 점술가 데이터베이스를 토대로 매칭 서비스를 한다. 이때 기술이 들어간다. 우선 점술 고객이 원하는 질문을 세분화하는 것이 필요하다. 궁금한 게 애정운인지 사업운인지 직장운인지 구분한다. 애정운도 결혼하고 싶은지 헤어지고 싶은지 세분한다. 사업운도 창업하고 싶은지 동업하고 싶은지 세분한다. 결국 소비자들이 알고 싶어 하는 미래의 운은 사람과 돈이라는 키워드를 중심으로 항목별 분류가 가능해진다.

천명은 2022년 말까지 회원 수 168만 명 확보가 목표다. 2021년에 확보한 회원 수 17만 명의 10배다. 이렇게 스케일업scale-up이 되면 천명에는 세상 사람들이 궁금해하는 미래에 관한 질문들의 빅데이터가 쌓이게 된다.

천명에는 엄선한 점술 전문가의 빅데이터도 있다. 누가 구체적으로 어떤 운세에 용한지 구분할 수 있는 데이터다. 천명은 이렇게 양면 빅데이터를 기반으로 서비스 소비자와 서비스 제공자를 연결하는 알고리즘을 개발했다. 소비자의 나이와 성별, 점술인과의 거리를 기반으로 서로를 연결해준다. 천명의 인공지능 알고리즘은 고객 수가 증가하고 서비스 매칭 기록이 늘어날수록 더욱 똑똑해진다. 머신러닝의 파괴력이다. 결국에는 천명은 용한 점술인을 더욱 용하게 만들 수 있게 된다. 원하는 질문에 필요한 대답을 해줄 확률을 높여주기 때문이다.

용한 점술인을 더욱 용하게 만드는 기술력

천명 애플리케이션에 접속하면 대면 상담과 비대면 상담을 자유롭게 선택할 수 있다. 대표적인 점술 방법인 신점과 사주, 타로 가운데 선택할 수 있다. 인기 있는 점술 전문가의 순위가 실시간으로 공개되기 때문에 소비자가 상위권에서 직접 고를 수도 있다. 전화상담의 경우엔 소비자의 전화번호는 공개되지 않는다. 원하면 상담 내용이 자동 녹음된다. 인공지능을 활용해서 음성상담을 텍스트 변환까지 해준다. 마침 이런 서비스 구성은 코로나 팬데믹과 잘 맞아떨어졌다. 코로나는 점술 시장에도 영향을 미쳤다. 개인 간 밀접 접촉을 피할 수 없는 시장이기 때문이다. 비대면 전환이 필요한 점술 전문가를 확보해야 했다. 게다가 점술 상담을 터부시하는 분위기도 있다. 타로나 사주에 비해 상대적으로 신점을 부담스러워하는 소비자도 있다. 천명은 비대면 전화상담으로 신점을 볼 수 있게 만들었다. 문지방을 낮췄다. 게다가 코로나 팬데믹은 많은 사람에게 미래에 대한 불안감과 우울감을 느끼게 했다.

사실 점술은 혹세무민한다는 나쁜 이미지도 있다. 굿판을 벌인다는 표현엔 늘 좋지 않은 어감이 있다. 천명의 유현재 대표는 "점술은 현대인의 불안감을 줄여주는 긍정적인 부분이 있다"고 강조한다. "우리 민족의 오랜 역사 속에서 심리적 안정을 줬던 의미 있는 문화"라고 설명한다. 점술을 문화의 하나이자 심리상담의 역할로 재정의하면 시장은 양성화되고 커질 수 있다. 해외 점술 시장이 그렇다. 한국의 점술 시장은 현재 2조 원 정도지만 일본은 10조 원 가까이 커진 상태다. 인도는 수십조 원 규모로 본다. 일본의 경우엔 점술 스타트업 자팔라스 Zappallas가 도쿄 증시에 상장까지 됐다. 2021년 매출만 385억 원이다.

국내에서도 천명 이외에도 운칠기삼 같은 점술 스타트업이 선발주자로 나선 상태다. 운칠기삼은 네이버와 카카오를 거친 기획자와 개발자들인 심경진과 김상현 공동창업자가 만든 회사다. 운칠기삼은 사주에 집중한다. 생년월일을 분석하면 2000만 개가 넘는 사주 조합 알고리즘을 통해 자동 분석한다. 2020년엔 일본어 버전을 출시했다. 2021년 9월엔 영어 버전이 나왔다. 이미 이용자가 140만 명이 넘었다. 천명이 O2O 플랫폼이라면 운칠기삼은 사주 AI 서비스라고 할 수 있다. 모바일 운세 앱인 점신도 있다. 누적 다운로드만 1200만 건이 넘는다. 오늘의 운세나 시간대별 운세를 제공한다. 젊은 여성층 소비자를 타깃으로 패션뷰티 사업 진출까지 모색하고 있다.

언제나 미래가 돈이 된다

게다가 MZ세대에게 점술은 재미다. 친구들과 타로점을 보러 가는게 놀이다. 과거에 비해 점술에 대한 허들이 그만큼 낮아졌다는 얘기다. 특히 타로점은 신점이나 사주보다 그날그날의 개별 운세에 집중한다는 점에서 MZ세대에게 인기가 높다. 신문에 실리는 오늘의 운세와 비슷하다. 미국에서 젊은 MZ세대들에게 별자리 운세가 인기가 높은 것과 같은 맥락이다.

미국의 점술 스타트업인 코스타Costa는 나사NASA의 실시간 별자리 데이터를 기반으로 하는 점성술 앱을 개발했다. 미국의 18세에서 25세 사이 여성의 4분의 1이 다운로드했다. 260억 원의 투자를 받았다. 힌두교 기반의 역술 앱인 앱스 포 바랏apps for barratt은 실리콘밸리의 유명 투자사인 세콰이어캐피털로부터 170억 원의 투자를 유치했다.

천명도 알토스벤처스로부터 50억 원의 시리즈A 투자를 받았다.

점술을 문화의 하나이자 심리상담의 역할로 재정의하면 시장은 커질 수 있다

알토스벤처스는 배달의민족에 투자한 것으로 유명한 한국계 미국 벤처캐피털이다.

천명은 점술 시장의 배달의민족이 되는 게 목표다. 천명엔 이미 월 수익 500만 원 이상인 점술 전문가도 등장했다. 이런 입소문이 네트워크 효과를 만들어내면 용하다는 점술가들이 더 모여들 게 될 것이다. 결국 천명이라는 플랫폼이 더 용해진다.

점술 시장은 정보 비대칭성이 커서 레몬 시장화돼 있었다. 레몬 시장답게 부르는 게 값이라 비용 역시 중구난방이었다. 천명은 합리적인 비용을 바탕으로 건강한 점술 시장으로 만드는 게 목표다. 투자자 입장에서 보면 미개발된 만큼 합리화만 된다면 성장 잠재력이 크다는 게 매력이다. 건강한 점술 시장을 통해 고민 없는 행복한 세상을 만드는 게 비전이다. 무엇보다 점술 시장 혁신이 모두의 행복지수를 상승시킬 수 있다는 게 키 포인트다. 배달의민족이 음식을 통해 모두의 행복을 상승시킨 것과 마찬가지다. 결국 소비자들을 행복하게 만드는 비즈니스가 성공한다. 배달의민족은 '우리가 배달의 민족'이라고 외쳤다. 천명은 '우리가 점술의 민족'이라고 외친다. 언제나, 미래가 돈이 된다.

17

다양한 맛으로 MZ세대의
까다로운 입맛을 사로잡다
: 제주맥주

리오프닝주엔 맥주다. 코로나19가 팬데믹에서 엔데믹으로 바뀌자 맥주 시장의 경쟁도 시원하게 달아오르고 있다. 맥주 시장이 집에서 혼술하던 싱글 이코노미 시장에서 술집에서 회식하던 엔터테인먼트 이코노미 시장으로 재전환되고 있기 때문이다. 그런데 이 시장에 제주맥주가 새롭게 도전장을 내밀었다.

제주맥주는 2015년에 창업한 수제맥주 스타트업이다. 2017년 제주시 한림읍에 300만 리터 규모의 제주맥주 양조장을 만들어서 맥주 시장에 명함을 내밀었다. 2017년 8월엔 제주도다운 특성을 강조한 감귤형 맥주인 제주위트에일을 출시했다. 때마침 새로운 맥주 맛에 대한 소비자들의 감성이 눈을 뜨던 시기였다. 늘 식당에서 익숙한 맥주만 마시던 소비자들이 외국의 다양한 맥주 맛을 한국 맥주에도 기대하게 됐다. 이런 트렌드 변화는 특히 MZ세대 소비자들 사이에서 두드러졌다. MZ세대에게 먹고 마시는 건 단순한 음식과 음료 이상이다. 남다른 내 인생을 위한 선물이고 의무다. 제주맥주는 MZ세대 소비자들이 한국 맥주에서 기대했던 그 맛이었다.

한국 수제맥주의 대명사가 되다

제주맥주는 2021년 업계 최초로 코스닥에도 상장했다. 2021년엔

제주맥주는 MZ세대에게 한국 맥주에서 기대했던 그 맛을 선물했다

2000만 리터 생산 설비까지 갖췄다. 제주맥주는 국내 수제맥주 1위다. 수제맥주 시장 점유율은 90%에 달한다. 제주맥주는 한국 수제맥주의 대명사가 됐다. 문제는 수제맥주 시장 크기의 한계다. 제주맥주가 생산하는 수제맥주는 에일 맥주다. 에일 맥주는 색이 짙고 알코올 도수가 높고 보디감이 묵직하다. 10도에서 25도 상온에서 상면발효 시키기 때문이다. 그만큼 효모의 활동이 활발해진다. 이런 에일맥주는 유흥용이라기보다는 혼술용이다. 많이 안 마셔도 적당히 취해서 부담이 없다. 적당한 가격도 부담이 더 없다. 퇴근길에 편의점에서 4캔에 1만 원하는 제주맥주를 사다가 넷플릭스를 보면서 혼자 마시는 1인 라이프 스타일에 최적화돼 있다. 이런 가정용 수제맥주 시장은 분명 성장하는 추세다. 한국 수제맥주 시장의 규모는 2019년 880억 원에서 2021년 2100억 원으로 성장했지만 아직 유흥 맥주 시장을 넘어서기엔 작다. 수제맥주 시장은 국내 전체 맥주 시장의 5% 수준이다. 국내 전체 맥주 시장은 3조 5000억 원 규모다. 비교가 안 된다.

게다가 팬데믹이 끝나면서 수제맥주도 넷플릭스처럼 트렌드에서 밀려나고 있다. 넷플릭스는 2022년 들어서 연달아 어닝쇼크를 기록하면서 글로벌 증시 폭락을 이끌고 있다. 넷플릭스는 대안으로 유튜브 같은 광고가 있는 요금제를 제시하고 있다. 어떤 식으로든 돌파구가 필요한 상황이다.

제주맥주 역시 마찬가지다. 비좁은 수제맥주 시장에만 머물러선 가정에서 다시 유흥으로 트렌드가 바뀐 맥주 시장에서 살아남기 어렵다. 제주맥주가 2022년 5월 16일 여의도 글래드호텔에서 브루잉데이2022 행사를 열고 라거 맥주 시장 진출을 전격 선언한 이유다. 제주맥주는 라거 계열 맥주인 제주라거 프로젝트 001을 출시하겠다고 발표했다.

라거 맥주는 에일 맥주와 여러모로 다르다. 라거 맥주는 하면발효 맥주다. 10도 이하의 저온에서 가라앉는 효모를 이용해서 발효시킨다. 풍미는 가볍다. 청량하다. 목 넘김도 부드럽다. 에일 맥주에 비해 알코올 도수도 낮은 편이다. 쉽게 말해 소맥에 적합하다. 한국 음주 문화에 최적화돼 있는 맥주가 라거 맥주라는 말이다. 맥주 트렌드가 다시 가정에서 유흥으로 바뀌는 시기엔 라거 맥주 시장이 기지개를 켤 수밖에 없다.

그런데 국내 라거 맥주 시장은 사실상 과점 시장이다. 1등은 카스를 앞세운 오비맥주다. 시장 점유율이 52%에 달한다. 2위는 테라를 내세운 하이트진로다. 시장점유율은 26%다. 빅2의 시장 점유율만 더해도 80%에 달한다. 여기에 클라우드를 내세운 롯데칠성도 있다. 롯데칠성의 시장 점유율은 5% 남짓이다. 롯데라는 대기업이 라거 맥주 시장에 도전했는데도 수년째 이렇게 고전하고 있다. 라거 맥주 시장은 습관성 소비 시장이기 때문이다. 유흥 시장은 B2B 시장에 가깝다. 소비자들은 식당이나 주점이 제공하는 맥주를 수동적으로 소비한다. 빅2인 오비맥주와 하이트진로는 오랜 세월 탄탄하게 다져놓은 B2B 유통망이 있다.

제주맥주는 어느덧 제주해녀처럼 제주를 대표하는 고유명사가 됐다

대리점에서 소매점으로 이어지는 유통 경로를 꽉 잡고 있다. 게다가 소비자들도 다른 맥주를 요구하지 않는다면 시장에 비집고 들어갈 틈이 없다. 여기에 제주맥주가 도전장을 내민 셈이다.

　사실 제주맥주는 지금이 무조건 진격해야만 하는 시기다. 제주맥주는 2021년 5월 '테슬라 요건'으로 코스닥에 입성했다. 테슬라 요건이란 이익이 미 실현된 기업이라도 상장을 시켜주는 특례 제도다. 테슬라도 불과 5년 전만 해도 전기차 시장을 꿈꾸는 적자 스타트업일 뿐이었다. 문제는 특혜 요건이다. 테슬라 요건으로 상장된 기업이라도 4년 연속 적자를 내면 관리종목으로 지정된다. 제주맥주는 2015년 창립 이후 내내 적자였다. 2017년 50억 원 수준이었던 영업손실은 2021년엔 72억 원까지 늘어났다. 사실 쿠팡이나 제주맥주 같은 스타트업의 초창기 영업적자는 피할 수 없다. 대신 영업적자를 감수하고 현금을 태우더라도 시장 점유율을 늘려야 한다. 시장 점유율을 늘려서 시장지배적 사업자가 되면 그때부턴 얼마든지 수익 창출 모델을 찾을 수 있다. 이것이 아마존 성공 모델이다.

제주맥주 역시 마케팅비를 태워서 수제맥주 시장 점유율 1등을 차지하는 데 성공했다. 그런데 수제맥주 시장에서 1등을 해도 전체 맥주 시장에서 1등을 못 하면 소용이 없다는 게 함정이었다. 에일 시장에서 1등은 지역구 1등이라면 라거 시장에서 1등은 전국구 1등이다. 게다가 수제맥주 시장에서도 점점 경쟁이 치열해졌다. 특히 브랜드 맥주를 내세운 마케팅 전쟁이 벌어지면서 제주맥주의 현금을 갉아먹었다.

대표적인 브랜드 맥주가 곰표 맥주다. 곰표는 맥주 맛과는 아무런 관련이 없다. 마케팅 요소일 뿐이다. MZ세대는 여러모로 브랜드에 열광한다. 사진 브랜드인 코닥 로고가 붙은 티셔츠에 열광한다. 명품인 구찌나 샤넬에 오픈런open run을 한다. 수제 맥주 시장에서도 이런 트렌드

가 반영됐다. 곰표 맥주가 일종의
굿즈 상품처럼 판매됐다. 자연히
마케팅비가 증가할 수밖에 없다.
제주맥주처럼 맛으로 승부하려는
수제맥주 브랜드에게는 불리한
조건이다.

AOMG 아워에일은 42만 캔 완판에 성공했다

　제주맥주 역시 이런 트렌드에
대응하기 위해 사이먼 도미닉과
협업한 AOMG 아워에일로 대박
을 터트렸다. 맥주 캔 표면에 QR코드를 심어서 음악까지 들어볼 수 있
는 맥주를 만들었다. 2주 만에 42만 캔이나 팔았다. 덕분에 매출은 커
졌지만 남는 건 없었다.

수제맥주계의 나이키가 될 것인가

　제주맥주는 맥주를 제주에서 운반해와야 한다. 다른 맥주 브랜드에
비해 물류 운송비 부담이 크다. 2021년 제주맥주가 지출한 물류 운반
비는 36억 원에 달한다. 같은 해 마케팅비가 26억 원이었다. 곰표 맥주
와 경쟁하고 있는 와중에도 마케팅비보다 물류비를 더 써야만 했다는
뜻이다. 제주맥주가 제주맥주여서 가진 태생적인 약점이다. 2022년 5
월 16일 브루잉데이2022 행사에서 제주맥주 문혁기 대표가 노골적으

문혁기 제주맥주 대표는 제주맥주의 비전을 수제맥주계의 나이키나 애플로 제시한다

로 브랜드 맥주를 굿즈 맥주라고 비판한 배경이다. 문혁기 대표는 "맥주의 본질은 사라지고 굿즈만 남아 어떠한 새로움과 지속성도 없었다"고 지적했다. 제주맥주에 물류비는 맥주 맛을 지키기 위한 투자비다. 반면 마케팅비는 포장비다. 정작 시장의 흐름은 에일 맥주에서 브랜드 맥주로, 다시 라거 맥주로 순환되는 분위기다.

제주맥주의 라거 시장 진출에 대해 시장은 우려 섞인 반응을 보이고 있다. 비전은 있는데 전략이 없다는 우려다. 라거 맥주 시장에 진출해야 한다는 비전은 당위다. 라거 맥주 시장을 어떻게 공략할지는 미지수다. 제주맥주가 선보일 제주라거 001은 알코올 도수 5도 정도다. 네덜란드와 독일산 보리맥아를 쓰고 여기에 미국산 호프펠릿을 더해서 부드러우면서도 청량한 맛을 내려고 한다. 제주맥주 특유의 맛에 대한 집착이 느껴지는 제품이다. 그런데 유통 전략에 대한 해결책이 아직 없다.

라거 시장은 결국 유통 전쟁터다. 만년 2위였던 오비맥주가 하이트진로를 누르고 역전할 수 있었던 것도 유통 경쟁에서 이겼기 때문이었다. 특히 라거 맥주는 신선도가 맛을 결정한다. 유통망을 뚫어내는 것만큼이나 유통 속도를 높이는 게 중요하다. 제주맥주처럼 제주도에서 운송해야만 하는 라거 맥주라면 신선도 문제도 해결해야만 한다. 대리점을 뚫어내고 유통 속도를 높이는 물류망 문제는 돈과 사람 그리고 전문가가 필요한 영역이다.

제주맥주는 프리미엄 전략과 해외 진출도 청사진으로 제시했다. 4캔에 1만 원하는 편의점 맥주가 아니라 병당 2만 원에도 팔리는 고급 맥주를 팔 수만 있다면 제주맥주 수익성을 개선할 수 있다. 과일 향이 가미된 스파클링 맥주나 오크통에서 숙성한 한정판 맥주가 제주맥주의 신병기다.

2022년 5월 12일에는 CJ제일제당과 K맥주 세계화를 위한 전략적 제휴를 맺었다. 제주맥주는 2019년부터 이미 동남아를 비롯한 중국과 일본 그리고 유럽 시장에 진출했다. 문혁기 제주맥주 대표는 제주맥주의 비전을 수제맥주계의 나이키나 애플로 제시한다. 나이키와 애플 모두 레드 오션에서 제품력과 마케팅력으로 해자를 만들고 아성을 구축한 기업들이다. 제주맥주는 수제맥주 시장에서 무에서 유를 창조했다. 라거 시장은 경쟁으로 시장을 쟁탈해야 하는 제로섬 시장이다. 제주맥주가 라거 시장에서 카스와 테라를 시원하게 목넘길 수 있을까.

18

고기를 수학적으로 썰어내는 스타트업

: 정육각

인플레이션에 기술을 걸다

인플레이션이 죽어라 죽어라 한다. 미국 이야기인 줄만 알았다. 이젠 우리나라 이야기다. 이미 전 세계 이야기다. 2022년 7월 발표된 미국소비자물가지수CPI는 무려 9.1%를 기록했다. 1970년대 이른바 '그레이트 인플레이션Great Inflation' 이후 사상 최고치였다. 통계청이 2022년 7월에 발표한 소비자물가 동향에 따르면 한국의 소비자물가지수는 전년 동월 대비 6.3%나 올랐다. 외환위기 당시인 1998년 11월 이후 가장 높은 상승률이었다. 미국과 한국도 물가가 경제 위기 수준으로 높아진 셈이다.

특히 추석은 평범한 서민도 장바구니 물가를 온몸으로 체감하게 했다. 고기를 사도 과일을 사도 가격표에 0이 하나 더 붙어 있었기 때문이다. 특히 농축산물 가격은 무려 7.1%를 기록했다. 소비자원 가격종합포털 참가격에 따르면 삼겹살 가격만 해도 1.7%나 상승했다. 이번 추석은 물가 불안 때문에 고기도 과일도 배불리 못 먹는 한가위였다. 추석 이후도 문제다. 이젠 공산품 가격이 차례차례 오를 판이다. 농심이 라면 가격을 11.3% 올리자 다른 라면 업체들도 평균 9.8%씩 값을 올릴 참이다. 과자값도 음료값도 들썩이고 있다.

이렇게 등골이 휘는 물가 상승세 속에 그나마 숨통을 틔어준 스타트업이 정육각이다. 정육각은 온라인 초신선 축산물 유통 플랫폼이다. 돼지고기를 도축하자마자 판매하는 것으로 유명하다. 고기도 산지 직송이 제일 맛있다. 고기 마니아들은 일부러 도축장까지 찾아가서 삼겹살을 사다 먹는다. 다 싸고 더 맛있기 때문이다. 정육각이 내세운 초신선의 뜻은 결국 산지 직송이라 더 싸고 맛있다는 얘기다. 정육각은 2016년 온라인몰에서 판매를 시작한 이후 삼겹살만 830만 톤을 판매했다. 누적 회원 수는 81만 명이다.

추석을 앞두고 디지털과 모바일 기술을 앞세운 신선식품 유통 플랫폼들은 앞다퉈 할인 경쟁이 벌어졌다. 정육각이 앞장섰다. 정육각은 한우 선물 세트를 최대 7%나 싸게 팔았다. 신선식품 유통 플랫폼으로는 가장 유명한 마켓컬리 역시 최대 10% 얼리버드 쿠폰을 지급했다.

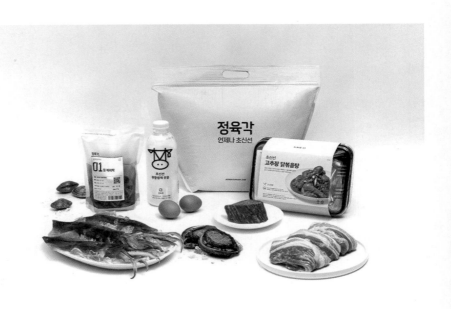

정육각은 고기의 제조부터 유통과 배송까지 모든 걸 도맡는다

오아시스 마켓도 최대 10%였다. 그나마 추석에 고기 한덩이 크게 먹을 수 있었던 건 이렇게 신선식품 유통 플랫폼들이 세일 경쟁을 벌인 덕분이었다. 물가에 기술을 걸었던 셈이다.

정육각의 핵심 기술은 D2C, 다이렉트 투 컨슈머다. 축산물 유통은 농장, 도축장, 육가공 공장, 도매시장, 세절공장, 소매점까지 6단계를 거친다. 하나도 소비자에게 '다이렉트하지 않은' 유통 구조다. 중간 유통 과정을 거치면서 운송비와 유통 마진 때문에 가격은 올라간다. 시간도 걸리기 때문에 냉장·냉동 보관을 거치면서 맛은 떨어진다. 정육각 이전엔 30조 원 규모의 축산물 시장 전체가 너무 당연하다는 듯 이런 구조로 돌아갔다. 정육각은 6단계 유통 구조를 1단계로 줄였다. 정육각은 도매상이면서 소매상이다. 고기의 제조부터 유통과 배송까지 모든 걸 도맡는다. 판매는 정육각 온라인 자사 몰과 모바일 앱을 통해 이뤄진다. 나이키가 도입해서 화제를 모은 D2C를 축산물 유통에 적용한 것이다.

그날 팔 고기를 그날 팔릴 만큼만 썰다

정육각의 기술은 더 있다. 정육각은 자동 발주 시스템을 개발했다. 쉽게 말해 그날 팔 고기를 그날 팔릴 만큼만 썰어놓는 기술이다. 재고가 남지 않도록 주문량과 재고량, 작업분을 일치시키는 것이다. 그러려면 고객의 수요 예측이 필수다.

정육각엔 2016년부터 매일매일 800만 톤이 넘는 삼겹살을 썰면서 쌓아온 빅데이터가 있다. 이걸 바탕으로 인공지능을 이용해서 수요 예측 알고리즘을 만들었다. 추석 시즌에 고기가 얼마나 팔릴지 정육각은 어느 정도는 알고 있다. 예측만 하는 게 아니다. 모객도 한다. 정육각은 도축하고 사흘 안에 고기를 배송해준다. 전국 각지의 삼겹살 수요를 모아서 한꺼번에 도축해서 즉시 배송해주는 방식이다. 물론 이게 가능하려면 한 가지 기술이 더 필요하다. 한꺼번에 많은 물량을 가공해서 배송할 수 있는 자동화된 스마트팩토리다. 정육각은 김포와 성남에 스마트팩토리를 운영하고 있다.

정육각은 고기를 수학적으로 썰어내는 스타트업이다. 그럴 수밖에 없다. 창업자인 김재연 대표는 카이스트에서 응용수학을 전공했다. 고기 요리사나 고기 유통 전문가 출신이 아니다. 단지 돼지고기 덕후였다. 카이스트 졸업을 앞둔 2016년에 우연히 돼지고기 도축장을 찾았다. 여느 고기 마니아들처럼 산지 직송의 맛을 즐기고 싶어서였다. 도축장에서 무려 20킬로그램의 돼지고기를 사 왔다. 혼자는 다 먹을 수 없어서 주변에 나눠줬다. 그런데 반응이 너무 좋았다. 이제까지 먹어본 돼지고기와는 차원이 다른 초신선한 맛이라는 반응들이었다. 일종의 시장조사를 했던 셈이다.

당시 김재연 대표는 유학을 준비하고 있었다. 그렇지만 더 큰 열정은 역시 창업에 있었다. 대학 시절엔 자연어 처리 프로그램을 개발한 적도 있었다. 잘 되진 않았다. 기술적 문제를 기술로 풀어보려는 시도였다. 시장은 좁고 해법은 난해했다. 반면에 고기 시장은 달랐다. 무려 30조 원 규모의 문제를 기술로 풀어낸다면 훨씬 맛깔난 일이 될 터였다.

정육각은 고기를 수학적으로 썰어내는 스타트업이다

프로덕트 마켓 핏을 한 번에 찾다

김재연 대표는 친구들과 함께 도축장 근처 허름한 아파트에서 창업을 했다. 군대 동기가 상품 개발을 맡고, 대학 후배가 개발을 담당하고, 대기업에서 온라인 신사업을 담당했던 지인이 마케팅을 책임지는 구조였다. 처음엔 홈페이지도 없었다. 네이버 농축산물 직거래 카페를 통해 고기를 팔았다. 반응이 폭발적이었다. 유학 가기 전에 시간 때우기로 하기엔 너무 정확하고 너무 빠르게 프로덕트 마켓 핏을 찾아버린 셈이었다.

대부분의 스타트업이 시장이 원하는 딱 맞는 제품을 찾아내기 위해 수년 이상을 소모한다. 끝내 프로덕트 마켓 핏을 찾지 못한 채 사라지는 스타트업도 많다. 모든 스타트업은 가설에서 출발한다. 어떤 제품을 시장이 원할 것이라는 가정법이다. 어긋나는 경우가 더 많다. 토스의 이승건 대표 역시 8번의 가설이 실패하고 9번째에 무료 송금 서비스라는 프로덕트 마켓 핏을 찾아냈다. 그런데 정육각의 김재연 대표는 단박에 마켓 핏을 찾아냈다. 대단한 행운이다.

정육각은 2022년 3월 16일 초록마을을 인수했다. 초록마을은 대상그룹의 유기농 유통 계열사다. 정육각은 초록마을의 지분 99.57%를 900억 원에 인수했다. 스타트업이 대기업 계열사를 인수한 것이다. 2022년 2월 세탁 서비스 런드리고를 운영하는 의식주컴퍼니는 아워홈의 호텔 세탁공장인 크린누리 사업을 인수했다. 부동산 스타트업 직방도 삼성SDS의 홈IoT 부문을 인수했다. 스타트업과 대기업의 인수합병 거래는 속도와 투자 때문이다. 스타트업은 성장의 속도와 투자의 모멘텀이 필요하다. 반면에 대기업은 사업과 인력의 구조조정이 필요하다. 정육각의 초록마을 인수 역시 다르지 않다.

유통 플랫폼 경쟁은 속도전이다

정육각의 서비스 지역은 서울과 경기도에 집중돼 있다. 2000만 명 가까운 인구가 밀집한 수도권에 집중하는 건 정육각뿐만 아니라 경쟁 신선식품 유통 플랫폼들의 공통점이다. 그렇다고 지역권을 포기해선 절대 안 된다. 유통 플랫폼 경쟁은 결국 속도전이기 때문이다. 일단 특정 제품 카테고리에서 1등을 차지해야만 한다. 단지 업계 1등이어선 안 된다. 소비자들도 해당 플랫폼을 1등으로 인식해야만 한다. 소비자들은 아주 작은 가격 차이와 품질 차이만으로도 쉽게 플랫폼을 갈아탄다. 로열티가 없다. 그나마 버티컬 시장에서 1등으로 각인돼야 소비자들의 습관적 선택을 받을 수 있다. 처음엔 가격 차이나 품질 차이에 예민하던 소비자들도 압도적 1등 플랫폼에는 충성도를 보이기 때문이다. 물론 1등도 1등을 유지하려면 더 많은 할인과 더 좋은 서비스를 지속해서 제공해줘야 한다. 그래서 플랫폼 전쟁은 무한 출혈 경쟁으로 이어지곤 한다. 1등이 되는 데도 출혈이 필요하다. 1등을 유지하는 데도 출혈이 필요하다.

일단 1등이 되려면 관건은 속도다. 특정 제품군에서 경쟁자들이 쫓아오기 전에 아성을 구축해야만 하기 때문이다. 신선식품의 수산물 시장에선 은하교주해적단이 그랬고, 축산물 시장에선 정육각이 그랬다. 둘 다 남보다 먼저 출발해서 남보다 빨리 확장했다.

제품군 다음에는 지역군이다. 서울과 경기 이외에 부산이나 광주 같은 대도시들을 경쟁자보다 누가 먼저 장악하느냐가 승부처다. 정육각이 초록마을을 인수한 이유다. 초록마을은 전국에 400개 오프라인 매장을 갖고 있다. 정육각 입장에선 전국 단위 유통망을 순식간에 확보할 수 있다. 게다가 각각의 매장들은 일종의 도심 물류 거점 역할을 할 수도 있다. 올리브영이 도심 점포를 매일 배송의 거점으로 삼았던 것처럼 말이다. 라스트마일 서비스다.

정육각은 온라인에만 특화돼 성장해왔다. 소비자들은 신선식품을 직접 만져보고 확인하고 사려는 경향이 있다. 어머니들이 장을 보는 방식이다. 온라인은 편리하지만 신선식품 확장에는 한계가 있다. 초록마을 인수를 통해 온오프라인 통합 플랫폼으로 도약할 수 있다. 바로 이것 때문에 초록마을 인수전에는 정육각 이외에도 마켓컬리와 이마트에브리데이가 달려들었다. 정작 인수전은 처음부터 정육각이 유리했다. 마켓컬리나 이마트에 비해 지명도는 떨어졌지만 초록마을의 현황과 발전 전략을 정확하게 마련해왔기 때문이다. 대상그룹 측도 처음부터 정육각을 유력한 인수 후보로 꼽았다. 고기는 역시 채소에 싸 먹어야 제맛이다.

정육각은 초록마을 인수로 시리즈D 추가 투자의 모멘텀도 마련했다. 정육각 시리즈C 투자에 참여했던 스톤브릿지벤처스 등의 투자자들이 초록마을 인수 자금도 수혈했기 때문이다. 당연히 시리즈D 투자에도 참여할 가능성이 크다.

빠르고 편리하게

당일·새벽 배송

<	장바구니	

⏱ 지금 주문하면 오늘 저녁 도착!

	초신선 돼지 삼겹살 구이용 보통(16mm) 16,800원/600g	🗑	1 ▾
	초신선 등심 돈까스 9,800원/770g	🗑	1 ▾
	초신선 무향생제 우유 3,600원/900ml	🗑	1 ▾

주문하기

유통 플랫폼은 '더 싼 값에 더 빨리'가 경쟁력이다

정육각은 조만간 농산물 직거래 앱 직샵도 선보일 예정이다. 고기 판매 기술인 D2C를 다른 농산물에도 적용한 서비스다. 네이버가 전략적 투자자로서 100억 원을 투자했다.

신선식품 유통 경쟁은 치킨게임에 가까운 출혈 경쟁이다. 소비자들에게 더 싼 값에, 더 빨리 상품을 공급하려면 적자가 불가피하다. 첫 구매 100원 마케팅은 두말할 것도 없는 출혈 경쟁이다. 이걸 견디면서 경쟁자들을 물리치고 지배적 사업자가 돼야 승리할 수 있다. 그때까지 투자를 계속 받을 수 있느냐가 관건이다. 최근 170억 원 이상의 투자를 끌어냈던 수산물 유통 플랫폼이 사실상 사업을 접었다. 추가 자금 조달에 실패하면서 런웨이가 끝났기 때문이다. 인플레이션과 고금리 시대로 접어들면서 스타트업 투자에도 겨울이 왔다. 가입자가 늘어나고 거래가 늘어나고 추가 투자가 이뤄지는 선순환 고리가 끊긴 탓이다. 계획된 적자는 계획된 투자가 있어야만 지속 가능하다. 정육각의 고기 전쟁은 이제부터다.

반려동물 시장은 과연 블루오션이 될 수 있을까
- GS리테일의 도전

동물적 감각이었다. 2017년 GS리테일은 GWS 행사에 펫 스타트업 10곳을 초청했다. GWS는 GS리테일이 스타트업과 대기업을 연결하기 위해 마련한 오픈 이노베이션 행사다. Grow with GS여서 GWS다. 매년 다른 주제로 열린다. 인공지능일 수도 있고, 소셜 임팩트social impact일 수도 있다.

여러 주제 가운데 반려동물 관련 스타트업들을 모은 건 GS그룹 허태수 회장과 GS리테일 허연수 부회장의 선택이었다. 반려동물 시장의 성장 가능성을 봤기 때문이었다. 동물적 사업 감각이었다. 여기에 GS리테일 조직의 동물적 운동 신경도 한몫했다. 국내 펫 시장의 주요한 스타트업들을 모두 한자리에 불러모으는 데 성공했다. 그중에는 국내 반려동물 쇼핑몰 1위인 펫프렌즈도 있었다. GS리테일이 2017년 GWS를 계기로 투자했다가 아예 인수까지 한 스타트업이다. GS리테일은 동물적 후각도 발휘했다. GS리테일의 기업벤처투자를 담당하는 CVC 조직은 국내 반려동물 산업의 가치사슬 지도를 만들었다. 이름하여 '반려동물의 요람에서 무덤까지'였다. 반려동물의 생애주기에 맞춰서 모든 과정을 케어할 수 있는 생애주기 스타트업을 발굴하기 시작했다.

GS리테일의 반려동물 투자는 전방위적이고 공격적이었다. 사료부터 용품과 스마트 가전기기, 펫시터 예약 그리고 마지막 장례 사업까지 가치 사슬을 GS리테일이 이어줬다. 커머스는 펫프렌즈와 어바웃펫이 있다. 사료 브랜드는 펫픽이 있다. 용품 브랜드는 펫명이 있다. 반려동물 스마트기기는 바램시스템이 있다. 펫시터 예약 플랫폼은 도그메이트가 있다. 펫장례는 21그램이

GS리테일은 반려동물 투자는 전방위적이고 공격적이다

있다. 여기에 GS리테일은 카카오모빌리티와 펫 택시 사업 진출도 선언했다. GS리테일은 카카오모빌리티에 650억 원을 투자했다. 그렇게 GS리테일은 국내 반려동물 산업의 최대 반려자가 됐다.

조각 하나가 부족했다. 2020년 기준 국내 반려동물 양육 가구 수는 638만 가구 정도다. 전체 2304만 가구 가운데 27.7%에 해당한다. 4가구 가운데 1가구가 반려견이든 반려묘든 반려동물을 키우고 있다는 얘기다. 2018년엔 511만 가구였다. 2019년엔 591만 가구였다. 당연히 반려동물 개체 수도 매우 빠르게 증가하고 있다. 2021년 1115만 마리였던 개체수는 2026년에는 1520만 마리에 달할 것으로 전망된다. 반려동물 시장은 2027년까지 6조 원 규모까지 성장할 것으로 보인다. 이렇게 반려 가구와 반려동물이 빠르게 증가하고 있지만, 관련 데이터를 축적할 수 있는 곳이 없다. 반려동물은 말을 할 수가 없다. 설문조사가 불가능하다. 인간 주인과 집사들은 반려동물 시장의 소비자지만 반려동물에 관한 정보를 꼼꼼하게 기록하지는 않는다. 산업이 되려면 시장 추세를 예측할 수 있는 빅데이터가 필요하다. GS리테일은 반려동물 의료 서비스에 주목했다. 반려동물이 아프면 무조건 데려갈 수밖에 없는 곳이 동물병원이기 때문이다.

아이엠디티는 동물병원들을 대상으로 경영지원을 해주는 스타트업이다. 현재 전국 57개 동물병원을 대상으로 노무·세무 업무와 브랜딩 그리고 CS 업무를 지원해주는 벳아너스라는 서비스를 운영하고 있다. 인간 병원에서도 병원경영지원회사를 뜻하는 MSO는 각광받는 비즈니스다. 의사들은 의료인이지 경영자가 아니기 때문이다. 개업의들이 의료행위에만 집중할 수 있도록 MSO가 돕는다. 아이엠디티는 동물병원에도 인간 병원의 MSO를 도입했다. GS리테일은 아이엠디티를 통해 반려동물 관련 각종 데이터를 수집할 수 있다는 점에 주목했다. 동물들의 의료기록뿐만이 아니다. 펫 시장에서 가장 큰 비중을 차지하는 사료에 관한 빅데이터도 축적할 수 있다. 반려동물이 무엇을 먹는지가 의료 데이터 가운데 하나일 수밖에 없기 때문이다.

GS리테일은 아이엠디티에 25억 원을 투자했다. 아이엠디티는 시리즈A 투자로 IMM프라이빗에쿼티와 한화손해보험으로부터 총 75억 원을 투자 유치했다. 아이엠디티가 전국 동물병원에 대한 시장 점유율을 높이고 클라우드 기반으로 동물 전자의료기록을 관리하는 시스템을 구축하게 되면 반려동물에 대한 빅데이터가 쌓이게 된다. GS리테일이 구축하고 있는 반려동물 생태계에서 이런 빅데이터는 곧 돈줄이다.

21그램은 GS리테일이 투자한 반려동물 스타트업 중 하나다. 반려동물의 장례 서비스를 제공한다. 의료 빅데이터가 있다면 21그램은 향후 장례 비즈니스의 시장 추세를 전망할 수 있다. 매년 얼마나 많은 동물이 무지개다리를 건너는지, 어떤 질병을 앓고 있는지 알 수 있게 되기 때문이다. 그래서 아이엠디티의 성장에 GS리테일의 반려동물 생태계의 성장이 달려 있다고까지 할 수 있다.

현재 GS리테일의 반려동물 생태계에서 가장 주목받고 있는 스타트업은 펫프렌즈다.

GS리테일이 투자한 반려동물 장례 서비스 스타트업 21그램

GS리테일은 2021년 7월 IMM파트너스와 펫프렌즈의 지분 95%를 아예 인수해버렸다. 이때 펫프렌즈의 기업 가치는 1500억 원을 인정받았다. 펫프렌즈의 장점은 빠른 배송이다. 게다가 24시간 상담도 해준다. 펫프렌즈의 매출은 2018년엔 30억 원에서 2020년엔 314억 원으로 2년 만에 10배 이상 증가했다.

펫프렌즈가 반려동물 시장의 쿠팡이라면 어바웃펫은 반려동물 시장의 마켓컬리다. 어바웃펫은 프리미엄 이커머스 플랫폼으로 자리 잡고 있다. 어바웃펫은 2021년 말엔 반려동물 관련 정기구독 서비스인 펫띵도 인수했다. 어바웃펫은 네이버로부터 100억 원의 투자를 이끌어냈다. 네이버 커머스에 입정한 네이버 어바웃펫몰이 인기를 끌었기 때문이다. AI를 기반으로 반려동물 제품을 추천해서 클릭 수를 4배 이상 증가시켰다. 어바웃펫은 「TV동물농장」의 MC 신동엽과 함께 오리지널 콘텐츠도 제작했다. 특히 어바웃펫에는 MZ세대 고객들이 많다. 1인 가구가 많고 반려동물에게 돈을 아끼지 않는 헤비 유저들이다. 사람과 동물이 같이 먹을 수 있는 휴먼그레이드 반려동물 사료나 비유전자 변형 상품처럼 값비싼 프리미엄 상품이 매출 상위에 올라 있다. 최근엔 반려동물 영양제도 인기다.

문제는 이들 반려동물 스타트업들이 아직 매출에 비해 대부분 적자라는 사실이다. 특히 반려동물 시장에서 가장 큰 비중을 차지하는 사료는 로열캐닌Royal Canin 같은 해외 브랜드의 시장 점유율이 70%가 넘는다. GS리테일 반려동물 생태계에도 펫픽 같은 사료 관련 스타트업이 있다. 펫픽은 맞춤형 사료 스타트업이다. 시장 전망도 좋고 매출 성장세도 좋으면 적자는 어느 정도는 감수할 수 있다.

진짜 문제는 GS리테일 생태계를 뒷받침하는 본가 GS리테일의 실적이 부진하다는 데 있다. GS리테일은 2021년 매출 9조 7657원을 기록했다. 전년 동기 대비 10.2% 증가했다. 반면에 영업이익은 2083억 원으로 전년 동기 대비 17.5%나 감소했다. 원인은 주력 비즈니스인 편의점과 홈쇼핑이 부진했기 때문이다.

GS리테일은 2020년 GS홈쇼핑을 합병했다. 오프라인 편의점과 온라인 쇼핑몰을 하나로 합쳐서 온오프라인 유통 기업으로 거듭났다. 당초 전략은 온라인과 오프라인이 상호 보완적인 사업으로 자생하는 것이었다. 2021년에는 둘 다 안 좋았다. 편의점은 코로나의 직격탄을 맞았다. 매출은 1조 8222억 원으로 5.5% 증가했지만 영업이익은 316억 원으로 전년 동기 대비 5.8%나 감소했다. 홈쇼핑은 더 안 좋았다. 매출은 1조 2270억 원으로 전년 대비 200억 원 정도 늘었지만 영업이익은 1359억 원으로 13.9%나 감소했다. 홈쇼핑은 2020년만 해도 코로나19로 인한 언택트 소비의 수혜를 봤다. 2021년엔 오히려 코로나로 인한 언택트 소비가 TV홈쇼핑보다 디지털 이커머스에 집중되면서 타격을 입었다. 무엇보다 매년 15% 상승하는 TV 송출 수수료가 GS홈쇼핑을 비롯한 홈쇼핑 회사들의 발목을 잡고 있다. 물건은 안 팔리는데 자릿세만 늘어나고 있는 셈이다. 홈쇼핑 1위 CJ온스타일만 해도 영업이익이 34% 가까이 줄었다. 홈쇼핑 업체들은 가상인간 쇼호스트를 내세워서 출연료를 낮추고 디지털 플랫폼 영향력을 높여서 탈 TV를 시도하면서 탈출구를 모색하고 있다. 이렇게 GS리테일은 현재 실적 부진에 시달리고 있다. 그나마 GS리테일의 사업 부문 가운데 선방한 곳은 호텔 사업부 정도다. 역시 코로나19로 인한 호캉스 영향이 컸다.

GS리테일이 동물 생태계를 조성하는 동안 GS리테일은 사람 생태계가 불안해진 셈이다. 무엇보다 국내외에서 반려동물 시장에 진출한 기업들은 모두 애를 먹고 있다. 시장은 커질 거란 사실을 모두가 알고 있다. 다만 얼마나 걸릴지는 확신하지 못하는 분위기다.

GS리테일만큼이나 반려동물 시장에 진심이었던 신세계의 경우엔 주력 브랜드인 몰리스펫샵의 매장 수를 2018년 36개에서 2021년 28개로 줄였다. 계속되는 영업손실 탓이다. 대신 이마트 안으로 오프라인 매장을 옮기고 몰리스쓱닷컴처럼 온라인으로 만들어서 브랜드를 이어가려는 전략이다. 몰리는 신세계 정용진 부회장의 반려견이다. 해외에서도 반려동물계의 아마존이라고 불리는 츄이의 주가가 최근 고점 대비 반토막이 났다. 최근 기술주 폭락세의 영향도 크지만 그중에서도 츄이가 실적으로 실력을 입증하지 못한 거품주 가운데 하나로 평가받았기 때문이다. 츄이는 2021년 매출 889만 달러를 기록했지만 수년째 적자 행진을 계속하고 있다. 덕분에 츄이의 시가총액은 2021년 8월 400억 달러에서 2022년 6월 현재 120억 달러로 추락한 상태다. 반려동물 시장 성장에 대한 기대감이 성장 속도에 대한 실망으로 바뀌고 있는 것이다.

GS리테일도 이런 흐름에서 결코 자유롭지 못하다. GS리테일이 조성하고 있는 반려동물 생태계는 결국 빛을 발할 수밖에 없다. 반려 인구도 반려동물도 빠르게 증가하고 있기 때문이다. 문제는 속도다. 시장 성장의 속도를 기업 성장의 속도가 맞추지 못하면 애써 구축해놓은 반려동물 가치사슬도 끊어질 수 있다. 장차 GS편의점과 GS홈쇼핑과의 시너지를 기대하려면 일단 편의점과 홈쇼핑에서도 돌파구를 찾아야 한다. 그래야 GS 동물 생태계도 성장한다. 인간이 행복해야 동물로 편안한 법이다. 멍냥 GS리테일의 숙제다.

Think

Think

Think

Think

Th!nk

4장

Scale up

: 브랜드 레벨을 끌어올린 탑티어의 비밀

"중요하다고 생각되는 게 있으면 시도해야 한다.
그것이 실패의 가능성이 있더라도."
— 일론 머스크

정신 상담 커뮤니티에서
디지털 치료제 개발을 꿈꾸다
: 마인드카페

국내 디지털 헬스케어 1인자

의사는 우울증이 있는 환자에게 디지털 치료제 처방을 내린다. 환자는 디지털 치료제 처방전을 들고 약국에 간다. 약국은 디지털 치료제 처방전에 따라 디지털 치료제를 문자로 환자의 모바일 디바이스에 보낸다. 집에 돌아간 환자는 처방전에 따라 디지털 치료제를 이용한 우울증 치료를 한다. 우울증 디지털 치료제는 다양한 프로그램으로 구성될 수 있다. 인공지능 챗봇과의 심리상담부터 몸으로 따라 하는 운동요법과 ASMR 같은 명상 음악까지 여러 치료법이 복합돼 있다. 분명한건 디지털 치료제도 미국 식품의약국 FDA와 한국 식약처 같은 공신

력 있는 의료기관의 인증을 거친 엄연한 의약품이라는 사실이다. 임상 실험을 통해 우울증 치료에 효능이 있다는 사실이 입증됐다는 의미다. 의사가 처방하고 약국이 판매하는 다른 약들과 다를 바가 없다.

회원 수 100만 명을 자랑하는 국내 최대 비대면 정신건강 플랫폼 마인드카페의 목표는 디지털 치료제 개발이다. 마인드카페를 운영하는 아토머스는 이런 비전으로 최근 2022년 2월 시리즈B 투자를 끌어냈다. 마인드카페는 불과 2개월 동안의 펀드레이징으로 200억 원을 확보했다. 국내 디지털 헬스케어 역사상 최대 규모다. 기존 투자사인 GC녹십자홀딩스와 인사이트에쿼티파트너스뿐만 아니라 새로운 투자자인 해시드와 삼성넥스트와 케이투인베스트먼트, 이앤인베스트먼트가 참여했다. 마인드카페는 지표상으로도 투자에 적격이다. 최근 2년 동안 매출액이 연평균 400%씩 성장했다. 2021년 상반기 매출액은 전년 대비 1000% 이상 늘어났다. 사용자 수와 월간활성이용자, 평균체류시간에서도 탁월하다. 게다가 디지털 치료제라는 비전까지 있다.

마인드카페는 2015년 익명 정신건강 커뮤니티로 출발했다. 이용자들은 익명으로 심리적 고민을 올리고 전문가들의 조언을 얻을 수 있었다. 마인드카페는 커뮤니티가 플랫폼으로 진화하는 정석 코스를 밟았다. 심리상담 수요자와 심리상담 공급자를 연결하는 플랫폼 사업체가 됐다. 이용자는 마인드카페에 사연을 올릴 수 있다. 고민 사연과 응원 사연과 자유 사연까지 세 종류다. 당연히 익명이다. 댓글로 다른 이

국내 헬스케어 1인자 마인드카페

용자들의 도움도 받을 수 있다. 핵심은 이용자가 마인드카페에 등록된 전문 심리상담사를 골라서 전화나 채팅으로 상담을 받을 수 있게 해주는 기능이다. 마인드카페는 2019년부터 유료 심리상담사를 연결해주는 플랫폼 서비스를 론칭했고, 비즈니스가 급성장하기 시작했다. 이른바 프로덕트 마켓 핏을 찾은 것이다.

그런데 마인드카페는 여기에서 멈추지 않았다. 인공지능과 디지털 치료제라는 바이오 테크 분야로 사업을 확장하기 시작했다. 정신 상담 분야에서 인공지능은 점점 중요성이 커지고 있다. 인공지능 챗봇을 이용해서 환자에 대한 초진이 가능하기 때문이다. 환자의 숫자에 비해 전문상담사의 숫자가 적을 수밖에 없다. 마인드카페만 해도 회원 수는 100만 명이지만 등록된 전문 상담사는 250명 안팎이다. 인공지능은 이런 수요와 공급의 불균형을 해소해줄 수 있다. 인공지능 챗봇과의 기본적인 대화를 통해서도 우울증이나 불안장애 같은 정신적 문제들의 중증 여부를 판가름할 수 있기 때문이다. 마인드카페는 이미 인공지능 챗봇 로니를 이용한 상담 서비스를 제공하고 있다.

온라인 비대면 정신 상담 시장은 코로나19 팬데믹을 거치면서 급성장했다. 코로나 블루 때문이었다. 특히 통계적으론 2030 우울증 환자들이 급증했다. 20대의 절반 이상과 30대의 3분의 1 이상이 코로나 블루를 호소했을 정도다. 이건 전 세계적으로 디지털 헬스케어 시장의 성장을 촉진했다. 자연히 마인드카페 같은 디지털 헬스케어 스타트업의 회원 수도 증가할 수밖에 없었다.

시장조사업체 CB인사이트에 따르면, 2021년 한 해 동안 디지털 헬스케어 스타트업에 투자된 금액은 55억 달러에 달한다. 2020년 23억 달러에 비해 2배 가까이 증가한 수치다. 투자 건수도 2015년 90건에서 2021년 324건으로 증가했다. 이렇게 투자금이 몰리면서 2021년 한 해 동안 유니콘으로 성장한 디지털 헬스 케어 스타트업은 10곳 이상이 됐다. 2022년 초 마인드카페의 시리즈B에 투자금이 몰린 건 전 세계적인 트렌드란 뜻이다.

사실 코로나19와 상관없이 한국은 정신적으로 문제가 많은 사회다.

온라인을 넘어 오프라인까지 힐링의 영역을 확장했다

디지털 헬스케어 시장의 잠재력이 매우 크다는 얘기가 된다. 한국은 OECD 국가 가운데 부동의 자살률 1위다. 보건복지부가 내놓은 2021년 정신건강실태보고서에 따르면, 성인 4명 가운데 1명이 최소 1번 이상 우울증과 불안증 장애를 겪었다. 더 큰 문제는 실제로 치료를 받는 경우는 12.1%에 불과하다는 사실이다. 정신적으로 아픈 사람 10명 중 1명 정도만 실제 치료를 받는다. 정신건강 치료 서비스의 진입 장벽이 지나치게 높기 때문이다. 비대면 익명 온라인 치료를 기반으로 하는 마인드카페는 당연히 치료 장벽이 낮다. 마인드카페에 100만 명이 넘는 사람들이 몰려든 이유다.

마인드카페 성장의 또 다른 이유

마인드카페의 성장에는 또 다른 이유도 있다. 직원들에게 심리상담 서비스를 제공하는 기업들이 늘어나고 있기 때문이다. 기업들은 대부분 근로자 지원 프로그램, 즉 EAP 프로그램을 운영하고 있다. 물론 멘털 케어 프로그램도 있다. 이용률은 5%도 채 안 된다. 누구도 직장에서 정신적으로 문제가 있다는 사실을 드러내고 싶어 하지 않는다. 그런데 최근 들어서 기업들은 근로자의 정신건강 관리야 말로 업무 효율과 직결된다는 사실을 깨닫기 시작했다. 컨설팅 기업 머서Mercer에 따르면, 멘털 케어를 받은 직원이 반대의 경우보다 회사에 머물 가능성이 42%나 큰 것으로 나타났다. 마인드카페는 이 지점을 파고들었다.

마인드카페가 운영 중인 전문 심리케어센터

    마인드카페를 통한 직원 심리상담 서비스를 처음 시작한 기업은 네오위즈였다. 녹십자, 샌드박스, 신한금융투자, 한화생명, 신한생명, 매쉬코리아, 제니엘 같은 기업들과 서울시 같은 지자체가 뒤를 이었다. 결과는 대성공이었다. 실제로 마인드카페를 경험한 근로자의 생산성은 36% 증가했고 불안 증세로 인한 업무 시간 손실은 50% 감소했다는 결과가 나왔기 때문이다.

    해외 디지털 헬스케어 스타트업들도 기업을 대상으로한 심리상담 시장을 공략하고 있다. 글로벌 회계법인 어니스트영은 2021년부터 디지털 헬스케어 스타트업 라이라헬스Lyra Health의 서비스를 이용하고 있다. 라이라헬스는 기업 가치만 58억 달러에 달하는 유니콘이다. 라이라헬스는 인공지능을 이용한 전문 상담사 매칭 서비스를 제공한다. 이베이도 라이라헬스의 고객이다. 또 다른 유니콘인 스프링헬스 Springhealth는 150여 개 글로벌 기업의 직원 200만 명에게 명상과 온라인 인지행동치료나 상담 같은 멘털 헬스 프로그램을 제공한다. 특히 이런 상담 서비스는 MZ세대 직원들에게 인기가 높다. MZ세대는 퇴사율이 높은 편이다. 비영리기구 마인드셰어파트너스에 따르면, 밀레니얼 세대의 68%와 Z세대의 81%가 정신적 스트레스 때문에 퇴사를 결심하게 됐다고 밝혔다. 인재를 유치하고 유지하기 위해서라도 기업들에게 디지털 헬스케어 서비스는 점점 선택이 아니라 필수가 되어 가고 있다. 가장 흔한 퇴사 사유 중 하나인 번아웃 증후군을 막기 위해서라도 필수다.

미래 기술 시장을 지배할 트렌드

그렇지만 결국 디지털 헬스케어 시장의 격전지는 디지털 치료제다. 디지털 치료제는 IT와 BT(생명공학)biotechnologie의 교차로다. 디지털 치료제는 3세대 약물로 분류된다. 1세대 치료제는 저분자 화학물이다. 2세대 치료제는 생물제제다. 3세대 치료제는 소프트웨어다. 한국의 식약처는 디지털 치료제를 정확하게 디지털 치료기기로 분류한다. 일반

의약품과 마찬가지로 디지털 치료기기 역시 명확한 임상시험을 거쳐서 안정성과 치료성이 확보돼야만 허가된다. 일반 치료제는 1상과 2상, 3상의 임상시험을 거친다. 디지털 치료제는 탐색적 임상과 확증적 임상이라는 2단계를 거친다. 탐색적 임상은 치료제 자체의 효능을 입증하는 단계다. 확증적 임상은 대중적으로 치료제가 필요한지 아닌지를 확인해서 허가를 결정하는 단계다. 미국 FDA가 만든 가이드라인을 식약처도 벤치마크했다. 2단계의 임상시험은 2년 이상의 시간이 소요된다. 디지털 치료제는 현재 보험 적용 여부 등을 놓고 논의 중인 상태다. 제품과 제도가 동시에 만들어지고 있는 셈이다.

국내에서도 바이오테크 기업들이 디지털 치료제에 투자를 계속하고 있다. 삼성전자 사내벤처 프로그램인 C랩은 불면증 디지털 치료제로

디지털 치료제는 미래 IT 시장을 지배할 트렌드다

임상시험 승인을 받았다. IMM인베스트먼트로부터 50억 원의 투자도 받았다. 알츠하이머 디지털 치료제를 개발하는 로완은 이미 슈퍼브레인 이라는 치료제를 개발한 상태다. 3년 동안 임상시험을 계속하고 있다. 마인드카페는 우울증 디지털 치료제를 연구개발하고 있다. 200억 원의 시리즈B 투자금이 총알이다. 시판에 성공한다면 우울증 치료에 획을 긋 는 혁신이 될 수 있다. 국내 디지털 헬스케어 시장의 변곡점이다.

「파이낸셜타임즈」나 아크인베스트먼트 같은 글로벌 미디어와 투자 사들은 미래 테크놀로지 시장을 지배할 트렌드 가운데 하나로 디지털 멘털 헬스 케어를 꼽는다. 이른바 리커버리 테크recovery-tech다.

정신적 회복을 도와주는 디지털 기술이야말로 미래 테크놀로지의 키워드다. 마인드카페는 분명 그 중심에 서 있다. 이젠 사장님이 직원 들의 마음마저 치료해주는 시대다. 우울증과 스트레스 같은 심리적 문 제 역시 감기처럼 일상적으로 치료를 하는 게 당연한 시대다. 마인드 를 바꿀 때다.

명함 관리 앱에서
비즈니스 포털로 도약하다

: 리멤버

부지런한 직장인은 이력서를 쥐고 일한다

대이직의 시대다. 이미 구직자도 재직자도 지금 직장이 평생직장이라고 생각하지 않는다. 이젠 채용자도 대기업도 신입 직원을 공채하고 면접해서 뽑아서 키워서 현장에 투입하는 투자를 부담스러워한다. 기업은 즉시 전력화가 가능한 인재를 원한다. 개인은 노동시간을 최대임금으로 확산시킬 수 있는 기업을 찾거나 평균임금을 보장받는 대신, 최소 노동시간을 투자할 수 있는 기업을 선택한다. 쉽게 말해 돈을 무진장 많이 주거나 워라밸을 확실히 보장해주는 기업이 아니면 곧바로 '퇴사각'이란 말이다. 채용 시장 생태계가 바뀌면서 이직은 선택이 아니라 필수가 됐다. 부지런한 직장인은 한 손에는 결재서류를, 다른 손에는 이력서를 쥐고 일을 한다. 물론 한 손이 하는 일을 다른 손이 모르게 하는 건 기본이다.

코로나19 팬데믹은 대이직의 시대를 가속화시켰다. 이른바 대퇴사의 시대다. 특히 미국 시장에선 2021년에만 430만 명이 일자리를 떠났다. 미국 국가 노동력의 2.9%다. 영국에서도 마찬가지였다. 영국 언론은 이걸 일터로부터의 전방위적인 탈출이라고 불렀다. 일의 본질에 대한 실존적 고민이 원인이다. 영국 일간지 「가디언」은 "팬데믹은 노동의 가치와 출퇴근의 무용성과 개인적 평안의 중요성을 깨닫게 했다"고 설명했다. 나의 가치를 알아봐 주지 않는 직장에선 단 하루도 더 있지 않겠다는 결심이 팽배해진 세상이 됐다는 얘기다. 한국도 예외가 아니다. 고용노동부에 따르면 2021년 국내 이직자 수는 92만 8984명에 달한다. 100만 명 가까운 직장인이 직장을 바꿨다는 뜻이다.

리멤버는 커져만 가는 이직 시장의 선두 주자다. 리멤버는 원래 2014년 무료 명함 관리 서비스로 출발한 스타트업이다. 과거엔 명함이 이직의 열쇠였다. 거래처에 돌렸던 명함이 뜻밖의 스카우트 제안으로 돌아올 때가 있었다. 네트워크 관리를 위해 명함을 정리하자니 명함집은 너무 불편했다. 명함 관리는 직장인들의 골칫거리였다. 스마트폰 시대가 도래하면서 명함을 사진으로 찍어서 관리하기 시작했지만 명함의 정보 인식은 기대에 못 미쳤다.

리멤버는 커져만 가는 이직 시장의 선두 주자다

처음에 리멤버는 이 시장을 노렸다. 자동화가 안 되면 수동화에 의존했다. 국회의원실과 기업영업팀과 언론사를 돌면서 사과박스에 명함을 받아다가 직원들이 일일이 손으로 명함 정보를 입력했다.

이때만 해도 리멤버는 명함 정보를 대신 입력해주는 대행사로 유명했다. 정작 리멤버의 창업자 최재호 드라마앤컴퍼니 대표의 비전은 훨씬 원대했다. 드라마앤컴퍼니는 리멤버 서비스의 운영사다. 최재호 대표는 국내 직장인들의 인적 데이터베이스를 확보하는 게 목표였다. 직장인 데이터베이스를 바탕으로 직장인과 관련한 거의 모든 문제를 해결해주는 비즈니스 포털을 만든다는 게 진짜 비전이었다. 한마디로 처음부터 링크드인이 리멤버의 벤치마크였다. 다만 이제 막 창업한 최재호 대표한테 시작부터 링크드인 같은 직장인 SNS를 표방할 만큼 마케팅비가 있을 리 없었다. 그래서 직장인들의 페인포인트부터 해결해주기 시작했다. 그게 명함 입력 대행 서비스였다. 대신 리멤버는 한 번에 수천수만 장의 직장인 경력 데이터를 확보할 수 있었다. 데이터는 디지털 미래의 원유라는 걸 리멤버는 리멤버하고 있었다.

손으로 입력한 명함들 마침내 빛을 발하다

리멤버가 리멤버하고 있는 3억 개 이상의 명함 데이터베이스는 대이직의 시대가 도래하면서 마침내 빛을 발하기 시작했다. 리멤버는 2019년 인재 스카우트 서비스 리멤버 커리어를 출시했다. 이직 수요가 있으면 관련 서비스가 번성하기 마련이다. 이직은 생각 이상으로 고난도 매칭 작업이다. 개인 입장에선 인력 시장에 자신을 내놓아야만 한다. 스포츠 선수로 비유하자면 FA(자유계약선수)Free Agent시장에 매물로 나오는 셈이다. 매장의 매대에 자신을 올려놓으려면 어디에 어떻게 드러낼지부터가 고민이 된다. 리멤버 커리어가 솔루션을 제공해줬다.

리멤버 커리어의 회원 수는 2022년 5월 현재 80만 명을 돌파했다. 대부분 10년 전후의 경력직들이다. 해당 분야의 전문성을 갖춘 인재들이다. 기업들의 인사담당자들 사이에선 리멤버 커리어에 인재풀이 훌륭하다는 입소문이 돌기 시작했다. 보통은 헤드헌터들을 통해서도 찾을 수 있을까 말까 한 인재들이었다.

기업들의 인재 채용 트렌드는 빌드build에서 바이buy, 그리고 바로우borrow로 변화하고 있다. 과거엔 수천 명씩 신입 사원을 공채하는 방식이었다. 이미 현대차그룹과 LG그룹은 신입 사원 공채 제도 자체를 없애버렸다. 대신 필요에 따라 수시로 경력직을 뽑는 형태로 변했다. 빌드에서 바이로 바뀐 것이다. 인재를 키우기보다는 사 오는 것이다. 늘 인재를 찾아 헤매는 인사담당자들에게 리멤버 커리어는 좋은 솔루션이었다. 이젠 바로우로 바뀌고 있다. 핵심 역량을 가진 인재의 능력만 빌려와서 지금 당장 회사 문제를 해결하는 것이다.

기술 트렌드는 너무 빨리 변한다. 사람을 키워도 사람을 사와도 한 발씩 늦기 쉽다. 당장 필요한 역량을 빌려오는 게 답일 수 있다. 리멤버

리멤버가 대신 입력한 명함은 이직 시장의 원유가 되었다

커리어는 실무형 전문가들이 모여 있는 인재풀이다. 최근의 채용 트렌드에 딱 맞아떨어진다는 말이다.

2022년 5월 현재 리멤버 커리어의 경력직 누적 스카우트 제안은 200만 건이 넘어섰다. 무려 200만 건이 넘는 이직 제안이 오갔다는 얘기다. 이 중에서 이직이 성사된 매칭 건수는 40만 건이다. 스카우스 성사확률이 20%에 달한다. 경력 5년 차에서 9년 차 사이의 스카우트가 가장 많은 건 사실이다. 전체의 34.2%다. 15년 차 이상 임원급의 스카우트도 못지 않다. 24.4%다. 10년에서 14년 차 역시 25.3%. 리멤버 커리어에선 전체 경력에 걸쳐 고르게 인재 채용이 이뤄지고 있다는 의미다. 실제로 리멤버 커리어엔 대기업 임원급의 프로필이 6000개 이상

등록돼 있다. 과장·부장급 이상의 중간관리자도 60% 이상이다. 리멤버는 국내 이직 채용 시장의 규모를 5조 원 이상으로 본다. 10년 차 전후로 평균 3회 정도 이상 이직이 이뤄지면서 시장 규모는 10조 원을 향해 빠르게 성장하고 있다.

이직 시장의 특징을 제대로 알다

이직 시장의 또 다른 특징은 개별주의와 비밀주의다. 신입의 경우 게시판형 구직 시장을 선호한다. 눈치를 볼 현 직장이 없기 때문이다. 이런 개방형 잡보드job borad 형태는 다수 채용에는 효과적이지만 핵심 인재를 타깃하기엔 부적절하다. 반면에 이직자들은 자신이 새로운 직장을 찾고 있다는 사실을 드러내지 않으면서 개별로 접촉하길 원한다. 리멤버 커리어는 구직자가 현재 다니고 있는 직장 관계자는 구직자의 개인 프로필을 열람할 수 없도록 차단한다. 원할 경우 다른 회사까지 차단하는 게 가능하다. 직장인 생태계의 디테일을 리멤버해서 내놓을 수 있는 서비스다.

2020년 3월엔 리멤버 커뮤니티도 내놓았다. 직장인들이 익명으로 자신과 다른 회사에 대한 정보를 공유하는 커뮤니티다. 역시 익명 직장인 커뮤니티인 블라인드처럼 리멤버 커뮤니티에서도 이직자들은 관련 회사의 정보를 습득할 수 있다. 회사 분위기나 연봉 수준 같은 속알맹이 정보는 커뮤니티에서 공유될 수밖에 없다. 프로필은 리멤버 커리어에 올려놓지만 리멤버 커뮤니티에선 서로 정보를 교류하는 게 꼭 필요하다. 리멤버 커뮤니티는 직장인 지식인 같은 역할도 한다. 회사 선후배한테 묻기 어려운 업무상 고민을 리멤버 커뮤니티에서 나눌 수도 있다. 리멤버는 직장인 데이터베이스를 바탕으로 타깃형 서베이와 타깃형 광고에도 진출했다. 임원급 이상만 대상으로 한 상품 관련 서베이를 수행한다거나 대리급만 대상으로 하는 맞춤형 광고를 하는 식이다. 처음 명함을 대신 입력해주면서 가졌던 직장인 비즈니스 포털이라는 비전에 가까워진 셈이다.

최재호 대표가 리멤버 창업을 결심한 건 보스턴컨설팅에서 컨설턴트로 일할 때 해외 출장에서 링크드인을 접하면서였다. 링크드인은 전세계에서 7억 7400만 명이 이용하는 직장인 커리어 소셜네트워크다.

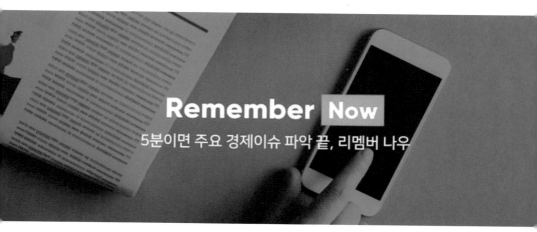

경제 뉴스레터를 서비스하는 등 리멤버는 직장인 비즈니스 포털을 꿈꾼다

미국 경제 활동 인구의 80% 이상이 링크드인에 가입돼 있다. 미국 산업 생태계에서 링크드인은 구직과 이직 그리고 채용과 창업의 필수재다. 링크드인으로 창업 동지를 찾고 링크드인으로 인재를 채용한다. 링크드인은 특히 실리콘밸리 창업 생태계의 촉매제다. 비즈니스 인적 네트워크가 집적돼 있기 때문이다. 평생 직장의 대명사처럼 불리는 일본에서도 링크드인 같은 비즈니스 플랫폼이 인기다. 일본의 경력직 스카웃 플랫폼인 비즈리치는 2021년 4월에 도쿄증시에 상장됐다. 시가 총액은 2조 3645억 원에 달한다.

리멤버는 인재 채용의 트렌드가 빌드에서 바이로 다시 바로우도 바뀌는 흐름에 대비하고 있다. 최근 전문가 네트워크 서비스 기업인 이안손앤컴퍼니를 인수한 이유다. 신입 사원 채용에서 즉시 투입 인재로 변화한 채용 흐름은 다시 즉시 필요 능력을 빌려 쓰는 방식으로 바뀌고 있다. 앞으로 특정 분야에 고도의 전문성을 가진 인재는 고임금 프리랜서로 여러 기업에 동시에 능력만 채용되는 방식으로 일하게 될 것이다. 실제로 미국 실리콘밸리에선 여러 회사에서 동시에 일하는 엔지니어나 회계사들이 늘어나고 있다. 이안손앤컴퍼니는 시장조사나 벤치마킹, 기업실사 분야에서 전문성을 가진 3만 명 이상의 산업 전문가를 회원으로 보유하고 있다. 리멤버는 인재를 바로우하려는 기업들의 니즈를 읽고 있다. 이안손앤컴퍼니의 전문가들을 기업들에게 연결해주는 역할을 하려고 한다.

리멤버는 네이버와 라인플러스가 지분의 80%를 갖고 있다. 누적 투자액은 400억 원에 달한다. 2014년 이후 리멤버에 입력한 누적 명함의 숫자는 3억 장 이상이다. 지상에서 쌓아 올리면 30킬로미터 이상이 되는 높이다. 경제 뉴스레터인 리멤버 나우를 서비스했고 경력직 이직 서비스인 리멤버 커리어와 직장인 익명 커뮤니티인 리멤버 커뮤니티로 비즈니스 영역도 확장하고 있다. 처음엔 일일이 손으로 입력했던 명함 정보는 문자인식 기술이 고도화된 덕분에 95% 이상 정확하게 자동으로 입력된다.

명함 한 장에서 출발한 서비스는 이미 한국의 링크드인에 가까워졌다. 최재호 드라마앤컴퍼니 대표는 말한다. "카카오가 개인 간 소셜네트워크를 장악한 것처럼 우리는 비즈니스 소셜네트워크를 장악할 것이다." 대이직의 시대는 리멤버의 시대다.

상수리나무 아래에서 태어난 유니콘
: 리디

유니콘 대열에 합류한 콘텐츠 스타트업

리디는 상수리나무 아래에서 유니콘이 됐다. 『상수리나무 아래』는 로맨스 판타지 웹소설이다. 웹소설 세계에선 J.R.R 톨킨의 『반지의 제왕』에 비견된다. 주인공은 맥시밀리언이라는 소녀다. 맥시밀리언은 공작의 영애로 태어났지만 말더듬이다. 귀족들 사이에선 왕따를 당하다 결국 천민 출신 기사 리프탄 칼립스와 정략결혼을 한다. 첫날밤만 치르고 전장으로 떠났던 리프탄은 영웅이 돼서 돌아온다. 리프탄은 맥시밀리언을 진심으로 사랑한다. 이제 맥시밀리언의 차례다. 맥시밀리언은 마법사가 되기로 결심하고, 세계탑으로 떠난다.

웹소설에 관심이 없고 판타지 소설에 무심하고 로맨스 소설엔 둔감한 독자들에게 『상수리나무 아래』의 시놉시스는 흥밋거리가 아닐 수 있다. 그러나 2017년 1월 연재를 시작한 웹소설 『상수리나무 아래』가 리디라는 스타트업을 한국의 18번째 유니콘으로 재탄생시켰다고 하면 얘기가 달라진다. 리디는 2022년 2월 싱가포르투자청과 산업은행 그리고 엔베스터와 에이티넘인베스트먼트로부터 1200억 원을 투자받았다. 1조 6000억 원의 기업 가치를 인정받아 한국에서 탄생한 18번째 유니콘이 됐다.

투자처를 찾아다니는 넘치는 유동성 덕분에 스타트업에 대한 기업 가치 평가가 후해진 건 사실이다. 2021년 1년 동안만 해도 유니콘이 7개나 추가됐다. 가상화폐 거래 플랫폼 업비트를 운영하는 두나무, 프롭테크 스타트업 직방, 신선식품 유통 플랫폼 마켓컬리, 역시 가상화폐 거래 플랫폼 빗썸, 리빙 유통 플랫폼 오늘의집을 운영하는 버킷플레이스 그리고 리셀 플랫폼 당근마켓 등이다. 그런데 리디의 합류는 이런 유니콘들과 비교해서 독특하다. 대다수 K유니콘은 의식주 유통 플랫폼 아니면 금융 플랫폼이다. 반면에 리디는 상수리나무 아래에서 탄생한 콘텐츠 유통 플랫폼이다. K유니콘의 대열에 콘텐츠 스타트업이 합류했다는 뜻이다.

뉴욕 타임스퀘어의 『상수리나무 아래』 전광판 광고

10년을 헤맨 끝에 유니콘이 되다

리디는 원래 2008년에 창업했다. 시작은 전자책 유통 서비스 리디북스였다. 리디북스라는 이름부터가 책이 연상될 수밖에 없다. 그런데 지금의 리디는 책 그 이상이다. 웹소설과 웹툰의 유통까지 시장 영역을 확장했다. 나아가서 콘텐츠의 지식재산권IP 비즈니스에도 손을 뻗치고 있다. IP비즈니스는 네이버와 카카오도 역량을 집중시키고 있는 분야다. K유니콘 가운데에는 콘텐츠 스타트업이 리디가 처음이지만 해외에선 여럿이다. 영어교육 콘텐츠 스타트업인 듀오링고와 콘텐츠 번역 스타트업인 아이유노SDI가 대표적이다. 듀오링고는 전 세계적으로 영어교육의 대명사가 된 지 오래다. 아이유노SDI는 넷플릭스와 디즈니플러스 같은 OTT 서비스가 활성화되어 자막과 더빙 수요가 증가하면서 유니콘의 반열에 올랐다. 아이오뉴SDI의 글로벌 번역 시장 점유율은 15%에 달한다. 의식주의 디지털 모바일화에 집중하거나 해외 유니콘들의 패스트팔로워인 국내 스타트업들과 달리 해외 시장에선 콘텐츠도 충분히 유니콘이 된다는 경험이 충분히 쌓이고 있다. 그래서 리디가 1조 원 이상의 기업 가치를 인정받은 건 의미가 크다.

솔직히 리디는 10년을 헤맸다. 2008년 창업 당시만 해도 전자책이 종이책을 대체할 수 있을 것이라는 기대에서 출발했다. 전자책 유통 전문 플랫폼으로 비즈니스 모델을 잡은 이유다. 당시엔 종이책에서 전자책으로의 전환은 혁신이었다. 2022년 현재 시점에서 본다면 전자책은 새로운 혁신이 아니다. 오래된 미래 정도다. 전자책이 종이책 시장을 완전히 대체하지도 않았다. 리디는 만년 적자 기업이었다. 이때 리디는『상수리나무 아래』를 만난다. 한국 출판 시장의 크기는 매출 기준 연 7조 원 안팎이다. 조금씩 줄어드는 추세다. 그래도 전자책은 성장세이긴 하다. 리디는 더디게 성장하는 전자책 시장에 기댄 채 근근이 버텼다. 그런데 10년 넘게 전자책 시장을 경험하면서 전자책 매출의 70% 이상이 로맨스 소설이나 판타지 소설 같은 웹소설에서 발생한다는 사실을 깨달았다. 게다가 웹소설 분야는 거의 매년 70% 이상씩 성장하는 분야였다. 세상 사람들이 더 이상 책을 읽지 않는다는 건 잘못된 전제였다. 사람들은 언제나 무언가 읽고 싶어 한다. 독서의 대상이 과거와 달라졌을 뿐이었다.

특히 2017년 리디북스를 통해 유통된 웹소설『상수리나무 아래』는 리디에게 웹소설의 무한 가능성을 일깨워진 콘텐츠였다. 김수지 작가의『상수리나무 아래』는 국내뿐만 아니라 해외에서도 해적판 번역본이 나돌 정도로 폭발적인 반응을 일으켰다. 대박 콘텐츠가 유통 플랫폼의 성장을 견인한다는 건 영상 OTT 시장에서도 입증된 성공 방정식이다.「하우스 오브 카드」로 J커브를 그리기 시작한 넷플릭스나 마블 시리즈로 랜딩한 디즈니플러스만 봐도 알 수 있다. 리디는 2019년부터 단순히 출판사들이 생산한 종이책을 전자책으로 전환해서 유통하는 대행사에서 자체적인 웹소설과 웹툰을 유통하는 플랫폼으로 피보팅을 한다. 『상수리나무 아래』 때문에 리디북스 플랫폼을 사용하는 소비자들이 있다면 이들을 상대로 더 많은 콘텐츠를 유통할 수 있다는 확신이 섰기 때문이다. 이것이 신의 한 수였다.

재미있는 이야기는 연고지가 없다. 리디는 한국 웹소설을 세계로 전파했다

신의 한 수가 된 피보팅

2021년 네이버는 캐나다 웹소설 플랫폼 왓패드를 6억 달러에 인수했다. 카카오는 북미 웹툰 플랫폼 타파스를 6000억 원에 인수했고 웹소설 플랫폼 래디쉬를 5000억 원에 인수했다. 네이버와 카카오 같은 빅테크들이 웹소설과 웹툰 시장에 관심을 보이는 이유는 역설적으로

웹소설과 웹툰 시장 때문이 아니다. 웹소설과 웹툰이라는 1차 콘텐츠가 영화나 드라마라는 2차 콘텐츠로 이어지는 콘텐츠 밸류 체인의 시작점이기 때문이다. 글로벌 제조업 공급망에서 한국과 대만이 중요한 이유는 완제품인 스마트폰이나 전기차에 필요한 반도체를 생산하기 때문이다. 반도체가 산업의 쌀이라고 불리는 이유다.

영화나 드라마 같은 하이 리스크 하이 리턴 영상 콘텐츠 제작과 유통은 여전히 할리우드가 주도권을 쥐고 있다. 과거 5대 메이저로 불리던 할리우드의 콘텐츠 지배권은 이제는 넷플릭스나 디즈니플러스로 재편됐지만, 여전히 주도권이 북미 대륙의 서부에 있는 것만큼은 달라지지 않았다. 반면에 콘텐츠 비즈니스의 반도체가 될 수 있는 원전 콘텐츠는 어디서든 생산될 수 있다. 재미있는 이야기는 연고지가 없기 때문이다. 네이버와 카카오가 영어 크리에이션 콘텐츠를 선점하기 위해 왓패드나 래디쉬를 인수했다면 리디의 선택은 달랐다. 리디는 한국 시장을 기반으로도 웹소설과 웹툰 플랫폼이 성장할 수 있다는 사실을 깨달았다. 『상수리나무 아래』와 같은 작품만 있으면 가능하다고 봤다. 리디는 2019년부터 중심축을 전자책 유통에서 웹소설과 웹툰 유통 플랫폼으로 이동시켰다. 웹소설은 원래부터 리디가 강점을 가진 시장이었다. 전자책 유통에서 소설이 차지하는 비중이 이미 크기 때문이다.

대박을 터뜨린 글로벌 웹툰 플랫폼 '만타'

대신 리디로서도 웹툰은 도전이었다. 한국의 웹툰 시장 규모는 2020년 기준 1조 538억 원이다. 2018년엔 고작 4663억 원이었다. 이제까지 콘텐츠 유니콘이 없었던 이유는 콘텐츠 산업이 성장하는 비즈니스가 아니라고 생각했기 때문이었다. 원래 성장하는 시장을 올라타야 유니콘이 된다. 리디는 웹툰과 웹소설이라는 고속 성장 시장을 찾아냈고, 시장의 흐름에 올라타면서 유니콘에 등극하는 데까지 성공했다. 성장하는 시장이 없었던 게 아니라 찾아내지 못했던 것이다.

웹소설과 웹툰에 집중하기 시작하면서 리디의 매출 구조도 달라지기 시작했다. 2018년엔 리디의 매출은 793억 원에 불과했다. 전자책 유통 플랫폼에서 종합 콘텐츠 유통 플랫폼으로 전환한 이후 2020년엔 매출 1556억 원을 넘어섰다. 2배 증가했다. 2021년 3분기까지만 해도 이미 1491억 원을 달성했다. 무엇보다 2020년 영업이익 26억 원으로 창사 이래 처음으로 흑자 전환했다. 리디에 등록된 콘텐츠는 23만 종에 달한다. 등록 작가는 10만 명이다. 누적 판매액이 1억 원을 돌파한 작품만 500종 이상이다.

웹툰 시장의 경우 웹툰 전용 플랫폼 만타의 성공이 컸다. 만타는 2020년 11월 말에 론칭됐다. 리디가 유니콘이 된 건 『상수리나무 아래』와 같은 웹소설이 뜨고, 탄탄한 스토리텔링을 기반으로 만들어진 웹툰을 볼 수 있는 만타가 국내외에서 대박이 난 덕분이었다. 특히 리디는 만타의 가격 구조를 경쟁 웹툰 플랫폼과는 다른 형태로 설계했다. 만타는 월 구독 형태의 웹툰 플랫폼이다. 다른 플랫폼들은 개별 작품을 회사별로 구매하게 유도한다. 대신 해당 플랫폼의 코인을 쓰게한다. 그렇게 현금을 적립시키고 소비자를 록인lock-in시키는 전략이다. 반면 만타에선 모든 콘텐츠를 월정액으로 볼 수 있다. 넷플릭스와 디즈니플러스 같은 OTT 영상 플랫폼들과 가격 정책이 같다.

대신 만타는 장르를 다양화했다. 로맨스, 판타지, 스릴러, SF, 논픽션 등 어느 장르 어떤 작품에서든 긴 시간 동안 소비를 가능하도록 만들었다. 2차 콘텐츠인 영화와 드라마는 하이 리스크 하이 리턴 시장이

리디의 웹툰 플랫폼 만타

다. 「오징어 게임」이 그런 경우다. 반면에 1차 콘텐츠인 웹소설와 웹툰은 로우 리스크 롱 리턴 시장이다. 제작비가 적게 드는 무수한 콘텐츠를 소비자들에게 제공한다. 무엇이 뜰지는 모르지만 어떤 것이든 반드시 뜨고 꼬리가 길게 오랫동안 소비된다.

SF물인 「달에서 온 불법 체류자」나 BL물 「시맨틱 에러」 같은 리디의 콘텐츠들은 롱테일로 꾸준히 독자들을 끌어모으고 있는 작품들이다. 독자 입장에선 이렇게 대박 작품들과 더불어 무수한 롱테일 작품들을 월 정기구독으로 소비할 수 있다는 데서 합리적인 매력을 느끼게 된다. 결국 충성도 높은 작품과 장르로 대박을 낸 다음 다양한 장르로 시장을 확대해서 수직·수평통합을 하는 게 웹소설과 웹툰 시장의 기본기다. 리디는 정확하게 기본기를 따랐고, 결국 한국을 대표하는 콘텐츠 플랫폼으로 변신하는 데 성공했다.

리디는 라프텔이라고 하는 애니메이션의 넷플릭스도 만들었다. 역시 롱테일 시장을 노린 전략이다. 애니메이션 시장은 크지는 않지만 깊은 시장이다. 라프텔은 월 구독으로 넷플릭스처럼 인기 애니메이션을 모두 볼 수 있는 OTT 영상 플랫폼이다. 「명탐정 코난」을 여기에서 볼 수 있다. 이건 리디가 웹소설과 웹툰이라는 1차 콘텐츠를 넘어서 영상 중에서도 웹툰과 연관성이 높은 애니메이션 시장까지 바라보고 있다는 의미다. 라프텔은 리디가 창업한 게 아니라 인수한 회사다. 원래는 편당 구매 모델이었다. 리디가 인수하면서 구독 경제 모델을 적용했다.

라프텔에서 알 수 있지만 리디의 야심은 단순히 1차 콘텐츠 유통에만 있는 게 아니다. 결국 콘텐츠 글로벌 밸류 체인에서 IP라는 재산을 이용해 파생 이윤을 극대화하는 게 목표다. 인기 웹소설과 웹툰을 갖고 있다면 영화사나 방송사를 지배할 수 있게 된다. 웹툰과 웹소설을 기반으로 하는 드라마나 영화는 이제 영상 시장의 주류가 된 지 오래다. 2022년만 해도 웹툰 원작 드라마는 부지기수다.

리디는 인기 웹소설을 웹툰화하는 프로젝트에도 공을 들이고 있다. 최근엔 팬들 사이에선『상수리나무 아래』에 비견되는 대작인『테라리움 어드벤처』를 웹툰으로 제작한다고 발표했다.『테라리움 어드벤처』는 게임 개발자 출신 작가의 작품으로 유명하다. 무려 500화짜리 대작이다. 웹툰화에 성공한다면 영상화도 가능해진다. 여기에 OTT 플랫폼 왓차와 함께 인기 BL물인「시맨틱 에러」를 제작했다. 본격적으로 2차 콘텐츠 시장에 진입하고 있는 셈이다. 이렇게 드라마가 방영되고 히트하면 원작 웹소설과 웹툰의 조회수도 급증하는 선순환 구조도 만들어진다.「지옥」의 경우 넷플릭스에서 영상 콘텐츠가 공개된 이후 주간 평균 조회 수가 22배까지 증가했다. 결제자의 숫자는 14배에 달했다. 리디는 이런 1차, 2차 콘텐츠의 마케팅 세일즈를 위해 구글과 디즈니 출신의 서가연 CMO를 영입했다.

리디를 창업한 배기식 대표는 원래는 삼성전자에서 벤처투자를 담당했었다. 아마존 킨들을 보고 전자책 사업에 뛰어들었다.

웹툰과 웹소설을 기반으로 하는 드라마나 영화는 이제 영상 시장의 주류가 된 지 오래다

당초엔 웹툰 시장도 고민했지만 네이버 같은 빅테크가 선점한 탓에 우회로를 선택했다. 리디의 목표는 처음부터 전자책 유통업이 아니라 넷플릭스 같은 콘텐츠 플랫폼이었다는 뜻이다. 『상수리나무 아래』로 독자들이 몰려들기 시작하자 이제 때가 된 셈이었다. 리디는 상수리나무 아래에서 유니콘으로 태어났다.

침대는 과학이 아니라 예술이다

: 시몬스

침대를 팔지 않는 침대 브랜드 매장

시몬스 그로서리 스토어 청담점에는 침대가 없다. 시몬스는 국내 침대 매트리스 시장 점유율 2위다. 청담동은 명품 거리로 유명하다. 임대료가 천정부지다. 그런데도 시몬스는 청담점에서 침대를 팔지 않는다. 그렇다고 그로서리를 파는 것도 아니다. 이름만 채소 가게다. 외관만 샤퀴테리 숍charcuterie shop이다. 샤퀴테리 숍은 유럽풍 식료품점을 뜻한다. 대신 시몬스 그로서리 스토어 청담점에선 삼겹살 모양의 수세미가 날개 돋친 듯 팔렸다. 1층엔 엉뚱 발랄한 굿즈가 가득하다. 2층엔 농구 코트와 정원 테라스가 딸린 시몬스 스튜디오가 있다. 3층엔 오들리 새티스파잉 비디오 oddly satisfying video 디지털 아트가 전시돼 있다. 오늘리 새티스파잉 비디오는 시몬스가 2022년 1월에 공개한 영상 광고다. 유튜브 조회 수만 2000만 회를 넘어섰다. 보면 볼수록 이상하게 마음이 편안해지면서 멍때리게 되는 반복 영상들이 담겼다. 역시나 시몬스 침대는 등장하지 않는다. 침대 매장의 이름은 채소 가게다. 매장에는 침대가 없다. 광고에도 침대가 없다. 그런데도 흔들리지 않고 편안하다. 이게 시몬스다.

"흔들리지 않는 편안함"은 오늘날 시몬스를 있게 한 광고 카피다. 국내 침대 매트리스 시장 부동의 1위이자 시몬스의 형님 회사인 에이스 침대가 "침대는 가구가 아닙니다"로 왕좌에 오른 것과 유사하다. 에이스 침대의 안성호 대표와 시몬스 침대의 안정호 대표 친형제 사이다. 1963년 에이스침대공사를 창업한 안유수 회장의 아들들이다. 안유수 회장은 1992년 경쟁자 시몬스 침대를 인수했다. 차남 안정호 대표는 1998년 시몬스에 입사했다. 2001년부터 회사 경영에 참여했다. 에이스와 시몬스는 비슷한 성장 과정을 거쳤다. 1993년 탤런트 박상원의 "침대는 가구가 아닙니다"라는 침대 광고로 에이스를 성장시킨 것처럼 시몬스 역시 "흔들리지 않는 편안함"이라는 침대 광고로 발돋움했다. 두 회사는 한국 침대 매트리스 시장의 50% 가까이를 차지하고 있다. 이쯤 되면 침대 광고 마케팅은 과학이다.

부산 해운대 시몬스 그로서리 스토어

과학적 침대 광고를 예술적 침대 광고로

그런데 안정호 대표가 최근 과학적 침대 광고를 예술적 침대 광고로 바꾸면서 시몬스를 혁신하고 있다. 시몬스의 광고엔 침대 말고도 없는 게 또 있다. 스타가 없다. 형님 라이벌 에이스침대만 해도 박보검과 제니를 광고 주연으로 기용했었다. 「오징어 게임」의 주인공인 이정재도 캐스팅했었다. 시몬스엔 스타도 주연도 없다. 소비자가 주인공이기 때문이다. 흔들리지 않는 편안함을 오들리 새티스파잉하게 경험하는 주체는 광고를 보는 소비자여야 하기 때문이다. 특히 MZ세대에겐 언제나 내 인생의 주인공은 나다. 내 인스타그램은 내가 주인공인 세상을 보여주는 창문이다.

안정호 대표는 1970년생이다. 1990년대에 미국에서 유학을 했다. 유학 시절 미국의 TV 광고들을 접했다. 스타 마케팅을 하지 않는 광고 트렌드를 접했다. 미국에서 1990년대는 클린턴 집권기면서 프렌즈 세대다. 드라마 「프렌즈」가 선풍적인 인기를 끌던 시기였다. 미국에서도 요즘 한국처럼 1인 가구가 늘어나고 가족보다는 나를 중심으로 한 라이프스타일이 팽배해지던 시기다. 「프렌즈」는 요즘으로 치면 나와 팔로워들의 이야기다. 주인공은 나다. 안정호 대표는 그때부터 아버지와 형에게 미국 상업 광고 트렌드를 전달해주곤 했다. 시몬스를 이끌게 되면서 결국 소비자가 주인공이고 소비자의 체험이 콘텐츠인 광고를 기획하게 됐다.

시몬스 광고엔 스타도 주연도 없다

안정호 대표는 언론과의 인터뷰에서 "침대 회사 CEO가 아니었다면 광고 기획자로 나섰을 것"이라고까지 말할 정도다. '마케팅만큼은 진심'인 CEO다.

안정호 대표가 소비자 중심의 광고를 직접 기획하는 건 시몬스가 침대 회사이기 때문이다. 침대는 직접 누워봐야 하고 정말 자봐야 하는 제품이다. 소비자 경험이 구매 경로의 핵심이다. 제니와 이정재가 푹 잤다고 자랑하는 침대보다 내가 자봐서 좋아야 좋은 침대란 말이다. 시몬스의 영상 광고는 이상하게 편안한 느낌적 느낌을 제안하는 예술적 방식이다. 하품 소리로 시작되는 영상에서 소비자는 설명이 아니라 정서를 느끼게 된다. 흔들리지 않는 편안함을 시각과 청각으로 간접 경험할 수 있다.

사실 시몬스의 이상한 광고들은 시몬스의 유통 전략과 밀접한 관련이 있다. 원래 침대는 대리점 영업에 의존하는 B2B2C 비즈니스다. 영업은 대리점주들이 한다. 본사는 침대를 제조하고 마케팅한다. 본사는 침대 축구를 하는 격이다. 침대 광고가 스타 마케팅에 의존하는 것도 따지고 보면 대리점 유통이기 때문이다. 대리점주들은 자신이 파는 침대의 광고 모델이 유명인일수록 좋아한다. 시몬스는 대리점 중심의 유통 전략을 직접 판매 중심의 D2C 전략으로 바꿨다. 다이렉트 투 커스터머 전략이다. 한마디로 소비자 직거래다.

나이키가 D2C 리테일 전략의 대표적인 성공 사례다. D2C는 소비자를 직접 설득하는 전략이다. 그러자면 소비자의 브랜드에 대한 신뢰가 필요하다. 브랜드를 신뢰하려면 충분한 경험을 제공해만 한다. 나이키는 대규모 광고 캠페인을 벌였다. 특히 SNS 채널을 집중적으로 활용했다. 핵심은 역시나 MZ 중심의 주어 없는 마케팅이다. 나이키의 유명한 광고 카피는 "저스트 두 잇Just Do It"이다. 주어는 없다. 주어는 당연히 소비자다. 당신이, 우리가 할 수 있다는 뜻이다.

유통 구조 자체를 바꿔나가다

시몬스도 나이키처럼 소비자가 주인공인 D2C 캠페인을 벌이면서 동시에 유통 구조 자체를 바꿔나갔다. 2018년 250개 수준이었던 매장 숫자를 2021년엔 140개 수준으로 줄였다. 대신 시몬스 맨션이라는 프리미엄 매장을 선보였다. 시몬스 맨션도 본질적으론 위탁판매를 하는 대리점이다. 그런데 시몬스가 매장의 인테리어부터 진열 제품까지 제반 비용을 모두 부담한다. 게다가 시몬스 맨션의 위치는 도심 핵심 상권이다. 가구 대리점이 도시 외곽의 가구 단지에 있는 것과 대조적이다. D2C답게 소비자가 모이는 핵심 상권으로 진출한 것이다. 시몬스 맨션에는 침대가 있다. 침대만 있는 게 아니다. 전문 수면 컨설턴트인 슬립마스터까지 있다. 고객에게 1대1 수면 큐레이팅 서비스를 해준다. 고객 한 사람 한 사람에게 맞춤 수면 환경 컨설팅을 해주는 서비스다.

2021년 시몬스의 점당 월평균 매출액은 1억 8000만 원이다. 시몬스가 본격적으로 D2C로 유통 혁신을 하기 전인 2018년 점당 월평균 매출액은 6000만 원이었다. 3배 넘게 증가한 셈이다. 시몬스 맨션에 들르면 호텔급 서비스를 받을 수 있다. 발렛 파킹을 하면 고객의 차에 편안함을 기원하는 꽃과 카드를 비치한다.

사실 시몬스는 특급 호텔 침대로 유명하다. 조선 팰리스, 그랜드 인터컨티넨탈 서울 파르나스, 롯데 시그니엘 부산이 시몬스 침대를 쓴다. 호텔이 선택한 침대에서 호텔급 서비스를 제공하는 침대 브랜드가 된 셈이다. 시몬스는 이런 프리미엄 고객 경험을 제공하기 위해 샤넬과 루이비통 그리고 신라호텔에서 일했던 럭셔리 전문가 50여 명을 영입했다. 2021년 기준 직원 643명의 평균 연령은 34세 이하다. MZ세대를 대거 채용해서 젊은 회사가 됐다. 안정호 대표는 "제품이든 마케팅이든 촌스러워선 안 된다"고 강조한다. 이렇게 시몬스를 광고부터 유통망 그리고 서비스까지 프리미엄 브랜드로 진화시키는 게 목표다. 사실 대리점에게 물건 유통 판매를 대신 맡기는 과거의 방식은 안전하다. 소비자의 마음을 얻는 건 어렵다. 지키기는 더 어렵다. 소비자를 직접 상대해서 최고의 만족을 줄 수 있다는 이런 자신감이 없다면 D2C 혁신은 불가능하다.

침대계의 명품을 목표로

침대는 짧게는 7년이고 길게는 평생 쓰는 구매 주기가 긴 브랜드다.

자연스럽게 프리미엄화가 될 수밖에 없다. 인생 한 번뿐인 결혼식이라면서 아낌없이 투자하는 것과 마찬가지다. 혼수용품의 하나인 침대 역시 비슷한 구매 패턴을 보인다. 침대 산업의 프리미엄화는 시몬스의 프리미엄 브랜딩과 D2C 마케팅 그리고 체험 중심의 MZ 전략과 잘 맞아떨어진다. 2022년 4월엔 글로벌 브랜드인 썰리침대가 수천만 원을 호가하는 하이엔드급 브랜드인 헤인즈를 국내에 론칭했다. 가장 저렴하다는 헤인즈 퀸 사이즈 매트리스만 2250만 원에 달한다.

백화점들도 앞다퉈 침대 매장을 넓히고 있다. 백화점 매출의 견인차가 가전과 가구이기 때문이다. 특히 고급 침대를 백화점에서 직접 체험해보려는 고객들이 늘어나고 있다. 덕분에 에이스침대는 백화점 더현대서울에서도 가장 넓은 312제곱미터, 그러니까 94평 매장을 차지했다. 그런데 더현대서울 매장의 개점 직후 매출 1위를 찍은 브랜드는 에이스침대가 아니라 시몬스였다. 시몬스는 개점 열흘 동안에만 누적 매출 9억 원을 기록했다. 시몬스의 D2C 전략이 효과를 발휘한 덕분이다. 무엇보다 MZ 중심의 시몬스 마케팅은 장차 독립과 결혼을 앞둔 2030세대에게 시몬스를 각인시켜주는 효과가 있다. 침대가 없는 침대 매장인 청담동 시몬스 그로서리 스토어도 마찬가지다. 시몬스 그로서리에서 멍때리기를 경험한 2030 고객들은 결국 더현대서울 백화점에서 시몬스 침대를 찾게 된다. 덕분에 시몬스는 2021년 매출 3054억 원을 기록했다. 2020년에 비해 12%나 성장한 수치다.

시몬스 그로서리 스토어에서 멍때리기를 경험한 2030 고객들은 결국 시몬스 침대를 찾게 된다

2019년 매출 2000억 원을 돌파하고 2년 만에 3000억 원을 넘어섰다. 여기엔 코로나와 연결된 슬리포노믹스Sleeponomics도 한몫했다. 코로나로 집에 머무는 시간이 늘고 집콕 소비가 늘면서 침대에 대한 관심이 더욱 커졌다. 여기에 1인당 국민소득이 3만 달러를 넘어서면서 집과 인테리어에 대한 관심도 커졌다.

반면에 스트레스가 만성화되면서 수면장애를 겪는 환자들은 증가하고 있다. 국민건강보험에 따르면 수면장애를 앓는 현대인은 2020년 기준 66만 명 가깝게 늘어났다. 침대 시장이 커질 수밖에 없다. 국내 수면 시장 규모는 2021년 기준 3조 원 정도다. 2011년 4800억 원에서 6배 가까이 늘어났다.

시몬스는 이렇게 공격적인 유통 혁신을 시도하면서 영업이익률은 정체됐다. 2021년 영업이익률은 6%를 기록했다. 시몬스는 2030 고객들을 대상으로 마케팅하면서 고가의 침대를 구매할 수 있도록 36개월 장기 카드 무이자 할부 이벤트를 했다. 일종의 침대 구독 경제다. 이런 시몬스 페이 때문에 이자 수수료 부담이 늘어났다. 그렇지만 빠른 성장이 뒤를 받쳐주고 있다. 침대라고 하는 카테고리에서 강한 시장 점유율을 갖고 있는 카테고리 킬러만이 할 수 있는 과감한 혁신이다.

지금 침대 매트리스 시장은 코웨이가 주도하는 매트리스 렌털 시장이 커지면서 요동치고 있는 상황이다. 코웨이는 2021년 2월 매트리스 업체 아이오베드를 430억 원에 인수했다. 매트리스 생산을 내재화하면서 침대는 평생 쓰는 물건이라는 인식을 바꿔놓고 있다. 현대백화점 그룹도 아마존 매트리스로 유명한 온라인 전문 매트리스 업체 지누스를 7747억 원에 인수했다. 그렇지만 시몬스는 소비자와 경험으로 연결되는 D2C 소통으로 대응하고 있다. 이것이 시몬스의 흔들리지 않는 편안함이다.

24

흥행 산업의 규칙을 바꾸다
: 오늘의웹툰

콘텐츠 소비자는 플랫폼에 충성하지 않는다

2022년 7월 23일 별세한 장성락 작가는 유명 웹툰『나 혼자만 레벨업』으로 잘 알려져 있다. 『나 혼자만 레벨업』은 K웹툰의 상징과도 같은 작품이다. 2018년 3월 카카오페이지를 통해 연재를 시작했다. 『나 혼자만 레벨업』은 한국뿐만 아니라 일본과 태국과 미국까지 초토화했다. 글로벌 웹툰 시장에서 142억 뷰를 기록했다. 사실상『나 혼자만 레벨업』신드롬이었다.

『나 혼자만 레벨업』은 나 혼자만 레벨업한 게 아니었다. 『나 혼자만 레벨업』덕분에 네이버웹툰에 비해 후발 주자였던 카카오페이지도 레벨업에 성공할 수 있었기 때문이다. 『나 혼자만 레벨업』은 콘텐츠 플랫폼의 성패는 결국 콘텐츠에 달려 있다는 걸 다시 한번 입증한 사례다.

콘텐츠 소비자는 플랫폼에 충성하지 않는다. 콘텐츠에 충성한다. 「하우스 오브 카드」를 보려고 넷플릭스에 가입한다. 「아이언맨」을 보려고 디즈니플러스에 가입한다. 장성락 작가는 『나 혼자만 레벨업』의 레벨을 국가 권력급까지 끌어올렸다. 국가 권력급은 『나 혼자만 레벨업』 세계관 속에서 최강자 레벨을 뜻한다. 덕분에 흥행성과 작품성을 둘 다 잡은 건 물론이고 웹툰 산업의 지형도까지 바꿔놓았다.

『나 혼자만 레벨업』 같은 작품이 등장하면 흥행 시장은 당연히 유사 작품을 내놓게 돼 있다. 대중적 흥행은 예측하기가 매우 어렵다. 가장 안전한 길은 성공한 작품을 모방하는 것이다. 『나 혼자만 레벨업』이 성공하자 유사한 세계관의 작품들이 우후죽순처럼 등장하기 시작했다.

『나 혼자만 레벨업』의 주인공은 성진우다. 최하위 E급 헌터였다. 헌터의 등급은 E급부터 S급까지 층층 시야로 나뉘어 있다. 여기에 등급이라기보다는 권위에 가까운 국가 권력급까지 『나 혼자만 레벨업』에서 헌터는 마수를 사냥하는 사람들이다. 『나 혼자만 레벨업』은 MMORPG 게임을 현실로 옮겨놓은 것과 여러모로 닮아 있다. 바꿔 말하면 게임 세계관을 현실 세계관으로 바꿔놓은 것이다.

『나 혼자만 레벨업』의 대성공 이후 등장한 무슨 무슨 레벨업 제목의 웹툰들은 대부분 이렇게 게임 세계관을 기반으로 한다. 웹툰 소비자들이 게임 소비자와 교집합이 크기 때문이다. 동시에 현실 세계를 모방해서 탄생한 게임의 규칙이 거꾸로 현실 세계에 영향을 주고 있다는 의미도 된다. 여러 가지로 이제 웹툰은 단순한 만화가 아니라 산업이자 현상이 됐다. 그런데 문제가 있다. 어떤 웹툰이 흥행할지 트렌드를 예측하기가 어렵다는 점이다. 『나 혼자만 레벨업』과 닮은 유사 레벨업 작품들이 판을 치게 되는 이유다. 미래를 예측할 수 없다면 현재를 모방하는 것이 최선이기 때문이다.

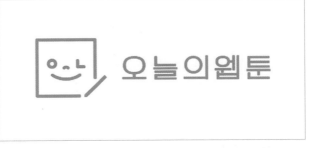

오늘의웹툰은 웹툰의 인기 추세를 보여주는 직관적인 데이터를 제공한다

웹툰이기에 가능한 시장의 발견

데이터 기반 웹툰 제작사 오늘의웹툰은 바로 웹툰 시장의 흥행 예측 문제를 해결하려는 스타트업이다. 오늘의웹툰은 최근 21억 원 규모의 시리즈A 투자를 유치했다. 투자사는 캡스톤파트너스와 라구나인베스

트먼트와 크릿벤처스 등이다. 기존 프리투자자였던 베이스인베스트먼트도 추가로 투자했다. 기존 투자자가 추가 투자를 한다는 건 매우 긍정적이다. 특히 시리즈A 투자사들 목록에서 주목할 만한 투자사는 크릿벤처스다.

크릿벤처스는 최근 콘텐츠 기업에 투자하는 메인 벤처캐피털로 주목받고 있다. 지난 2년 동안 콘텐츠 기업에만 276억 원 이상을 투자했다. 크릿벤처스가 투자한 대표적인 스타트업이 차트메트릭이다. 차트메트릭은 전 세계 200만 뮤직 아티스트의 음악과 공연 활동을 총정리해서 한눈에 보여주는 대시보드 서비스다. 조성문 차트메트릭 대표는 실리콘밸리에서 주목받고 있는 한국인 스타트업 창업자 가운데 하나다. 차트메트릭은 흥행 산업인 음악 산업에서 인공지능과 빅데이터 기술로 예측력을 높여주는 역할을 하는 B2B 기업이다. 특정 아티스트의 인기도를 보여주는 무수한 데이터를 모아서 직관적으로 분석하고 흥행성을 전망하는 것이다.

크릿벤처스가 투자한 오늘의웹툰도 차트메트릭과 여러 가지로 일맥상통한다. 인공지능으로 빅데이터를 분석해서 보통은 포착하기 어려운 트렌드를 찾아냈다는 점도 닮았다. 차트메트릭이 음반사와 아티스트들을 고객으로 하는 B2B 서비스인 것처럼 오늘의웹툰 역시 웹툰 기획사나 작가들을 대상으로 웹툰의 인기 추세를 보여주는 직관적인 데이터를 제공하는 B2B 서비스다. 무엇보다 오늘의웹툰은 웹툰이 디지털로 정밀한 분석이 가능한 장르라는 점에 주목했다. 과거 만화방 대여소 만화와 달리 웹툰은 독자의 반응을 실시간으로 수치화하는 것이 가능하다. 독자들이 어떤 장르의 작품을 선호하는지부터 한 에피소드를 보는 데 어느 정도의 시간을 쓰는지, 어떤 댓글을 달고 어느 컷 장면에서 오래 머무는지를 알 수 있다. 그야말로 '웹' 더하기 '툰'이기 때문에 가능한 일이다.

오늘의웹툰은 자체 개발한 웹툰 애널리틱스라는 솔루션을 제공한다. 웹툰의 가치를 정량적인 데이터로 측정해서 웹툰의 생산성과 흥행성을 높이도록 고안된 프로그램이다. 웹툰은 초반 여러 편을 무료로 제공하면서 독자들의 관심도와 충성도를 이끌어낸다. 이때 웹툰 애널리틱스는 무료 단계에서 독자의 반응을 분석해서 향후 작품의 흥행 여부나 바람직한 전개 방향을 제시할 수 있다.

빅데이터 기술과 만나 진화하는 흥행 콘텐츠 산업

오늘의웹툰은 자체적으로 작품을 발굴하거나 투자도 한다. 웹툰 애널리틱스를 통해 컨설팅 서비스만 제공하는 것이 아니라 직접 프로듀싱도 하는 셈이다. 웹툰 애널리틱스의 분석력을 직접 작품 전개에 적용할 수 있는 효과적인 방법이기 때문이다.

사실 지금의 웹툰 시장은 오늘의웹툰 같은 분석 시스템이 필요하다. 더 이상 소규모 아티스트 시장이 아니기 때문이다.

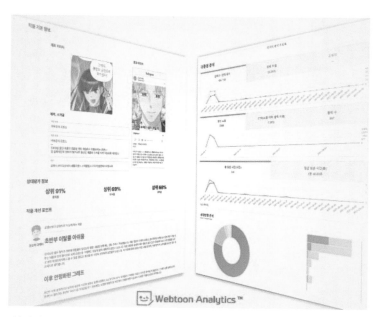

기술의 진보가 흥행 산업의 규칙까지도 바꿔놓고 있다

웹툰 시장은 점차 할리우드 블록버스터 시장을 닮아가고 있다. 여기엔 별세한 장성락 작가의 영향이 컸다.

『나 혼자만 레벨업』은 장성락 작가가 3년 동안 연재하면서 끊임없이 한계를 넘었던 작품이었다. 『나 혼자만 레벨업』은 전무후무한 대박 작품이면서 동시에 전무후무한 블록버스터 작품이었다. 장성락 작가는 매주 평균 70컷에서 80컷을 오가는 엄청난 작업량을 소화했다. 매주 60컷만 그려도 웹툰 업계에선 높은 노동 강도라고 평가된다. 장성락 작가의 경우 『나 혼자만 레벨업』 127화에선 무려 99컷을 그렸다. 이정도 컷을 소화하려면 분업화가 필수다. 인물과 배경을 나눠 그리고 채색도 따로 한다. 기업화되고 산업화될 수밖에 없다. 『나 혼자만 레벨업』이 성공하면서 웹툰의 블록버스터화는 가속화됐다.

한번 눈높이가 높아진 독자들은 늘 레벨업을 원했다. 『나 혼자만 레벨업』의 유사 작품들이 국가 원수급이 되지 못한 건 스토리라인을 모방했기 때문도 있지만 『나 혼자만 레벨업』의 블록버스터급 완성도를 따라가지 못했기 때문이었다. 『나 혼자만 레벨업』은 그만큼 대규모 투자가 이뤄진 하이리스크 하이리턴 작품이었다.

게다가 『나 혼자만 레벨업』은 전무후무한 글로벌 흥행을 기록했다. 문화와 언어는 달라도 『나 혼자만 레벨업』의 액션과 스토리는 통했다. 지금 네이버와 카카오 모두 글로벌 웹툰 시장 공략에 사활을 걸고 있다. 카카오는 북미 웹툰 플랫폼 타파스를 인수했다. 네이버도 웹소설 플랫폼 왓패드를 인수했다. 당연히 『나 혼자만 레벨업』처럼 국경을 초월한 흥행작이 절실해지는 상황이다. 이건 오늘의웹툰의 웹툰 애널리틱스 같은 정량적 예측 시스템이 더욱더 필요해진다는 뜻이다. 웹툰의 블록버스터화는 오늘의웹툰에게 기회다. 내일의 흥행을 위해서다.

오늘의웹툰과 크릿벤처스 같은 스타트업과 벤처캐피털의 등장은 이제까진 감에 의존한다고 알려져 있는 흥행 콘텐츠 산업이 빅데이터 기술과 만나서 진화하고 있다는 증거다. 흥행은 아무도 모른다며 이제까진 어쩔 수 없는 문제로 인식했던 숙제에 도전하는 스타트업들이 생겨나고 있는 것이다. 기술의 진보가 흥행 산업의 규칙까지도 바꿔놓고 있다. 오늘의웹툰은 웹툰 애널리틱스에 합성곱신경망과 생성적대신경망 같은 고도화된 딥러닝 기술을 적용하고 있다. 웹툰 콘텐츠 회사이기 이전에 인공지능 딥러닝 회사인 것이다. 이미 『행복을 만드는 법』과 같은 신작 웹툰에 딥러닝을 적용하기 시작했다. 『나 혼자만 레벨업』은 웹툰의 레벨을 바꿨다. 오늘의웹툰은 웹툰의 내일을 바꾼다.

정보를 엮어 보물 지도를 만들다

: 혁신의숲

스타트업 생태계의 풍경

스타트업 생태계는 울창한 숲과 같다. 한켠에선 스타트업이라는 어린나무들이 자연스럽게 자라난다. 다른 쪽에선 장성한 유니콘과 대성한 데카콘들이 울창한 침엽수림을 이룬다. 때론 규제가 들어와서 숲이 밀림이 되는 걸 막는다. 때로는 규제가 리스크가 돼서 자라나던 스타트업이 숭덩 잘려 나간다. 때로는 인플레이션과 리세션recession 같은 거시경제 변화 때문에 앞서가던 스타트업이 주춤하거나 뒤처졌던 스타트업이 급성장한다. 미국 연방준비위원회와 한국은행 같은 중앙은행의 금리통화정책 때문에 유니콘의 기업공개IPO가 성공하거나 실패하면서 숲의 크기가 커지거나 작아진다. 숲에 투자라는 양분을 공급하는 건 벤처캐피털들이다. 벤처캐피털들은 숲의 구석구석을 돌아다니면서 될성부른 스타트업들을 찾아낸다. 성장하는 스타트업과 눈 밝은 벤처캐피털의 만남이 이뤄지면 숲이 더 울창해진다. 이것이 실시간으로 벌어지는 혁신의 숲속 풍경이다.

그런데 혁신의 숲에 없는 게 하나 있다. 지도다. 나침반이다. 내비게이션이다. 숲에 들어가면 길을 잃기 쉽다. 숲에 들어가야 산삼을 캘 수 있지만 산삼이 어디에 있는지를 알아내기가 너무 어렵다. 더 어려운 건 잘못 숲에 들어갔다간 길을 잃기에 십상이라는 것이다. 이래선 나무만 보고 숲은 보지 못하는 격이다. 창업을 준비하는 예비 스타트업 CEO들도, 회사를 이끌어가는 스타트업 CEO들도, 가능성 있는 스타트업을 찾아내려는 벤처캐피털 투자심사역들도 심각한 정보 비대칭에 시달리고 있다. 혁신의 숲이 가진 태생적 약점이다. 유가증권시장처럼 거래소에 정보가 모여 있고, 공시를 확인할 수 있는 투자의 장과는 다르다. 그래서 혁신의 숲에선 길을 찾는 데 너무 큰 비용이 들어간다.

스타트업 생태계의 약점에 주목하다

마크앤컴퍼니의 홍경표 대표는 바로 이 부분에 주목했다. 미국 스타트업 생태계처럼 한국 스타트업 생태계도 숲에 산책로와 등산로를 만들어가는 과정이 필요하다고 봤다. 미국엔 피치북과 CB인사이트, 크런치베이스 같은 인포메이션 비즈니스 기업들이 있다.

피치북과 CB인사이트 같은 기업들은 스스로 벤처캐피털 역할과 업계 내비게이션 역할을 함께한다. 피치북 뉴스레터는 미국 스타트업 생태계의 현황을 파악하는 최선의 도구다. 피치북 같은 인포메이션 기업의 존재 여부는 결국 스타트업 생태계의 성숙 단계를 보여주는 지표라고 할 수 있다. 홍경표 대표는 한국의 피치북으로 혁신의숲을 기획했다. 나무를 모아다가 숲을 보여주는 곳으로 혁신의숲 서비스를 디자인했다. 혁신의숲은 2021년 10월 공식 서비스를 시작했다.

서비스를 시작한 지 1년 남짓 된 혁신의숲에는 한국 스타트업 4500개 이상의 정보가 모여 있다. 투자 유치 이력, 고용 현황, 재무 정보, 소비자 거래액, 재방문율 같은 재무정보부터 소비자 거래 분석, 서비스 트래픽 현황, 사회관계망 서비스를 통한 평판 분석 같은 성장 지표에 보유 특허 같은 지적재산 정보까지 입체적인 정보를 모아뒀다.

단지 데이터만 모아놓은 것이 아니다. 데이터에서 정보를 추출했다. 해당 스타트업에 대한 인사이트가 담겨 있다는 뜻이다. 게다가 이런 데이터와 정보를 한눈에 보이도록 대시보드 형태의 인포그래픽으로 제공한다. 알 수 없는 통계 숫자만 난무하는 게 아니라 눈에 보이는 트렌드를 제공한다는 뜻이다.

혁신의숲을 통해 투자자 입장에선 스타트업의 내부 정보와 산업의 트렌드를 알 수 있다. 투자 결정에 도움이 된다.

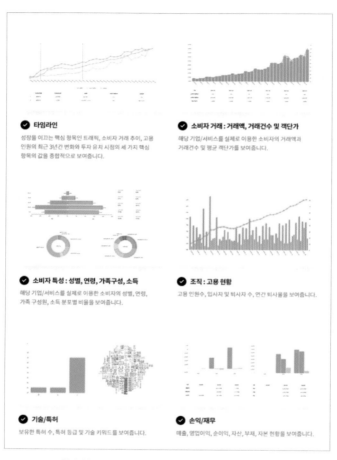

✅ 타임라인

성장을 이끄는 핵심 항목인 트래픽, 소비자 거래 추이, 고용 인원의 최근 3년간 변화와 투자 유치 시점의 세 가지 핵심 항목의 값을 종합적으로 보여줍니다.

✅ 소비자 거래 : 거래액, 거래건수 및 객단가

해당 기업/서비스를 실제로 이용한 소비자의 거래액과 거래건수 및 평균 객단가를 보여줍니다.

✅ 소비자 특성 : 성별, 연령, 가족구성, 소득

해당 기업/서비스를 실제로 이용한 소비자의 성별, 연령, 가족 구성원, 소득 분포별 비율을 보여줍니다.

✅ 조직 : 고용 현황

고용 인원수, 입사자 및 퇴사자 수, 연간 퇴사율을 보여줍니다.

✅ 기술/특허

보유한 특허 수, 특허 등급 및 기술 키워드를 보여줍니다.

✅ 손익/재무

매출, 영업이익, 순이익, 자산, 부채, 자본 현황을 보여줍니다.

혁신의숲의 정보들은 스타트업이라는 숲을 한눈에 보여준다

창업자는 최근 투자 시장 분위기를 감지할 수 있고 창업 트렌드도 한 눈에 알 수 있다. 숲의 어디에서 삽질할지, 지금 파고 있는 지역에 정말 금맥이 있는지, 아니라면 피보팅을 해야 하는지를 판단할 수 있다. 스타트업 CEO들은 자신의 비즈니스에만 매몰되기에 십상이다. 몰두하느라 주변을 돌아볼 틈이 없기 때문이다. 나무만 보고 숲은 못 보는 격이다. 숲을 봐야 나무를 제대로 심는데 말이다.

나무와 숲을 한눈에 볼 수 있게 하다

혁신의숲에 따르면 2022년 7월 한 달 동안 이뤄진 스타트업 투자 규모는 1조 2000억 원 정도다. 시드 투자부터 인수합병 단계까지 149개 스타트업이 투자를 받았다. 산업별로 보면 핀테크가 3180억 원이고, 콘텐츠가 3000억 원이고, 헬스케어바이오가 1500억 원이다. 이렇게 스타트업 생태계 어디에서 얼마만큼의 돈이 돌고 있는지를 알 수 있다. 창업과 투자의 기준이 될 수 있는 핵심 지표다.

2022년 7월에 투자를 받은 스타트업들을 순위별로도 살펴볼 수 있다. 1위는 토스를 운영하는 비바리퍼블리카다. 토스는 3000억 원을 투자받았다. 누적 투자액은 1조 2000억 원이다. 2위는 아동 대상 온라인 교육 플랫폼인 글로랑이 120억 원을 투자받았다. 3위는 여행 렌터카 예약 플랫폼인 찜카를 운영하는 네이버모빌리티로 100억 원을 투자받았다. 4위는 온라인 동영상 강의 플랫폼인 큐리어슬리로 100억 원을 투자받았다. 5위는 전기차 충전 플랫폼인 플러그링크로 70억 원을 투자받았다. 1위부터 5위까지 투자 규모만 놓고 보면 최근 벤처캐피털의 투자 트렌드가 드러난다. 결국 최근엔 돈이 핀테크와 모빌리티와 e에듀케이션으로 몰리고 있다는 걸 알 수 있다.

사실 이런 관련 정보들은 과거엔 개별 회사들이 알음알음 입소문을 수집해서 알아야만 했다. 언론보도를 스크랩하는 것도 방법이었다. 따지고 보면 각 회사들이 제공한 보도자료가 기사화된 걸 모아놓는 것이나 다름없었다. 혁신의숲에서 정보를 모으는 일은 결국 이렇게 나뭇가지를 하나하나 줍줍해서 모으는 식이었다. 혁신의숲은 나뭇가지들과 나무들과 숲을 모두 보여준다. 혁신의숲에 접속하면 큰 그림과 작은 디테일을 모두 알 수 있다.

사실 한국에서 이런 스타트업 인포메이션 서비스가 기획된 건 처음이 아니다. 2016년에 시작한 더브이씨가 원조라고 할 수 있다. 더브이씨를 창업한 변재극 대표는 스타트업 정보들을 말 그대로 맨땅에 헤딩하듯이 모았다. 가내수공업 방식에 가까웠다. 이런 방식으로도 더브이씨엔 투자 데이터가 1만 5000건 이상이 쌓였다. 더브이씨의 월간 이용자 수는 20만 명 이상이다. 혁신의숲은 더브이씨의 방식에 더해서 추가로 효율적인 정보 수집 방식을 활용한다. 카드사들과 제휴해서 스타트업 전용 법인카드를 발급하는 방법이다. 법인카드 내역을 기반으로 지출 현황과 고용현황, 매출 현황까지도 파악할 수 있기 때문이다.

투자와 협업을 동시에

혁신의숲은 다양한 네트워크를 통해 정보망을 구축하고 있다. 2022년 5월 혁신의숲은 시리즈A 투자를 받았다. 투자이면서 동시에 협업에 가깝다. 혁신의숲에 투자한 나이스평가정보와 두나무 그리고 제트벤처캐피털은 모두 스타트업 관련 정보들이 모이는 일종의 데이터 저수지다. 나이스평가정보는 스타트업이 벤처캐피털에게 투자받기 위해서 반드시 받아야만 하는 투자등급을 제공하는 곳이다. 당연히 스타트업의 내부 정보들이 모일 수밖에 없다.

두나무는 블록체인과 코인 관련한 스타트업으로 상장을 추진하는 대형 거래소 업비트의 운영사다. 거래소만큼 정보가 모이는 곳도 없다. 제트벤처캐피털은 네이버와 소프트뱅크의 합작사 Z홀딩스가 운영하는 CVC다. 소프트뱅크와 네이버만큼 한국과 일본 그리고 글로벌 지향 스타트업 정보가 모이는 곳도 없다. 여기에 국민대학교 혁신기업연구센터와 업무 협약까지 더했다. 데이터를 수집하고 분석하고 구축하는 작업을 함께한다. 혁신의숲은 이런 정보망을 통해 데이터를 수집한다. 숲을 보기 위해 나뭇가지도 줍지만 측량 회사들과 협력도 하고 항공 촬영도 하는 셈이다.

홍경표 마크앤컴퍼니 대표는 온라인 결제와 모바일 광고 플랫폼을 창업해서 성공시킨 연쇄 창업가다. 2013년 한화생명 드림플러스 투자 총괄로 합류했다.

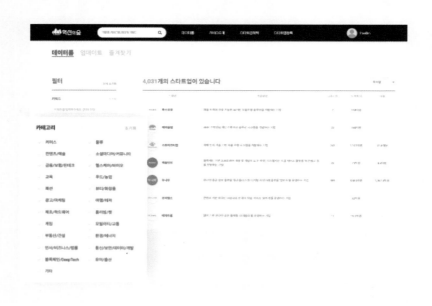

서비스를 시작한 지 1년 남짓된 혁신의숲엔 한국 스타트업 4500개 이상의 정보가 모여 있다

기업형 벤처캐피털cvc에서 오픈 이노베이션을 주도하면서 스타트업 생태계를 파악했다. 2017년 드림플러스 강남센터 개관에도 관여했다. 스타트업들한테 공간을 제공하면서 네트워크를 맺었다. 2019년 마크앤컴퍼니를 설립해서 스타트업 투자에 나섰다. 이때 혁신의숲이라는 인포메이션 서비스를 시작했다. 스타트업 생태계를 활성화시키려면 누군가는 길을 내고 지도를 만드는 작업을 해야 한다고 평소에 생각해왔기 때문이다. 당장은 돈이 안 되더라도 말이다.

혁신의숲은 스몰엑시트 시장에 관심이 있다. 지도를 만드는 일은 큰돈이 안 되지만 보물지도라면 얘기가 달라진다. 스몰엑시트란 스타트업들의 비상장 주식을 거래하는 걸 말한다. 이미 카카오증권에서도 비상장 유니콘의 주식 거래가 이뤄지고 있다. 토스나 당근마켓의 비상장 주식이 고가에 거래된다. 대부분 스톡옵션을 받은 직원들이 상장 이전에 현금화를 원하기 때문에 이뤄지는 거래다. 스타트업 생태계가 울창해질수록 이런 비상장 주식 거래 수요도 늘어나게 된다. 주식 시장만큼 크진 않지만 분명 공급과 수요가 있는 시장이다. 스몰엑시트 시장을 만들 수만 있다면 혁신의숲에선 정보뿐만 아니라 지분도 거래된다. 정보가 돈이 되는 시장은 결국 투자 시장이다. 이렇게 되면 혁신의숲은 혁신의 장터가 되는 셈이다. 나무가 숲이 되고, 숲은 시장이 된다. 길이 나고 지도가 보이고 내비게이션에 생긴다. 사람이 모이고, 정보가 모이고, 돈이 모인다. 이것이 바로 생태계의 진화다.

컬리는 정말 흑자를 낼 수 있을까
- 컬리의 주식 상장

"흑자 시점을 당기느냐 늦추느냐 하는 결정의 문제다. 능력의 문제가 아니다."

김슬아 컬리 대표가 「중앙일보」와의 인터뷰에서 한 말이다. 컬리의 흑자 전환은 로켓 사이언스가 아니라는 얘기다. 비즈니스에서 로켓 사이언스란 아직 해결 방법을 모르는 고난이도 문제를 뜻한다. 한마디로 김슬아 대표는 컬리를 흑자로 전환하는 방법을 이미 꿰뚫고 있다는 말이다.

컬리의 누적 적자는 5000억 원에 달한다. 2015년 컬리를 창업해서 신선 식품 배송 이커머스 플랫폼 마켓컬리 서비스를 시작한 이후로 꾸준히 누적 돼온 적자다. 2018년 337억 원이었던 연간 영업손실은 2021년엔 2177억 원까지 증가했다. 컬리의 적자는 증시 상장에도 발목을 잡았다. 컬리는 2022년 1월과 2월 두 차례에 걸쳐 상장예비심사를 청구했지만, 높은 영업 적자가 문제가 됐다.

애초 컬리는 뉴욕 증시 상장을 목표로 삼았다. 미국 증시는 쿠팡에 선수를 빼앗겼다. 덕분에 국내 증시에 길이 열렸다. 한국거래소가 유니콘 기업 특례 요건을 마련했기 때문이다. 한국 시장에서 성장한 쿠팡이 나스닥도 아니고 뉴욕 증권거래소에 상장된 게 자극이 됐다. 코스피도 성장성을 인정받으면 어느 정도의 적자는 감수하더라도 상장을 허용해야 한다는 여론이 조성됐다. 컬리는 한국 증시 상장으로 목표를 수정했다. 실제로 2022년 1월엔 쏘카가 상장예비심사를 청구했다.

정작 컬리의 적자가 유니콘이라고 봐줄 정도의 규모가 아니라는 게 문제였다. 무엇보다 상장 이후에 적자를 줄일 구체적인 방책을 제시해야만 했다. 안 그러면 상장 직후 주가가 급락할 수도 있다. 자칫 코스피가 기존 투자자들의 주식을 개인 투자자들에게 떠넘기는 창구 역할을 하게 될 수도 있다.

뉴욕 증시에 성대하게 입성한 쿠팡도 공모가 35달러조차 수성하지 못하고 후퇴만 거듭했다. 상장 초기 100조 원에 달했던 쿠팡의 시가총액은 38조 원까지 쪼그라들어버린 상태다. 쿠팡은 2021년 매출 22조 원으로 사상 최대 실적을 기록했다. 주가엔 무용했다. 영업적자 폭이 확대된 탓이다. 성장주에 관대한 뉴욕 증시의 쿠팡이 이렇다면 훨씬 보수적인 한국 증시에 상장될 컬리는 말할 것도 없다. 상장 이후에도 지금처럼 적자 폭이 우상향으로 커지면 컬리는 증시의 개미 무덤이 될 수 있다. 그런데 김슬아 컬리 대표는 한국거래소의 상장 예비 심사가 진행되는 시점에 흑자 전환은 식은 죽 먹기라고 말한 셈이다.

컬리는 2022년 3월 28일 한국거래소에 유가증권시장 상장예비심사 신청서를 제출했다. 3개월 정도 늦어진 일정이었다. 상장예비심사에는 보통 2개월 정도가 소요된다. 투자설명회 등을 거치려면 기업공개까지는 최소한 4개월 이상 걸린다고 봐야 한다. 상장주관사는 한국투자증권과 JP모건과 NH투자증권이다. 관건은 밸류에이션이다. 컬리는 시가총액 7조 원대를 기대한다. 2021년 12월 홍콩계 사모펀드 앵커에쿼티파트너스로부터 프리 IPO(상장 전 지분 투자)로 4조 원의 밸류에이션을 인정받았기 때문이다. 바꿔 말하면 막차를 탄 앵커에쿼티파트너스를 비롯한 기존 투자자들이 이익을 내려면 최소한 7조 원 이상의 기업 가치를 인정받아야만 한다는 뜻이 된다. 기업 가치는 상장심사과정에서 20%에서 30%가량 할인되기 마련이다. 시가총액 5조 원 그리고 공모가는 10만 원 안팎에서 밸류에이션이 결정될 가능성이 크다는 의미다.

그러자면 적자 문제를 반드시 해결해야만 한다. 왜 적자일 수밖에 없는지를 명쾌하게 설명하거나, 아니면 향후 적자를 해소할 방도를 상쾌하게 설명해줘야만 한다. 시장에선 컬리의 적자가 만성화됐다고 본다는 게 문제다.

컬리의 주력 사업은 신선 식품 새벽 배송 서비스다. 신선 식품을 새벽 시간에 배송하려면 풀콜드체인 물류망이 필요하다. 일반 제품 배송보다 당연히 물류비용이 많이 든다. 컬리와 같은 스타트업이 뛰어들기엔 만만치 않은 비즈니스다. 마켓컬리를 보고 신선 식품 배송에 뛰어들었던 롯데온조차 최근 백기를 들었다. 진짜 문제는 따로 있다. 신선 식품은 재고 관리가 어렵다.

신선 식품은 하루만 지나도 더 이상 신선 식품이 아니다. 냉장보관을 잘못해서가 아니다. 산지 생산일자가 표기되기 때문이다. 하루만 지나도 시장에선 신선하다고 인정해주지 않는다.

　더군다나 컬리는 산지 직송 신선 식품이라는 프리미엄 마케팅을 해왔다. 조금 비싸도 나와 가족에게 더 좋은 먹거리를 먹게 하고 싶어 하는 여성 고객층을 팬덤으로 확보했다. 컬리의 소비자들은 까다롭기로 유명하다. 컬리가 며칠 지난 채소를 신선하다고 판매하면 당장 컬리에게 등을 돌릴 수도 있다. 그래서 컬리는 판매가 안 된 신선 식품을 폐기처분해왔다. 애널리스트들은 높은 식품 폐기율이 컬리의 적자 원인으로 분석해왔다.

　"0.5% 미만이다." 김슬아 컬리 대표가 최근 밝힌 마켓컬리의 식품 폐기율

컬리의 주력 사업인 신선 식품 새벽 배송은 물류 비용이 많이 든다

이다. 시장의 분석을 뛰어넘는 낮은 식품 폐기율이다. 김슬아 대표는 마켓컬리의 낮은 식품 폐기율은 자체 개발한 신선 식품 물류 시스템 덕분이라고 설명했다. 컬리는 온라인 주문 빅데이터를 활용해서 지역별 상품 판매를 예측한다. 인근 물류센터에 미리 제품을 가져다 뒀다가 주문이 들어오면 바로 새벽 배송을 한다. 데이터 예측이 낮은 식품 폐기율의 이유란 뜻이다. 컬리는 당신이 오늘 아침에 우유와 계란, 과일을 주문할지를 어젯밤부터 이미 알고 있었다는 말이 된다.

실제로 컬리는 신선 식품 배송 자회사인 넥스트마일을 고도화하고 있다. 넥스트마일은 얼마 전까진 프레시솔루션이라고 불리던 회사다. 지금은 컬리에서 가장 중요한 사업 부문이 됐다. 최근엔 넥스트마일의 수장으로 송승환 대표를 선임했다. 송승환 대표는 이베이코리아에서 14년 동안 일하면서 스마일배송을 안정시킨 주역이다. 오픈마켓인 이베이코리아는 배송 대행 서비스인 스마일배송 덕분에 성장을 지속할 수 있었다. 목표는 마켓컬리 새벽 배송의 전국 확대와 당일 배송 강화다.

현재 마켓컬리의 새벽 배송은 수도권과 충청권, 대구와 부산, 울산에서 이뤄지고 있다. 과거 서울 그것도 강남 등 특정 지역에만 집중됐던 것에 비하면 장족의 발전이다. 여전히 갈 길은 멀다. 비용도 많이 드는 길이다. 컬리는 2021년 새벽 배송 관련 운반 비용으로만 274억 원을 썼다. 2020년 120억에 비해 2배나 증가했다. 식품 폐기율은 시장의 분석보다 낮았지만 물류 투자비는 시장의 예상만큼 높았다. 송승환 대표 체제에서 배송 지역을 확대해나간다면 물류 관련 비용은 더 많이 증가할 수밖에 없다. 대신 컬리는 마켓컬리 서비스를 단위 면적당 가장 많은 물량을 처리하면서 재고 회전율도 가장 빠르고, 재고 폐기율은 가장 낮은 물류 시스템으로 계속 혁신한다는 계획이다.

컬리는 이렇게 개발한 물류 시스템을 기반으로 새로운 비즈니스에도 뛰어들 작정이다. 김슬아 대표는 컬리는 리테일 테크 기업이라고 정의한다. 신선식품 배송 기업이 아니라 물류 시스템을 혁신해나가는 기업이라는 얘기다. 여기서 파생되는 비즈니스가 물류 자동화 소프트웨어를 파는 SaaS 사업이다. SaaS 기업으로서 컬리의 물류 노하우 자체를 국내외 기업들에게 B2B로 팔겠다는 뜻이다.

지금 전 세계 오프라인 식료품업체들은 온라인 전환을 시도하고 있다. 물류센터를 자동화하고 수요를 예측하는 소프트웨어가 필수다. 한국의 신선식품 배송 온라인화를 이끌고 있는 국내 냉장 물류 1위 컬리의 노하우는 확실히 도움이 되고 돈이 된다.

영국의 온라인 이커머스 신선 식품 플랫폼인 오카도Ocado 역시 SaaS에 뛰어들었다. 채소를 파는 게 아니라 채소를 파는 법을 파는 채소 가게가 되겠다는 비전이다.

비식품 판매로도 영역을 확대해나가고 있다. 마켓컬리 브랜드를 믿고 사는 고객들에게 프리미엄 제품들을 팔아보겠다는 전략이다. 일단 올리브영이 꽉 쥐고 있는 화장품 사업에 도전장을 내밀었다. 가전과 캠핑용품, 호텔숙박권 판매도 시작했다.

컬리는 고객과의 접점을 늘리고 있다

현재 마켓컬리의 비식품 매출 비중은 25% 정도로 추정된다. 여기에 급식업과 식당업도 사업 목적에 추가했다. 마켓컬리에서 팔다 남은 신선 식품을 컬리가 운영하는 식당에서 활용한다는 계산이다.

인수합병에도 적극적이다. 2022년 2월엔 여성 교육 서비스 스타트업인 헤이조이스를 운영하는 플래너리를 인수했다. 헤이조이스의 멤버는 컬리의 고객층과 비교적 겹친다. 여기에 최근엔 초록마을 인수에도 도전했다. 초록마을은 대상그룹이 소유한 오프라인 유기농 매장으로 전국에 470여 개 점포를 운영하고 있다. 2020년 기준 1927억 원 정도의 매출을 기록했다. 초록마을 인수가는 1000억 원 정도였다. 적자 폭이 큰 컬리가 달려들긴 쉽진 않았다. 그런데도 컬리가 초록마을에 눈독을 들인 건 오프라인 매장을 일종의 도심형 물류 거점으로 이용할 수 있고, 신선 식품을 현장 판매할 수도 있기 때문이다. 올리브영의 전략을 신선 식품으로 벤치마크하려고 했던 셈이다.

초록마을에게도 약점은 있었다. 전체 오프라인 점포 가운데 80%가 가맹점이었기 때문이다. 초록마을의 경쟁사인 오아시스마켓은 전국 50개 점포를 100% 직영점으로 운영하고 있다. 결국 초록마을은 컬리 대신 정육각으로 넘어갔다. 정육각은 신선 축산물 유통 플랫폼이다. 여기에 컬리는 성수동에 컬리 살롱 공간 오픈을 준비하고 있다. 컬리 고객과의 접점을 늘리기 위해서다.

이렇게 상장을 앞두고 컬리의 행보가 빨라지고 있다. 당장은 상장예비심사 통과가 목표지만 상장 이후에도 컬리의 주가 가치를 방어해야 하기 때문이다. 상장만이 목표라면 또 다른 IPO 먹튀에 불과해진다. 세상을 더 신선하게 바꾸려고 했던 게 아니라 시장의 머니게임에 불과했던 셈이다.

김슬아 대표의 컬리 지분은 2020년 말 기준 6.67%다. 이후 프리 IPO를 하면서 5% 정도로 낮아진 걸로 추정된다. 이것만 해도 3000억 원 수준이다. 김슬아 대표는 상장 이후에도 3년 동안 본인 지분을 매각하지 않기로 약정했다. 상장 이후 컬리의 적자를 해결하고, 컬리를 물류 테크 기업으로 진화시켜야만 김슬아 대표도 대박이 난다. 안 그러면 자칫 컬리는 적대적 인수합병의 대상으로 전락할 수도 있다. 컬리라는 브랜드를 두고 경영권 전쟁으로 주가를 높이려는 세력의 표적이 될 수 있다는 말이다.

재무적 투자자들로부터 우호 지분을 확보하고 3년간 보호예수기간을 두는 경영권 방어책을 마련했다고 해도 근본적인 해결책은 아니다. 적자를 해결하지 못하면 이미 시장에 공개돼버린 컬리는 언제든 불안해질 수 있다.

국내 신선 식품 배송 시장의 규모는 2021년 기준 5조 원 정도로 추산된다. 신선 식품의 온라인 침투율은 20% 정도다. 다른 이커머스 분야는 50%를 넘어섰다. 이 중 컬리의 연간 거래액은 이미 2조 원을 넘어섰다. 신선 식품 배송 시장의 잠재력이 아직 남아 있다는 얘기다.

헬로네이처까지 백기를 들면서 신선 식품 배송 전쟁은 컬리와 쿠팡, 신세계의 3자 구도가 됐다. 신세계의 쓱닷컴 역시 상장을 준비하고 있다. 컬리는 국내 증시에 상장되는 1호 이커머스다.

컬리는 신선 식품 배송 기업이 아니라 물류 시스템을 혁신하는 기업이 되려 한다

다만 타이밍은 다소 늦었다. 금리가 오르면서 국내외 자금들이 증시로부터 이탈하고 있기 때문이다. 컬리는 유동성 파티가 끝났는데 뒤늦게 파티장에 도착한 채소 가게 사장님 같은 입장이다. 파티에 입장하려고 부랴부랴 화장품도 사고 시계도 사고 식당 예약에 호텔 예약까지 하고 있다. 전국적으로 사업도 늘리고 적자 다이어트도 하고 있다. 채소 가게 사장님의 애프터 파티는 이제부터다.

Think

Think

Think

Think

Th!nk

5장

Solution

: 일상의 불편함을 끝낸 해결사들의 비밀

"가장 불편한 고객은
가장 큰 배움을 얻을 수 있다."
– 빌 게이츠

논쟁은 있지만 혐오는 없다

: 옥소폴리틱스

O와 X로 하는 정치

실리콘밸리에선 사이드 프로젝트가 흔하다. 본업만큼이나 부업에도 신경을 쓴다. 모두들 언젠가는 자기만의 스타트업을 창업하겠다는 꿈을 꾸는 곳이기 때문이다. 그래서 회사가 전부가 아니어야 하고, 아닐 수밖에 없다. 부업이 언젠간 본업이 될지도 모른다. 그럴 수밖에 없다. 실리콘밸리는 거대한 창업 역사 박물관이나 다름없다. 모퉁이만 돌아도 전설적인 창업가들이 첫 사무실을 냈던 곳이거나 첫 제품을 공개했던 장소다. 지금 실리콘밸리 일대 지역에 산재한 거대한 빅테크 기업들의 기라성 같은 본사 건물들은 불과 20년 전만 해도 존재하지도 않았다. 그런 상전벽해를 목격한 실리콘밸리 사람들이 살면서 한 번쯤 창업 대박을 꿈꾸지 않는다면 그건 아마 거짓말일 것이다. 그렇지만 모두가 창업을 정말로 실행하는 건 아니다. 소위 무늬만 창업 꿈나무도 적지 않다. 소위 쿨해 보이려고 창업하겠다고 말하고 다니는 사람들이다. 진짜와 가짜를 가리는 건 어렵지 않다. 부업에 얼마나 진심인지를 보면 된다. 그러다 정말 창업할 기회가 왔을 때 부업을 본업으로 전환한다면 진짜다.

정치 플랫폼 옥소폴리틱스 유호현 대표는 진짜였다. 유호현 대표는 부업이었던 옥소폴리틱스를 본업으로 삼아서 2020년 5월 창업했다. 창업 동기는 정리해고였다. 유호현 대표가 일했던 에어비앤비는 2020년 초 굉장한 위기를 맞았다. 에어비앤비는 2020년 3월 코로나19 팬데믹의 직격탄을 맞았다. 여행업이 붕괴되면서 에어비앤비 매출도 급감했다. 에어비앤비의 예약 건수는 2020년 3월 한 달 동안 절반으로 줄어들었다. 게다가 에어비앤비는 기업공개를 준비하고 있었다. 상장을 위해서 한창 몸집 불리기를 하다가 코로나19가 터졌다.

에어비앤비는 대규모 감원을 실시했다. 실리콘밸리의 감원 방식은 무작위적이다. 엣윌 근로at will employment 계약 조건 때문이다. 엣윌이란 고용자든 피고용자든 서로 그럴 의지만 생긴다면 언제든 근로 계약을 해지할 수 있다는 조항이다. 그렇다고 무조건 자르는 건 아니다. 소송 위험이 있기 때문이다. 실리콘밸리에선 보통 팀을 통째로 날려버린다. 사업 목적이 사라졌다면서 사업 부서를 날려버리는 것이다. 유호현 대표도 그렇게 에어비앤비를 떠나게 되었다.

유호현 대표에게 남은 길은 두 가지 가운데 하나였다. 구직이거나 창업이었다. 이때 진짜 창업 꿈나무와 가짜 창업 연기자가 가늠된다. 이때부터 유호현 대표는 에어비앤비에서 사이드 프로젝트로 만들었던 정치 플랫폼 옥소폴리틱스에 본격적으로 매달리기 시작했다.

유호현 대표는 에어비앤비가 준 4개월 치 월급을 종잣돈으로 옥소폴리틱스에 집중하기 시작했다. 옥소폴리틱스는 O와 X로 하는 정치를 뜻한다. 옥소폴리틱스 애플리케이션을 설치해서 특정 정치 사안에 관한 질문에 답하면 그때부터 옥소폴리틱스의 인공지능 알고리즘이 작동하기 시작한다. 사용자를 다섯 가지 정치적 부족으로 구분해준다.

옥소폴리틱스는 정치적 부족을 다섯 가지 동물로 표기한다

유호현 대표는 정치적 부족을 다섯 가지 동물로 표기했다. 호랑이와 하마, 코끼리, 공룡과 사자다. 각각 강경진보와 중도진보, 중도, 중도보수와 강경보수를 뜻한다. 사용자는 자신이 속한 동물 부족의 게시판에 정치 현안에 관한 글을 포스팅할 수 있다. 여기서 중요한 건 자신이 속한 동물 부족의 게시판에만 글을 쓸 수 있다는 것이다. 반면에 다른 부족의 게시판은 글을 읽을 순 있어도 쓸 수는 없다.

기술은 정치적 소통의 문제를 해결할 수 있을까

옥소폴리틱스의 목표는 특정 정치 집단이 여론을 과대 대표하는 걸 막고 서로 다른 정치 집단의 정치적 소통이 가능한 커뮤니티를 만드는 것이다. 한마디로 기술을 이용해서 분열된 정치적 소통의 문제를 해결해보겠다는 것이다. 어느 나라나 민주주의의 양극화는 심각한 문제다. 유권자들과 정치인들은 서로 편을 갈라 싸우기 일쑤다. 건전한 토론과 소통은 불가능하다. 상대방의 의견에 동조하는 순간 배신자로 낙인찍히기 때문이다. 반면에 과격한 의견을 내세울수록 우리 편에서 지지를 얻기 쉽다. 결국 중도통합론자들은 도태되고 강경과격론자들이 전체를 과대 대표하게 된다. 원래는 언론이 이렇게 여론 시장이 왜곡되는 걸 막았어야만 했다. 정작 언론조차 양극화되면서 민주주의 시스템 전제가 위험해지고 말았다. 옥소폴리틱스는 기술을 이용해서 정치라는 문제를 해결하는 스타트업이다.

옥소폴리틱스에서는 자신의 정치적 성향에 맞는 정치인을 찾을 수 있다

 2022년 현재 옥소폴리틱스는 월간 사용자 18만 명에 일간 사용자는 8000명이 이르는 대규모 커뮤니티로 발전했다. 2022년 대선을 거치면서 1년 만에 200%나 성장했다.

 옥소폴리틱스에선 5개의 부족으로 여론이 구분되고 있기 때문에 서로 내부 투쟁이 일어나지 않는다. 각각의 부족들은 소속감을 느끼지만 그렇다고 다른 부족을 공격할 수는 없다. 대신 특정 주제에 대해 옥소폴리틱스 안에서 투표를 붙일 수 있다. 일종의 여론 조사다. 오직 이걸 통해서만 부족 간 경쟁이 가능하다. 한마디로 서로의 의견을 들을 수 있지만 상대방을 비방할 수는 없고, 결정은 민주적 투표를 통해 이뤄지는 가장 이상적인 민주적 공간을 디지털로 구현한 것이다. 옥소폴리틱스는 기술로 현실적 거버넌스의 문제를 풀어낸다는 비전을 갖고 있다. 적어도 메타버스에서는 실제로 이뤄지고 있는 셈이다. 옥소폴리틱스의 커뮤니티에선 편향되지 않는 정치적 의견을 들을 수 있다. 옥소폴리틱스 프로에선 투표라는 이름의 실시간 여론 조사를 통해 균형 있는 거버넌스 결과값을 얻어낼 수 있다.

유호현 대표는 옥소폴리틱스를 정치의 아마존으로 만들고 싶어 한다. 정치 뉴스도 있고 정치 의견도 있고 정치 토론도 있고 정치 후원도 있는 그야말로 정치의 모든 것이 있는 정치의 아마존이다. 옥소폴리틱스는 자체적으로 옥소코인이라는 가상화폐를 개발했다. 사용자는 옥소폴리틱스 안에서 옥소코인으로 여론 조사를 하거나 특정 정치인을 후원하는 정치 활동을 할 수 있다. 5개 부족 안에서 스스로 합의를 도출해내고, 다른 부족과 투쟁을 벌이는 모든 정치 활동은 옥소코인을 기반으로 이뤄진다. 이렇게 커뮤니티가 플랫폼이 되는 것이다.

옥소폴리틱스는 2021년 11월에 오픈워터인베스트먼트와 엠와이소셜컴퍼니로부터 20억원 정도의 프리A 투자를 받았다. 현재 시리즈A 펀딩을 진행하고 있다. 이것을 바탕으로 다양한 인재들을 끌어모으고 있다. 실리콘밸리 기술 베이스 엔지니어들과 여론 조사 전문 컨설턴트와 블록체인 전문가와 정치부 기자들이 한데 어우러져 일하고 있다.

다수라고 무조건 옳은 것은 아니다

사실 유호현 대표가 옥소폴리틱스를 만들어낸 의사결정 구조는 따져보면 실리콘밸리를 벤치마킹한 것이다. 실리콘밸리에선 모든 의사결정이 데이터를 기반으로 이뤄진다. 정치란 결국 서로 다른 입장과 의견을 조율해나가는 과정이다. 과거엔 권위에 의존해서 결정했다. 다수의 의견을 물어서 결정할 수도 있다. 그렇지만 다수라고 무조건 옳은 건 아니다. 잘못된 정보에 근거한 다수의 결정은 다수결이라도 잘못된 결정일 수밖에 없다. 결국 다수가 어떻게 데이터에 기반해서 올바르게 의견 조율을 할 것이냐가 문제다. 실리콘밸리에선 그걸 위해서 다양한 협업 툴을 개발해왔다. 기술로 의사결정의 효율성과 합리성을 높인 것이다. 옥소폴리틱스의 의사결정 방식과 기술은 실리콘밸리의 기술 기업들이 이미 오래전부터 적용해온 방식이다. 그것을 정치적 문제를 해결하는 데 적용해보겠다고 확대한 것이 유호현 대표였다.

유호현 대표의 아버지는 정치 분야 관계자다. 자연스럽게 정치 이슈에 관심이 많을 수밖에 없었다. 대학에선 영문학과 문헌정보학을 복수 전공했다. 미국 유학에선 인포메이션 사이언스information science를 전공하고 엔지니어가 됐다. 2012년 트위터에 입사해 자연어 처리 알고리즘 개발자로 일했다. 2016년 에어비앤비로 이직해서 에어비앤비의 결제 시스템을 만들었다. 그렇게 10년 가까이 실리콘밸리 엔지니어로 자리를 잡으면서 자연스럽게 창업에 대한 꿈을 꾸게 됐다.

부족을 알려주는
정치성향 테스트

옥소폴리틱스의 알고리즘은 다른 다섯 개 부족들의 의견을 고루 듣게 만들어준다

첫 창업은 결국 자신이 가장 잘 아는 문제에서 출발할 수밖에 없다. 실리콘밸리 창업은 문제를 정의하는 것에서 출발한다. 기술은 문제를 해결할 수단이다. 사실 실리콘밸리에선 기술은 기본이다. 대부분 이공계 출신의 엔지니어이기 때문이다. 더 중요한 건 어떤 문제를 어떻게 정의하느냐다. 그 문제가 얼마나 큰 시장을 창출할 수 있느냐이다. 유호현 대표는 사회의 거너번스 문제를 기술로 해결하겠다고 생각했다. 옥소폴리틱스를 사이드 프로젝트로 추진했고 결국 본업이 됐다.

사이드 프로젝트가 세상을 바꾼다

옥소폴리틱스는 페이스북 같은 SNS가 만들어낸 필터 버블로부터 사용자들을 구출해낼 수 있는 방책이다. SNS는 결국 자신의 의견에 동의하는 사람들의 의견만 듣게 만든다. 편향성을 일반화하게 된다. 반면에 옥소폴리틱스의 알고리즘은 다른 다섯 개 부족들의 의견을 고루 듣게 만들어준다. 필터 버블은 페이스북에는 돈이 되지만, 사회와 시장을 망친다. 결국 페이스북은 내부고발자에 의해 파헤쳐졌다. 페이스북이 돈벌이를 위해 사용자가 더 편향된 정보만을 제공받도록 유도했다는 사실이 밝혀졌다.

반면에 옥소폴리틱스는 논쟁은 있지만 혐오는 없는 커뮤니티를 만들어낸 것으로 평가받고 있다. 15만 명 이상의 사람들이 모여서 정치 커뮤니티를 만들었는데 다름을 인정하는 문화를 만들기란 결코 쉽지 않다. 호랑이와 하마, 코끼리, 공룡과 사자라는 다섯 부족은 옥소폴리틱스의 밀림에서만큼은 평화롭다. 정치의 아마존 덕분이다. 사이드 프로젝트가 세상을 바꾼다.

세상 모든 엄마가 꿈꾸는 삶

: 자란다

아이를 제대로 키워줄 전문가를 필요로 하는 시대

장서정 자란다 대표는 경력단절 여성이었다. 모토로라에서 사용자 경험과 사용자인터페이스UX/UI 디자인 업무를 10년 동안 했다. 제일기획으로 옮겨서 디지털전략 담당으로 2년 동안 근무했다. 유능하다면 유능한 커리어우먼이었다. 소용없었다. 자라나는 아이를 대신 키워줄 사람이 없었다. 엄마 손에 커야만 한다고 생각했다. 십수 년 동안의 직장 생활을 뒤로 하고 유준이와 유찬이 엄마가 됐다. 그때부터 장서정 대표의 이름은 그냥 유준이 엄마였고 유찬이 엄마였다. 그렇게 2년 가까이 엄마로 살았다. 그러면서도 엄마가 아닌 전문가로서 여성으로서 존재감과 정체성을 잃지 않으려고 부단히 노력했다. 동네 엄마들과 친구가 됐다. 소소하게 엄마들의 이름을 서로 불러주기 캠페인을 했다. 유준이 엄마, 유찬이 엄마 대신 장서정이라는 이름으로 불리고 싶었다. 그때 알았다. 장서정 대표는 한 인터뷰에서 이렇게 말했다. "누구 엄마로만 불리는 게 아쉬워서 아이 친구 엄마들의 이름을 불러주면서 이전 직장들을 오픈했는데, 다들 꿈과 경력이 있었다는 것을 알고는 참 뭉클했어요. 단체대화방에서 재능과 경력을 오픈하면서 이름을 불러주면서 시작한 모임은 지금도 이어지고 있습니다."

엄마로 살면서 장서정 대표는 엄마들의 페인포인트를 발견했다. 엄마들은 보육해줄 시터와 교육해줄 교사를 모두 필요로 했다. 단순히 아이를 대신 키워줄 일손만 필요로 하는 게 아니었다. 아이를 제대로 키워줄 전문가를 필요로 했다. 아이의 성장 과정에 맞춰서 그때그때 필요한 맞춤 교육을 해주고 싶어서 전업 엄마가 된 경우가 많았기 때문이다. 장서정 대표는 2016년 6월 1인 창업으로 자란다를 만들었다. 자녀의 돌봄과 교육을 도와줄 전문 시터를 매칭해주는 플랫폼이었다.

자란다의 대상은 4세부터 13세까지의 아이다. 미취학 아동부터 초등학교 6학년까지다. 보육에서 교육으로 전환되는 시기다. 바꿔 말하면 단계별로 아이 수준에 맞는 돌봄과 교육이 필요하다는 뜻이다. 그때그때에 맞는 선생님도 다르고 교재도 다르다. 그것을 획일화할 수도 없다. 아이마다 다 다르기 때문이다. 자란다는 아이의 연령과 목적에 맞게 선생님을 추천하고 돌봄과 교육을 제공한다. 자체 매칭 알고리즘을 통해서다.

자녀의 돌봄과 교육을 도와줄 시터를 매칭해주는 플랫폼 자란다

아이의 성장 과정을 알고리즘과 빅데이터로 분석

일단 자란다는 선생님이 가정으로 방문해서 아이를 관찰한다. 교육의 첫걸음은 언제나 아이에 대한 관심이다. 그런데 기존 방문 교육과 보육은 수요자인 아이 중심이 아니라 공급자인 기관 중심이었다. 정해진 커리큘럼에 아이를 맞추는 방식이었다. 자란다 선생님은 방문한 아이를 대상으로 일종의 관찰일지를 작성한다. 이걸 자란다의 데이터베이스에 입력한다. 이렇게 쌓인 데이터를 기반으로 아이의 관심이나 성향을 분석해서 어떤 선생님이 적합한지, 어떤 돌봄과 교육 프로그램이 필요한지 제시한다.

인공지능 알고리즘과 빅데이터 프로세싱을 결합한 방식이다. 아이의 성장 과정을 디지털 트랜스포메이션한 셈이다. 물론 당장 아이를 턱 하니 맡기는 것보다는 시간이 걸릴 수 있다. 대신 아이한테 적합한 선생님을 찾아서 알맞은 교육을 제공할 수 있다. 당연히 장기적인 만족도가 높을 수밖에 없다. 현재 자란다에 등록된 선생님의 숫자는 18만 명이 넘는다. 창업 이후 6년 동안 쌓인 아이들 데이터는 수십만 건 이상이다.

육아는 노동집약적인 영역이다. 한국은 저출산 위기 국가다. 0세부터 12세 인구는 2022년부터 2031년까지 향후 10년 동안 매년 평균 3.97% 이상씩 감소할 것으로 전망된다. 이렇게 보면 자란다가 속한 영유아와 초등학생 시장은 줄어드는 것처럼 보인다. 그런데 정작 이렇게 줄어드는 아이들을 키워줄 육아 노동력은 더 빠르게 감소하고 있다. 일단 맞벌이 부부가 늘어나면서 엄마와 아빠가 아이를 키우기 어렵게 됐다. 2020년대엔 전체 가구의 절반 가까이가 맞벌이 부부로 추정된다. 1990년대에는 10가구 가운데 2가구 미만이었다. 결국 어린이집이나 학원, 학교 같은 보육기관에서 육아 노동을 빌려야 하는 상황이다. 그것도 여의치 않으면 조부모에게 아이 육아를 대신 부탁해야만 한다. 모두 쉽지 않은 일이다. 조부모가 손자손녀를 키워주는 것도 한계가 있다. 어린이집이나 학원이 제공하는 보육과 교육은 우리 아이에게 맞춰져 있지 않다. 그저 시간을 때워주거나 획일적인 교육에 일찍 아이를 노출시키는 결과로 이어질 뿐이다.

자란다는 단순히 돌봄교육 선생님과 아이를 매칭해주는 플랫폼 서비스가 아니다. 육아 노동 수요와 육아 노동 공급을 연결시켜주는 매칭 플랫폼은 사실 자란다 이외에도 많다. 육아의 문제를 푸는 것은 분명 큰 수요가 있기 때문이다. 자란다는 같은 문제를 처음부터 좀 더 고도화된 방식으로 풀었다. 일찍부터 데이터 기반으로 문제를 풀기 시작하면서 자란다만의 해자를 만들 수 있었다.

자란다는 최근 310억 원 규모의 시리즈B 투자를 유치했다. 한국투자파트너스가 주도했다. 에이티넘인베스트먼트와 아이비벤처스, 한국산업은행과 카카오벤처스가 투자했다. 누적 투자액은 448억 원이 넘는다. 물론 지표도 좋다. 2021년 기준 전년 대비 3배 매출을 달성했다. 누적 매출액은 100억 원을 넘었다. 자란다 서비스를 임직원 복지에 도입하는 기업도 1000개 이상이다. 2022년까지 전국 단위 서비스를 준비하고 있을 정도다. 가입 교사 수는 18만 명이 넘었다. 영어, 수학이나 예체능 교사는 2500명 수준이다.

자녀 성장에 최적의 솔루션을 제공하다

이런 지표를 넘어 자란다의 강점은 질이다. 아이의 성장 과정에 맞춘 데이터 분석으로 최적의 교재와 교사를 매칭해주기 때문이다. 자란다는 70여 개 이상의 새로운 수업 프로그램을 선보였다.

6년간 자란다의 선생님의 숫자와 아이들의 데이터는
계속 쌓이고 있다

자란다 앱 안에선 자란상점이라는 커머스를 통해 700여 개 이상의 장난감을 선보였다. 소비자는 맞춤 교사와 맞춤 프로그램과 맞춤 교재, 맞춤 완구와 맞춤 콘텐츠가 유기적으로 결합돼서 자란다 안에서 맞춤 서비스를 제공받게 된다. 자란다에 투자하는 벤처캐피털들은 한결같이 자란다 고유의 데이터와 알고리즘을 투자 이유로 든다. 단순히 육아 노동력을 제공해주는 것에서 그치지 않고, 자녀 성장에 최적의 솔루션을 제공해주는 서비스로 평가했다는 뜻이다.

자란다는 최근 기술 분야에 대대적인 투자를 시작했다. 특히 아마존과 라인 출신의 김택주 최고기술책임자를 영입했다. 김택주 CTO는 컬럼비아대학에서 컴퓨터 과학 석사를 거쳐서 아마존에서 소프트웨어 엔지니어로 일했다. 특히 빅데이터 분석을 통해 서비스를 고도화하는 데 전문가다. 자란다가 추구하는 아이 생애주기별 맞춤형 교육 서비스 제공이라는 목표와 딱 맞아떨어진다.

특히 돌봄교육 시장은 정보 비대칭이 심각하다. 엄마들이 맘카페에서의 정보 습득에 열을 올리는 이유다. 자란다는 일부 커뮤니티에서만 공유되는 정보가 아니라 기술을 통해 돌봄육아 정보를 보편화하는 게 목표다. 자란다는 단순히 교사와 엄마의 매칭 서비스가 아니라 아이 성장의 디지털 트랜스포메이션을 목표로 하는 스타트업이다.

장서정 대표는 자란다의 차별점은 선생님에게 아이가 맞추는 게 아니라 선생님이 아이에게 맞춰주는 것이라고 설명한다. 아이가 좋아하는 걸 확장하고 관찰하고 들어주는 것이다. 이것이 아이가 더 잘 자라게 해주는 것이라는 건 두말할 것도 없다. 쉽게 되는 일은 아니다. 부모조차도 아이에게 귀를 기울이기 어렵기 때문이다. 이것을 데이터로 해결하는 것이 자란다의 목표다. 이건 장서정 대표가 유준이 엄마, 유찬이 엄마로 살면서 직접 경험한 문제였다. 시장 수요에 가장 가까이 사는 창업자는 성공할 확률이 그만큼 높아진다. 디테일을 이해하기 때문이다.

사실 이건 아이를 위한 것이면서 엄마를 위한 것이기도 하다. 장서정 대표는 창업을 해나가는 과정에서 아이들에게 이런 말을 했다. "얘들아, 엄마가 너희 엄마로만 살기엔 너무 아까워. 엄마로는 이만큼만 하고 나머지는 다른 걸 할게."

자기 일을 잘하면서도 아이도 잘 키우는 것이야말로 지금 세상 모든 엄마가 꿈꾸는 삶이다. 어느 한쪽도 소홀히 하고 싶지 않다. 자란다를 통해 성장하는 건 아이만이 아니다. 아이를 키우는 엄마도 아이와 함께 자란다. 자란다를 성장시키면서 장서정 대표가 그랬던 것처럼 말이다. 아이와 어른은 함께 자란다.

현대인의 숙제를 해결하다

: 런드리고

의식주는 세상의 근본적인 문제

빨래는 주거의 숙제다. 생활 빨래는 삶의 찌든 때다. 생활의 찌든 때에서 자유로워지려면 제법 많은 장비가 필요하다. 세탁기와 세제는 필수다. 빨래의 결과를 업그레이드하려면 섬유유연제도 필요하다. 빨래는 빠는 건 세탁기가 할 수 있다. 빨래는 너는 건 세탁기가 할 수 없다. 손도 가지만 우선은 빨래 건조대가 필요하다. 도시 아파트에 거주한다면 베란다에 빨래 건조대를 둘 수도 있다. 시골 마을에 거주한다면 마당의 빨랫줄을 이용할 수도 있다. 이도 저도 아닌 1인 주거인이 문제다. 방구석에서 빨래 건조대를 펼치면 누울 자리밖에 안 남는 경우도 있다. 빨래는 삶의 질의 문제다.

그래서 비대면 모바일 세탁 서비스 런드리고가 스타트업 업계의 아이돌로 떠오르고 있다. 런드리고는 스타트업 의식주컴퍼니가 운영하는 세탁 서비스다. 런드리고는 2021년 하반기부터 매달 월평균 20%씩 빨래 주문 건수와 매출이 늘어나고 있다. 특히 연말연시엔 직전 3개월 대비 150%씩 물빨래 주문량이 증가했다. 런드리고는 확실히 J커브 구간에 들어섰다.

스타트업의 시작점은 세상의 모든 문제다. 밴처캐피털들은 스타트업 창업자들에게 반드시 이런 질문들을 던진다. "세상의 어떤 문제를 풀려고 하는가. 그게 본인에게 왜 중요한가. 다른 사람에게도 그게 중요한가. 나나 내 팀이 그 문제를 풀 능력이 있는가. 다른 사람보다 우리가 더 잘 풀 수 있는가." 다섯 가지 필수 질문에서 모두 예스여야 창업의 필수 조건을 충족한 것이다. 물론 그렇다고 투자를 해주는 것도, 성공하는 것도 아니지만 말이다.

청소와 빨래, 요리 같은 의식주의 문제는 세상의 근본적인 문제들 가운데 하나다. 인공지능이나 화성 탐사보다도 소비자들은 먹고사는 문제에 더 예민하게 반응한다. 앞선 다섯 가지 필수 질문을 대입해보면 쉽게 이해할 수 있다. 대부분 그린라이트다. 그래서 한국의 스타트업들은 의식주 문제에 꾸준히 도전해왔다. 투자자들도 의식주 문제에 접근하는 스타트업들을 선호하는 편이다. 지난 10년 동안 가장 성공한 스타트업 가운데 하나가 배달의민족이다. 배달음식 시장을 플랫폼화했다. 의식주 가운데 요리의 문제를 해결했다. 대박이 났다. 정작 의식주에 도전하는 모든 스타트업이 성공하는 건 아니다. 요리에 비해 청소와 빨래에 대한 도전은 이어졌지만 성공은 드물었다. '나나 내 팀이 그 문제를 잘 풀 능력이 있는가'라는 질문에서 답을 찾기가 쉽지 않았기 때문이다.

의식주컴퍼니의 런드리고는 세탁 문제를 빠르게 풀어내고 있다.

빨래는 삶의 질의 문제다. 런드리고는 이 문제를 해결했다

2021년 한 해 동안 런드리고는 200만 벌의 클리닝과 600만 리터의 생활 빨래, 25만 점의 신발 빨래를 소화했다. 스타트업계에선 런드리고를 보면서 과거 성장기의 배달의민족을 보는 듯하다는 이야기가 나온다. 배달의민족은 '모든 음식을 배달시켜 먹는 시대가 온다'에서 출발했다. 로블록스가 '메타버스가 리얼월드를 대체하는 시대가 온다'에서 출발한 것처럼 말이다. 런드리고는 '세탁이라는 가사노동을 모두가 외주화하는 시대가 온다'에서 출발했다.

세탁을 빨래가 아닌 물류의 관점으로 접근하다

그런데 런드리고는 세탁을 세탁으로 접근하지 않았다. 런드리고에게 세탁은 빨래가 아니다. 세탁은 물류다. 의식주컴퍼니는 런드리고를 빨래 회사가 아니라 세탁 서비스를 하는 물류 회사로 재정의했다. 세탁은 내 옷이 남의 손을 탔다가 내 옷장으로 되돌아오는 순환 물류다. 남의 물건을 내 집 안으로 배송해주면 소비가 끝나는 음식 물류나 제품 물류와는 또 다르다. 런드리고는 세탁물 새벽 배송 물류 스타트업이다.

런드리고는 런드렛이라는 빨래 수거함을 이용자에게 제공한다. 런드렛은 런드리고가 자체 개발한 안심 세탁 박스다. 집 문 앞에 비치해 둔 런드렛을 통해 비대면으로 세탁물을 주고받는다. 런드리고는 서울 근교에 시간당 3000장의 세탁물을 처리하는 의류 자동 출구 시스템과 대규모 세탁 스마트팩토리를 구축했다.

런드리고의 세탁 스마트팩토리

2021년 런드리고는 600만 리터의 물빨래와 200만 벌의 드라이클리닝, 25만 점의 신발 빨래를 처리했다.

우리나라 1인 가구의 비율은 2019년에 이미 전체 30%를 넘어섰다. 우리나라 1인 가구 숫자는 614만 8000명에 달한다. 특히 20대의 1인 가구는 2018년에 이미 100만 가구를 돌파했다. 런드리고가 일차적으로 겨냥하는 1인 가구는 먹고사느라 빨래할 시간이 없는 인구들이다. 엄청난 잠재 시장이다. 이용자들은 런드렛에 당일 빨래를 넣어두면 런드리고가 찌든 빨래를 수거했다가 깨끗한 옷으로 돌려준다. 런드리고는 이 모든 과정을 하루 만에 처리한다. 일종의 빨래 새벽 배송인 셈이다. 모바일과 비대면이다. 1인 가구엔 매력적일 수밖에 없다.

이때 정말 중요한 게 물류다. 런드리고는 2021년 한 해 동안 200만 벌을 클리닝했다. 기존 세탁소를 경험하면서 불편한 점 가운데 하나가 세탁물이 분실되거나 바뀌는 것이다. 세탁 물량이 증가하면 이런 리스크가 커질 수밖에 없다. 런드리고가 세탁을 물류로 재정의하는 이유다. 내 물건이 내 집 밖에 나갔다가 남의 손을 타고 다시 곱게 내 집 안으로 돌아오는 물류 말이다.

사실 의식주컴퍼니의 창업자 조성우 대표는 새벽 배송 전문가다. 배달의민족에서 신선식품 새벽 배송 서비스인 배민프레시 물류망을 구축했다. 조성우 대표는 세탁 SaaS의 성공 열쇠는 신용이라고 본다. 소비자가 내 옷을 동네 세탁소에 맡겨온 건 당근이라서였다. 런드리고 이전 세탁 스타트업들이 실패한 이유도 고객과 신용체계를 구축하지 못해서였다. 조성우 대표가 런드리고를 창업하면서 맨 먼저 한 일은 미국 세탁 스마트팩토리 설계조달건설 EPC 전문기업 에이플러스 머시너리를 300만 달러에 인수한 일이었다. 세탁이 배송이고 기술이라고 정의했기 때문이다. 배달의민족 새벽 배송 역시 도시 인근에 스마트 물류 센터를 구축하면서 가능해졌다. 런드리고 역시 도시 인근의 세탁 공장을 만드는 게 첫 단추다. 조성우 대표는 런드리고를 통해 거대 도시를 커버하는 세탁 스마트팩토리 네트워크를 구축하려고 한다.

이건 의식주 문제를 해결해서 글로벌 기업이 될 수 있었던 이케아와 같은 전략이다. 이케아는 대도시 근교에 거점들을 마련하고 가구 수요를 독점하는 포위 전략을 즐겨 쓴다. 서울도 광명과 고양이 거점이다. 도시의 의식주 수요를 빨아들이려는 라이프스타일 스타트업들에게 이케아의 도시 공성 전략은 좋은 벤치마크다. 런드리고의 또 다른 벤치마크는 뉴욕 퀸스의 세탁 공장이다. 뉴요커는 빨래를 하지 않고 맡긴다. 앞으로 서울리안도 마찬가지다. 조성우 대표는 런드리고 창업을 준비하면서 뉴욕 퀸스의 세탁 공장을 직접 둘러보며 벤치마크했다. 이미 성수동에 2호 스마트팩토리도 만들었다. 지금은 런드리고 전용 세탁기와 건조기 그리고 드라이클리닝 머신을 개발하고 있다.

세탁 시장은 단순히 빨래만의 시장이 아니다

세탁 시장은 단순히 빨래 시장이 아니다. 런드리 시장과 드라이클리닝 시장으로 양분된다. 전통적으로 런드리는 시장이 아니라 가사였다. 드라이클리닝 시장은 4만 개 정도인 동네 세탁소의 영토였다. 드라이클리닝 시장 규모는 공식적으로는 연간 2조 5000억 원 정도. 현금거래까지 더하면 4조 3000억 원 안팎으로 추산된다. 런드리고는 드라이클리닝 시장에서 물빨래 시장까지 세탁 시장을 확장했다.

런드리고가 자체 개발한 안심 세탁 박스 런드렛

자연히 동네 세탁소와 런드리고는 파괴적 마찰을 빚을 수밖에 없다. 의식주컴퍼니 같은 라이프스타일 스타트업들은 늘 골목상권 침해 논란 리스크에 노출돼 있다. 소비자들은 초기엔 서비스의 편리함에 열광하다가도 성장한 스타트업에게는 가차 없다. 규제 당국은 혁신이 수반하는 시장 파괴적 마찰을 예방할 능력이 없다. 2021년 세탁소 폐업은 1604건이었다. 코로나로 인한 동네 세탁소 줄폐업은 런드리고에게 기회지만 또 위기다. 카카오모빌리티처럼 동네 택시 기사들과 충돌하거나 카카오처럼 꽃집 시장까지 진출했다는 여론이 불거질 경우 런드리고는 시장에서 탈탈 세탁당할 수도 있다.

정작 런드리고에게 위협받는 건 동네 세탁소만이 아니다. 대기업 가전 회사도 런드리고의 사정권이다. 이제까지 이른바 물빨래 시장은 가전 시장이었다. 세탁기 시장이 물빨래 시장이었다. 앞으로 런드리고는 가전 시장 파괴자가 될 가능성이 크다. 고객에게 세탁기를 파는 게 아니라 세탁 서비스를 파는 시장으로 세탁 시장이 바뀌기 때문이다. 이러면 삼성전자나 LG전자는 런드리고 세탁 공장을 위한 세탁 머신을 공급하는 B2B 기업이 된다. 우버 같은 모빌리티 SaaS가 자동차 제조사의 위상을 바꾼 것과 같다. 사실 여기까지가 조성우 대표가 그리는 런드리고의 비전이다. 의식주 문제를 해결하면 시장 파괴자가 될 수 있다.

문제는 비용이다. 런드리고는 아직 런드리와 드라이클리닝에 들어가는 비용 문제를 제대로 해결하지 못했다. 상대적으로 비싸다는 평가를 받는 런드리고의 월 구독료가 그 증거다. 아직 소비자들은 가사노동을 유료화하는 데 익숙하지 않다. 가격 허들까지 있을 경우 런드리고 시장은 기대만큼 빠르게 커지기 어렵다. 그래서 런드리고는 두 가지 해법을 찾고 있다. 하나는 스마트팩토리를 만들어서 세탁과 물류를 자동화하는 것이다. 규모의 경제를 이룰 경우 스마트팩토리의 효율성은 더 높아질 수밖에 없다. 이미 런드리고는 서울 수도권 이외 지역으로 서비스를 확장해나가고 있다.

다른 하나는 투자다. 런드리고는 지금 스타트업 업계의 아이돌이다. 배달의민족 새벽 배송만을 설계하고 성공시킨 조성우 창업자는 아이돌의 센터다. 런드리고를 운영하는 의식주컴퍼니가 지난해 시리즈B로 500억 원 투자를 이끌어낸 건 조성우 대표의 스타성도 한몫했다. 의식주컴퍼니의 투자자 명단에는 알토스벤처스와 소프트뱅크벤처스가 나란히 이름을 올렸다. 모두 기술 시장 트렌드와 라이프스타일 트렌드에 예민한 벤처캐피털들이다. 동시에 창업자들에게 시장 파괴적 성장을 요구해온 무시무시한 투자자들이다. 알토스벤처스는 배달의민족에 투자했다.

런드리고는 가사 노동이었던 세탁을 서비스화했다. 세탁 SaaS는 주거 시장의 미래와도 직결돼 있다. 앞으로 1인 가구 수요에 맞춰 공급될 도심 주택은 역세권이나 옆세권이나 슬세권인 대신 더 작고 더 비좁아질 수밖에 없다.

세탁의 서비스화는 주거 시장의 미래와도 직결돼 있다

집 안에선 도저히 빨래를 할 수도, 말릴 수도 없게 된다. 주방 없는 집처럼 세탁기 없는 집이 당연해질 수 있다. 구독형 런드리고 서비스는 그 해결책인 동시에 촉진제다. 넷플릭스가 TV 없는 집을 만든 것처럼 런드리고는 세탁기 없는 집의 유인이 될 수 있다. 집에서 빨래할 시간이 없는 게 아니라 집에서 빨래를 할 수 없는 세상이 올지도 모른다. 의식주의 문제를 해결하면 세탁 시장과 가전 시장을 넘어 주택 시장의 구조까지 완전히 뒤바꿔놓을 수 있다. 주방 없는 집에 이어 세탁실 없는 집이 일반화될 수 있다는 얘기다. 런드리고는 빨래의 찌든 때만이 아니라 오랜 주거의 찌든 때도 드라이클리닝 해나가고 있다. 빨래가 세상을 바꾼다.

원격진료의 가능성을 타진하다

: 닥터나우

코로나19가 만들어낸 변화

2022년 3월 오미크론 대유행의 가장 큰 고민은 확진자를 치료해줄 뾰족한 대책이 없다는 현실이었다. 매주 20만 명씩 쏟아져나오는 오미크론 확진자를 델타 변이처럼 치료해준다는 건 불가능하다. 사실 오미크론은 도대체 어디에서 어떻게 감염됐는지 경로를 추적하는 것조차 불가능하다. 가공할 만한 전파력 탓이다. 코로나19 바이러스엔 돌기 단백질이 있다. 바이러스가 자신과 세포를 연결해서 기생하기 위한 장치다. 델타 변이에는 돌기 단백질을 생성하는 아미노산이 9개였다. 오미크론 변이에는 35개가 있다. 4배다. 이런 파괴적인 전파력 탓에 일

상생활을 하면서 오미크론으로부터 자유롭긴 거의 불가능했다.

닥터나우는 비대면 원격 의료 플랫폼이다. 환자가 의사를 만나지 않아도 질병의 진단과 처방, 치료를 받을 수 있는 게 비대면 원격 의료다. 솔직히 오미크론 대유행 상황만큼 비대면 원격 의료가 절실한 시기도 없었다. 정부의 공공 의료체계가 소화할 수 없을 수준으로 확진자가 치솟았다. PCR 검사 양성으로 확진돼도 사실상 별다른 의료 서비스를 받지 못하는 현실이었다. 코로나 진단조차 못 받는 의료 사각지대에 놓여 있는 환자들에게 비대면 의료는 더욱 생명줄이다. 게다가 지금은 1인 가구 600만 명 시대다. 1인 가구가 자가격리 통보를 받게 되면 사실

비대면 원격 의료 플랫폼 닥터나우

상 의료적 고립 상태에 빠진다. 아파도 병원에 갈 수가 없기 때문이다.

　원래 한국에선 비대면 원격 진료가 불법이었다. 닥터나우 같은 비대면 원격 진료 플랫폼이 가능해진 건 코로나19 사태 때문이었다. 2020년 2월 코로나19 환자가 국내에서도 발생했다. 보건복지부는 대응책 가운데 하나로 비대면 진료를 한시적으로 허용했다. 환자가 의료기관에 직접 방문하지 않고 전화상담과 처방을 받고 대리처방도 가능하게 했다. 이전까진 의료계의 강력한 반대로 비대면 의료는 시도조차 할 수 없었다. 그로부터 정확하게 2년여의 시간이 지났다. 코로나19로 인해 한국에서도 비대면 원격 진료가 일종의 베타 테스트 기간을 거친 셈이다.

　결과적으로 한국에서도 이미 스무 곳 넘는 비대면 진료 서비스 플랫폼이 선보였다. 대표적인 서비스가 닥터나우다. 닥터나우는 2020년 12월 서비스를 개시했다. 코로나19 사태가 해를 넘겨서 지속되던 시점이었다. 닥터나우는 현재 국내 1위 원격진료 플랫폼으로 평가받는다. 누적 이용자는 90만 명을 넘었고 다운로드는 45만 건에 달한다. 똑딱도 있다. 똑딱은 비대면 병원 예약과 진료 서비스를 제공한다. 2021년 기준 비대면 진료비 결제 건수 200만 건을 돌파했다. 카카오톡 기반의 솔닥은 4분기 거래액이 10억 원을 넘어섰다. 국회 보건복지위원회 최혜영 의원실의 제공 자료에 따르면, 2020년 2월 24일부터 2021년 9월 5일까지 비대면 진료는 총 276만 건을 기록했다. 사실상 코로나19 동안 300만 건에 달하는 비대면 원격의료가 이루어졌다는 얘기다.

닥터나우에서는 다른 지역의 병원에서도 진료를 받을 수 있다

선두엔 닥터나우가 있다. 닥터나우는 비대면 진료와 처방약 배달 서비스를 모두 제공하는 원격의료 플랫폼이다. 2022년 2월 현재까지 360여 곳의 병원과 약국과 제휴되어 있다. 내과와 가정의학과, 피부과와 한방의학과까지 진료과목도 15개까지 늘어났다. 특히 최근엔 코로나19 증상의 경우 약배달 비용을 받지 않고 있다.

닥터나우의 서비스는 전국 45개 도시까지 확대됐다. 닥터나우가 없으면 환자는 동네 병원에서만 진료를 받을 수 있었다. 닥터나우를 이용하면 다른 지역의 병원도 이용할 수 있다. 강북 환자가 강남 병원에서 진료를 받을 수 있는 것이다. 인근 동네 병원이 문을 닫은 시각에도 원격진료를 받는 게 가능하다. 일단 닥터나우 플랫폼을 이용하면 환자가 병원과 의사를 고를 수 있다. 10분 이내로 전화와 영상 통화가 가능해진다. 상처 부위가 있다면 사진 첨부도 가능하다. 어린아이를 키우는 엄마들에게 특히 유용한 서비스다. 의사로부터 처방전도 문서 파일로 전송받을 수 있다. 인근에 닥터나우와 제휴한 동네 약국이 있다면 해당 처방전을 곧바로 전송받아서 약을 조제해준다. 약 배송은 닥터나우 측과 계약한 전문 드라이버를 통해서 이뤄진다. 이 모든 과정이 한두 시간 만에 가능하다.

사실 비대면 의료 플랫폼을 허용하면 환자들이 서울 등지의 3차 상급 병원으로만 몰리는 게 아니냐는 우려가 있었다. 동네 병원들은 환자를 잃고 망하게 될 것이라는 걱정이었다. 1차 병원인 동네 병원은 국민의 기초 보건을 담당하는 풀뿌리 의료 체계다. 지난 2년 동안 한시적으로 시행된 비대면 의료 베타 테스트 결과는 전혀 달랐다. 비대면 의료 300만 건 가운데 71%가 1차 의료기관인 의원급에서 이루어졌다. 닥터나우는 이것을 토대로 비대면 의료가 오히려 동네 병원과 약국, 환자의 상생 모델이 될 수 있다고 주장하고 있다.

코로나19 사태 이후 일반 환자들은 감기 같은 경증 질환으로는 병원에 잘 안 간다. 바꿔 말하면 경증 질환으로 일반 동네 병원을 찾던 환자수가 줄어들었다는 얘기다. 당연히 수입이 감소했다. 그런데 닥터나우 같은 비대면 의료 플랫폼이 늘어나면서 동네 병원의 시장이 원격진료 시장으로 확대된 것이다.

실제로 닥터나우와 제휴하는 병원과 약국의 숫자는 2020년 12월 런칭 초기보다 10배 이상 증가했다. 개업의 시장은 의료계에선 흔히 강호라고 불린다. 종합병원에서 최고급 의료 기술을 연마하고 경증환자를 보러 창업을 하는 시장이 강호다. 강호에선 의사도 환자가 필요한 자영업자다. 닥터나우는 환자와 의사를 연결해주는 플랫폼이다. 동네 의사 입장에선 환자를 찾아오게 해주는 닥터나우가 고마울 수밖에 없다. 닥터나우의 영업만으로 제휴 병원 수가 10배 이상 증가하는 건 불가능하다.

비대면 의료 플랫폼의 순기능

닥터나우에 따르면 비대면 원격의료 시장에선 남녀 모두 가장 많이 상담받는 경우는 감기다. 30대부터 60대까지 여성 환자의 29%가 감기 같은 경증 호흡기 질환을 상담했다. 코로나19 탓에 감기로 동네 병원을 찾기 어려워진 사회 분위기를 보여준다. 남성 환자의 경우 30대와 40대는 탈모에 관한 상담이 가장 많았다.

비대면 진료는 의료계의 뜨거운 감자다

반면 10대와 20대는 남녀 모두 여드름이나 아토피성 피부질환에 대한 상담 수요가 컸다. 닥터나우는 2021년 하반기 비대면 진료 이용자 10만 명을 토대로 이런 분석을 내놓았다. 동네 병의원 단위에서 이뤄져서 보이지 않았던 전국적인 보건 빅데이터가 드러나게 된 것도 비대면 의료 플랫폼의 순기능이다.

물론 아직도 대한의사협회를 중심으로 한 의료직능 단체들은 비대면 원격 의료에 반대 입장이다. 대한의사협회는 2021년 12월에도 "비대면 플랫폼 논의를 즉각 중단하라"는 성명서를 발표했다. 약 배송을 거부하는 약사들도 있다. 1차 의료기관과 2차 의료기관의 입장도 모두 다르다. 사실상 비대면 의료는 일몰형으로 한시 허용된 제도다. 뚜렷한 근거법조차 없이 감염병예방법에 따라 허용됐다. 코로나19 상황이 종료되면 언제 중단될지 알 수 없다. 타다가 그랬던 것처럼 규제의 향방에 따라 한순간에 서비스가 사라질 수 있다.

비대면 진료의 미래는

현재 국회에는 비대면 진료에 관한 의료법 일부 개정 법률안이 발의돼 있다. 정작 비대면 진료를 대면 진료의 보완 개념으로만 접근하고 있다. 닥터나우는 보완 개념을 넘어서 상호 상생 모델이 될 수 있다고 주장한다. 코리아스타트업 포럼 산하 원격의료산업협의회와 디지털헬스케어 정책위원회가 주장하는 것도 이런 것이다. 비대면 원격진료과

의료계의 디지털 전환이라는 틀 속에서 논의돼야 한다는 얘기다. 사실 네이버만 해도 이웃나라 일본에서 전개하는 라인 서비스에서는 이미 라인헬스케어라는 비대면 진료 서비스를 제공하고 있다. 역시 코로나 19 사태 이후인 2020년부터 본격화됐다. 카카오만 해도 2021년 12월부터 디지털 헬스케어 산업을 전담하는 헬스케어 사내 독립 기업CIC를 설립했다. 카카오벤처스도 투자했다. 중요한 건 의료 시장이 의사라는 공급자 중심에서 환자라는 이용자 중심으로 바뀌고 있다는 사실이다. 의료 SaaS 시장으로 진화하고 있다는 얘기다. 의대를 졸업하고 나서 창업하는 경우가 늘어나고 있는 게 하나의 증거다.

닥터나우를 창업한 장지호 대표 역시 의대 출신 스타트업 창업가다. 2016년 한양대학교 의대에 입학했다. 의료 자원봉사를 하면서 장애우나 노숙자를 대상으로 하는 사회적 약자를 위한 비대면 진료가 필요하다고 봤다. 과거에 의사들은 의료 봉사에서 멈췄다. 장지호 대표는 근본적인 사회적 문제를 스타트업 창업으로 해결해보겠다고 나섰다. 코로나19가 결정적인 계기였다. 2020년 3월 대구에서 코로나19가 창궐하자 배달약국이라는 앱을 만들어서 약 배송 서비스를 시작했다. 닥터나우의 전신이다.

닥터나우는 아직 수익 모델이 없다. 의사와 약사 그리고 환자를 연결해주는 플랫폼이지만 수수료는 전혀 받지 않는다. 장지호 대표는 지금 시점에선 비대면 의료 시장을 넓히는 게 중요하지 수익 모델을 찾는 게 중요한 게 아니라고 본다. 닥터나우는 소프트뱅크를 비롯한 벤처캐피털들로부터 100억 원의 시리즈A투자를 받았다. 지금은 의사와 약사 그리고 환자 모두 비대면 의료 플랫폼의 편리함을 누릴 수 있게 해주는 게 목표다. 지금은 게임 회사인 컴투스와 함께 메타버스 분야에서 협업을 해나가고 있다. 컴투스가 만든 올인원 메타버스 컴투버스를 통해서 비대면 진료 서비스를 구현하는 게 목표다.

확진자 200만 명인 오미크론 대유행은 지금 바로 모두에게 의사가 필요한 상황을 초래했다. 지금 당장 의사와 환자를 연결해주는 것만으로도 코로나19 같은 전염병의 대응이 어느 정도는 가능해졌다. 그래서 닥터나우는 환자나우다.

라스트마일 혁명의 가능성을 찾다
- 뉴빌리티

　우리는 배달의 민족이다. 지난 코로나19 팬데믹이 입증했다. 코로나19 기간 동안 온라인 주문 배달 음식 시장의 규모는 2배 이상 커졌다. 통계청에 따르면 오미크론이 마지막 기승을 부리던 지난 2022년 2월 기준 온라인 배달 음식 서비스 거래액은 2조 2443억 원이었다. 코로나19 직전이었던 2020년 2월 기준 1조 1353억 원에 비해 2배가 커졌다. 이렇게 시장은 커졌지만 정작 음식을 배달해줄 라이더의 공급은 수요를 전혀 따라잡지 못했다. 통계청에서 추산하는 소화물 전문 운송업 종사 배달원 수는 아직 20만 명이 못 된다. 급성장하는 음식 배달 시장을 따라잡기엔 역부족이다. 그나마도 쿠팡이츠와 배달의민족이 단건 음식 배달 서비스를 시작하면서 배달 라이더의 숫자가 더 부족하게 됐다. 수요보다 공급이 부족하니 배달료가 오르는 건 당연하다. 소비자가 부담하는 건당 3000원 정도의 배달료는 말할 것도 없다. 음식점 자영업자도 건당 3000원꼴의 배달용역비를 지불한다. 게다가 장마나 폭설처럼 배송이 지연되는 상황에선 할증료까지 붙는다. 이쯤 되면 음식 배달비가 음식값보다 더 높아질 판이다. 이게 전부가 아니다. 도로에선 서둘러 음식 배달을 하는 오토바이 라이더들이 곡예운전을 한다. 자칫 사고로 이어질 수도 있다. 고용노동부가 지난해 2021년 12월 배달 라이더 5626명을 대상으로 실시한 설문 조사에 따르면 47%가 배달 업무 중에 교통사고를 경험한 것으로 나타났다. 특히 소비자가 배달을 재촉할 경우엔 사고 확률이 2배로 증가하는 것으로 조사됐다. 배달의 민족은 이미 '배달을 시키는 민족'과 '배달을 하는 민족'으로 나뉘었다. 배달을 시키는 민족은 비싼 배달료가 부담이다. 배달을 하는 민족은 사고 위험에 늘 노출돼 있다. 배달은 언제부턴가 민족상잔의 비극이 돼버렸다.

뉴빌리티는 배달의 민족 배달 문제를 해결하려는 스타트업이다. 방책은 자율주행로봇이다. 자율주행은 물류 배송에서 최종 승부처다. 특히 음식 배달처럼 라스트마일last mile 물류 배송에서는 게임 체인저다. 돈나무 언니로 유명한 캐시 우드 아크인베스트먼트 CEO가 일찍이 테슬라에 통 큰 배팅을 할 수 있었던 것도 그래서였다. 테슬라의 자율주행 테크놀로지가 사람과 물건을 최종 목적지까지 운반하는 라스트마일 비용을 혁신적으로 낮춰줄 거라고 확신했기 때문이었다.

라스트마일은 사람과 물건이 이동할 때 목적지에 도착하는 마지막 단계를 말한다. 먼 거리라면 사람이든 물건이든 한꺼번에 실어나를 수 있다. 비행기

뉴빌리티는 기존 플랫폼과 로봇 개발사들이 하지 않는 라스트마일 시장에서 혁신을 시도하고 있다

나 기차를 생각하면 쉽다. 당연히 단위 거리당 이동 비용이 N분의 1로 나눠져서 줄어든다. 라스트마일은 반대다. 이때는 사람이든 물건이든 단위 거리당 각각의 이동 비용을 지불해야 한다. 택시비가 비싼 이유다. 쿠팡이츠나 배달의민족의 단건 음식 배달료가 오르는 이유다. 라스트마일은 택시 플랫폼이든 음식 배달 플랫폼이든 서비스가 소비자와 만나는 최종 접촉 면이다. 소비자의 만족도를 결정한다. 비용이 오르고 배송이 늦으면 소비자는 당장 다른 플랫폼으로 갈아타기 십상이다. 캐시 우드가 자율주행이 라스트마일 혁신이라고 보는 건 비용을 확실하게 낮추고 시간을 정확하게 맞출 수 있기

때문이다.

　뉴빌리티가 개발한 자율주행 배달로봇의 이름은 뉴비다. 뉴비는 바퀴 달린 아이스박스처럼 생겼다. 로봇이라고는 하지만 SF 영화에서 흔히 볼 수 있는 인간형 안드로이드와는 거리가 멀다. 뉴비는 배달이라는 목적에 최적화해서 설계됐다. 적재 중량은 25킬로그램에서 40킬로그램 정도다. 음식이나 간단한 생필품 배달 정도는 거뜬하게 해낼 수 있다. 뉴빌리티는 38대 정도의 뉴비를 운용하고 있다. 우선 편의점과 골프장에서 활용되고 있다. 골프장에선 필드에서 골퍼들이 주문한 도시락이나 음료를 배달하는 역할을 하고 있다. 2022년 2월 말부터 3개월 동안 서울 서초아이파크 아파트 인근 세븐일레븐에서 물품 배달에 이용되었다. 인천 송도 연세대학교 국제캠퍼스 안에서도 치킨 배달을 했다. 배달 주문을 한 이용자는 뉴비가 도착하면 QR인증을 하고 뉴비의 뚜껑을 열어서 물건을 꺼내면 된다.

　그런데 뉴비에는 라이다가 아니라 카메라가 달려 있다. 자율주행 자동차든 자율주행 로봇이든 자율주행기술의 표준은 라이다다. 레이다는 전파의 반사를 이용해서 물체를 식별한다. 라이다는 레이저의 반사를 이용한다. 물론 테슬라는 라이다를 넘어 자동차가 정말 사물을 보는 테슬라 비전이라는 테크놀로지를 개발했다. 최첨단인 만큼 고가다. 뉴비는 비전이나 라이다, 심지어 레이다도 아니고 카메라를 이용했다. 카메라는 자율주행기술 중에선 초급반에 해당된다. 스타트업인 뉴빌리티도 카메라를 이용한 자율주행기술을 확보하는 데 2년 정도 걸렸다. 뉴빌리티의 자율주행기술은 다른 자율주행기술 회사들에 비하면 비교 우위에 있다고 보기 어렵다. 카메라에 기반한 뉴비의 경쟁력은 다른 것이다. 라이다에 기반한 무인 로봇은 센서 가격만 1000만 원이 넘어간다. 로봇 자체의 가격은 수억 원대를 호가하게 된다. 편의점 배달이나 음식 배달을 시키기엔 너무 비싸신 몸이다. 반면에 카메라에 기반한 뉴비의 센서 가격은 100만 원 이하다. 가격 경쟁력이야말로 뉴비의 비교 우위다.

뉴빌리티는 스스로를 자율주행 로봇 제조사로 정의하지 않는다. 뉴빌리티는 로봇을 이용해서 배달의 라스트마일을 혁신하려는 회사다. 뉴빌리티에게 뉴비는 수단이지 목적이 아니다. 사실 배달의민족 서비스를 운영하는 우아한형제들도 2016년에 배달 로봇 프로젝트를 내부적으로 추진한 적이 있었다. 개발 비용 등의 문제로 유야무야됐다. 테슬라나 보스턴 다이내믹스처럼 앞서 가는 로봇 기술 기업들은 오히려 음식 배달의 마일리지 시장에는 관심이 없다. 개발 비용은 감당할 수 있지만 시장이 너무 작기 때문이다. 뉴빌리티는 그 사이에 있다. 기존 음식 배달 플랫폼이 하지 못하고 기존 로봇 개발사들이 하지 않는 라스트마일 시장에서 물류 혁신을 시도하고 있다.

그래서 뉴빌리티는 자율주행로봇이라는 보이는 서비스뿐만 아니라 뉴비고라고 불리는 근거리 로봇 배달 플랫폼 개발에 역점을 두고 있다. 2022년 하반기에 출시 예정인 뉴비고는 소비자가 편의점이나 음식점에서 무엇이든 배달시킬 수 있게 해주는 서비스다. 편의점 인근에 대기하던 뉴비가 뉴비고를 통해 주문을 받고 필요한 장을 봐서 소비자에게 전달해주는 방식이다. 뉴비고와 뉴비의 네트워크로 뉴빌리티는 건당 배달비용을 1000원대 이하로 낮출 수 있을 것으로 기대하고 있다. 소비자 입장에선 3분의 1 이하로 배송료가 낮아지는 것이다. 자영업자가 지불하는 배달용역비까지 고려하면 6분의 1 이하다. 이렇게 되면 소비자는 최소 주문액에 연연하지 않고 자유롭게 배달을 시킬 수 있게 된다. 틈새 배달 시장이 늘어나게 될 것이다. 이 정도 비용 감소와 총량 증가라면 라스트마일 혁명이라고까지 할 수 있다.

물론 아직 갈 길이 멀다. 뉴빌리티는 현재 38대인 뉴비의 운영 대수를 올해까지 500대로 늘릴 계획이다. 내년 2023년까진 1000대가 목표다. 일단 실탄은 마련했다. 2022년 4월까지 230억 원의 시리즈A 투자를 마무리했다. 이번 투자엔 삼성웰스토리와 IMM인베스트먼트와 카카오인베스트먼트 그리고 퓨처플레이와 윤민창의투자재단 등이 참여했다. 투자 규모도 작지 않지만 투자사들이 결국 뉴빌리티의 뉴비 서비스의 잠재적 고객사라는 점이 중요하다. 특히 삼성웰스토리는 삼성그룹의 구내식당과 식자재 유통을 전담하는 계열사다. 삼성그룹 역내 시장을 독점하고 있는 만큼 매년 매출 1조 원에 영업이익 1000억 원을 기록하는 알짜다. 삼성웰스토리는 사실상 뉴빌리티의 시리즈A 투자를 주도하다시피 했다. 사실상 삼성웰스토리의 첫 번째 외부 투자다. 삼성웰스토리가 삼성그룹 구내 식당들과 골프장 등에서 뉴비를 활용한다면 뉴비 역시 삼성그룹 역내 시장을 독점하게 되는 셈이다. 삼성웰스토리는 이미 골프장 등에서 뉴비를 활용하고 있다. 윤민창의투자재단은 메가스터디 손주은 회장이 운영하는 벤처투자사다. 뉴빌리티 초창기부터 씨

뉴비가 만들어지는 곳

드 투자를 했었다. 메가스터디의 학원 시장 역시 삼성그룹처럼 뉴비에게는 유리한 역내 시장이다. 편의점과 음식점과 소비자를 이어주는 B2C 시장이 목표지만 뉴비는 이미 구내 식당과 학교 식당과 골프장 같은 B2B 시장에서 성장의 교두보를 마련한 상태다.

난제는 자금이나 수요가 아니다. 규제다. 현행 도로교통법상 자율주행 로봇은 보행자가 아니다. 법적으로는 인도로 다녀선 안 된다는 뜻이다. 그렇다고 차도로 다닐 수도 없는 노릇이다. 라스트마일 배달은 차도와 인도, 복도를 모두 거쳐야 이뤄지는 서비스다. 뉴빌리티는 뉴비의 시험 서비스를 하는 것조차도 복잡한 규제 장벽을 뚫어야만 했다. 그나마 2023년까지 적용되는 규제 샌드박스 덕분에 강남 3구에서 뉴비 테스트를 해볼 수 있었다. 정작 자율주행 로봇인데도 사람이 옆에서 따라다녀야만 했다. 뉴비 같은 로봇 서비스는 MZ세대 소비자들에게 먼저 환영받을 만하다. MZ세대 소비자들이 주로 뉴비를 이용하고 싶어 하는 곳은 한강고수부지 같은 공원이다. 치맥 파티를 할 때 배달을 받고 싶어 한다. 하지만 뉴비는 한강고수부지 공원 안으로

뉴비는 호시탐탐 틈새 배달 시장을 노리고 있다

는 들어갈 수 없다. 여기선 오토바이와 같은 원동기로 분류되기 때문이다. 자율주행 로봇이 소비자의 총 배달 비용을 낮춰주려면 한국에선 우선 길부터 뚫어야 한다.

뉴비가 일찍부터 해외 시장 진출을 타진하고 있는 이유다. 미국만 해도 이미 배달 로봇 천지다. 미국의 20개 주가 이미 2017년부터 로봇을 보행자로 인정했다. 덕분에 미국에선 지오펜스geofence가 있는 지역 안에선 자율주행 배달 로봇이 적극 활용되고 있다. 지오펜스는 GPS에 의해 작동되는 가상의 경계망이다. 공유 스쿠터의 진입 금지 구역이 대표적인 지오펜스다.

미국 시장을 빠르게 장악해나가고 있는 글로벌 자율주행 배달 로봇 1위는 스타십 테크놀로지다. 세계 최초로 자율주행 배달 로봇을 상용화했다. 뉴빌리티의 벤치마크다. 스타십 테크놀로지도 뉴빌리티처럼 미국 회사가 아니다. 스타십 테크놀로지는 유럽의 실리콘밸리라고 불리는 작은 소국 에스토니아의 스타트업이다. 일본 역시 한국처럼 규제 장벽은 있지만 배달 인건비가 비싼 만큼 틈새가 있다. 게다가 자율주행은 센서가 카메라든 라이다든 주행 빅데이터 확보가 승부처다. 인공지능이 주행 빅데이터를 학습해서 자율주행 성능을 개선하는 것이 로봇 성능의 경쟁력이기 때문이다. 한국 시장에만 머물 게 아니라면 가능한 빨리 글로벌 데이터를 확보할 필요가 있다. 사실 한국은 교통체계도 복잡하고 지도상의 건물 오차도 커서 자율주행체계를 만들기 쉽지 않은 나라다. 오토바이 배달 사고가 유독 많이 나는 건 한국 도시 지형의 특수성 탓도 크다. 어렵게 규제의 벽을 넘어도 교통체증이 기다리고 있는 셈이다. 라스트마일 혁신을 꿈꾸는 뉴빌리티에게 해외 시장 진출은 선택이 아니라 필수다.

뉴빌리티의 창업자이자 CEO는 올해 스물네 살의 이상민 대표다. 이상민 대표는 다섯 번의 피보팅 끝에 뉴빌리티를 창업했다. 다섯 번의 실패 끝에 프로덕트 마켓 핏을 찾아냈다는 뜻이다. 이상민 대표가 이렇게 일찍 창업에 뛰어들게 된 데는 나사가 주최하는 우주 경진 대회에서 우승한 인연이 컸다. 천문우주학과에 다니던 이상민 대표는 나사 콘래드 챌린지에 원심력을 응용한 우주 변기를 출품해서 1등을 했다. 이때 손주은 메가스터디 회장과 인연이 닿아서 5000만 원의 엔젤 투자를 받았다. 이 돈으로 친구들과 거듭 창업에 도전했다. 대학생 신분인만큼 월급조차 받지 않았다. 이상민 대표가 회사에서 월급을 받기 시작한 건 2021년부터다. 뉴빌리티가 회사다운 회사가 된 이후부터다. 이상민 대표는 포브스가 선정하는 30대 이하 리더 가운데 한 명으로 선정됐다. 우주의 변기 문제를 해결하던 대학 신입생은 불과 5년 만에 지구의 배달 문제를 해결하는 비즈니스맨이 됐다. 배달의민족의 자랑이다.

에필로그
땡큐, 엑설런트

   MBC 「손에 잡히는 경제」의 장주연 작가님, 『싱크 엑설런트』는 MBC 「손에 잡히는 경제」의 매주 월요일 코너인 '블루칩 신기주'에 기초하고 있습니다. 코너를 기획해주시고 매주 함께 아이템을 고민해주신 장주연 작가님의 도움이 컸습니다. 고맙습니다.

   MBC 「손에 잡히는 경제」의 MC 이진우 기자님, 이진우라는 훌륭한 진행자가 있어서 청취자 여러분에게 엑설런트한 블루칩 기업들의 이야기를 손에 잡히게 전해드릴 수 있었습니다. 잘 이끌어주셔서 고맙습니다.

   「중소기업뉴스」이권진 기자님, 『싱크 엑설런트』의 원고 가운데 일부는 「중소기업뉴스」의 연재물에 기반하고 있습니다. 편집자로서 마감이 늦곤 하는 선배를 기다려준 후배님께 미안하고 고맙다는 말씀을 전합니다. 원고를 책에 수록할 수 있도록 허락해줘서 감사합니다.

MBC「손에 잡히는 경제」의 최우용 PD님, PD님께서 기획해주신 「블루칩 신기주」 코너가 영글어서 『싱크 엑설런트』라는 열매를 맺었습니다. 지금은 「배철수의 음악캠프」 PD로 가셨지만 언제든 다시 함께 일하고 싶습니다.

콘텐츠그룹포레스트의 송병규 팀장님과 이희산 편집자님, 그리고 김선준 대표님. 부족한 글들을 훌륭하게 편집해주셔서 고맙습니다. 방송일이다 회사일이다 바쁜 척하는 저를 다독이고 인내하며 마감의 진도를 나아갈 수 있게 이끌어주셨습니다. 무엇보다 『싱크 엑설런트』라는 제목을 지어주셨어요. 엑셀런트합니다.

지금 저는 더밀크라는 미디어 스타트업에서 일하고 있습니다. 더밀크는 서울과 실리콘밸리와 월스트리트를 연결하는 텍스트 기사와 방송 콘텐츠가 융합된 크로스보더 미디어입니다. 본사는 실리콘밸리에 있죠. 더밀크에서는 팟캐스트 경제쇼 「신기주의 신미래」의 MC로 진행을 맡고 있습니다. 「신기주의 신미래」는 서울에서 실리콘밸리와 월스트리트의 기자들과 전문가들을 실시간으로 연결해 기업과 경제의 미래를 전망합니다. 그래서 산지 직송 위아더월드 경제쇼라고 이름 붙였죠.

저널리스트로서 참 여러 분야를 넘나들었습니다. 한쪽 끝엔 패션과 영화가 있습니다. 남성 패션지 「에스콰이어」의 편집장으로 일했고, 영화전문지 「프리미어」의 수석기자였습니다. 다른 한쪽 끝엔 시사와 정치가 있습니다. 시사정치토크쇼 「킹슈맨」의 메인 MC로 일했고, 미디어 스타트업 북저널리즘의 콘텐츠총괄이사로 지난 2021년 대선을 처음부터 끝까지 취재했죠. 그 사이엔 영화도 있고 자동차도 있고 연예계도 있고 금융도 있고 인터뷰도 있습니다.

그렇지만 개인적으로 기업과 경제를 독자와 청취자 여러분께 말과 글로 이야기할 때 가장 즐겁게 일한 것 같습니다. 세상을 바꾸려고 시장을 선점하려고 돈을 벌려고 고군분투하는 기업인과 투자자들의 이야기만큼 가슴 뛰게 하는 스토리는 없으니까요. 손재권 더밀크 CEO는 "신기주라는 저널리스트는 한국에서도 독보적인 비즈니스 스토리텔러"라는 다소 과분한 평가를 합니다. 솔직히 독보적인지는 모르겠습니다. 모자람 투성이니까요. 다만 이건 분명 사실입니다. 비즈니스와 스토리텔링을 결합한 저널리즘은 늘 어렵지만 또 도전하게 되는 참 재미있는 일이라는 사실 말입니다. 독자와 청취자 여러분에게 어떻게 하면 더 재미있고 유익한 이야기를 전해드릴 수 있을까 고민하고 있다는 사실도 말입니다.

그래서 『싱크 엑설런트』를 끝까지 읽어주신 독자 여러분께 감사하다는 말씀을 드립니다. 비즈니스 스토리텔링 장르는 아직 한국에선 걸음마 단계인 저널리즘 분야입니다. 해외에선 『스티브 잡스』를 쓴 월터 아이작슨 같은 거장이 있지만 한국은 여러 훌륭한 저널리스트가 이제 막 초석을 놓고 있죠. 『싱크 엑설런트』도 그런 작은 초석 가운데 하나입니다. 먼 길에 큰 도움을 주셨습니다. 엑설런트입니다. 고맙습니다.

싱크 엑설런트

초판 1쇄 발행 2022년 11월 14일

지은이 신기주
펴낸이 김선준

책임편집 이희산 **편집3팀장** 송병규 **디자인** 엄재선
책임마케팅 신동빈 **마케팅팀** 권두리, 이진규
책임홍보 이은정 **홍보팀** 조아란, 김재이, 유채원, 권희, 유준상
경영관리팀 송현주, 권송이

펴낸곳 ㈜콘텐츠그룹 포레스트 **출판등록** 2021년 4월 16일 제2021-000079호
주소 서울시 영등포구 여의대로 108 파크원타워1 28층
전화 02) 332-5855 **팩스** 070) 4170-4865
홈페이지 www.forestbooks.co.kr

ISBN 979-11-92625-07-2 (03320)

㈜콘텐츠그룹 포레스트는 독자 여러분의 책에 관한 아이디어와 원고 투고를 기다리고 있습니다. 책 출간을 원하시는 분은 이메일 writer@forestbooks.co.kr로 간단한 개요와 취지, 연락처 등을 보내주세요. '독자의 꿈이 이뤄지는 숲, 포레스트'에서 작가의 꿈을 이루세요.